JN091721

リーディング メディア法・情報法

Reading / Leading Media Law and Information Law

水谷瑛嗣郎 編
Eijiro Mizutani

法律文化社

はしがき：本書を手に取ってくださったみなさまへ

インターネット、ビッグデータ、AIといった情報技術の発展と普及により、法学においてもメディア法や情報法と呼ばれる分野の重要性は日々増しています。日々のニュースの中でも、フェイクニュース（偽情報）の蔓延や、ネット上の誹謗中傷などの問題を皆さんも耳にする機会が多いと思いますが、これらの問題の背景には情報環境の構造的変化が控えています（たとえば、プラットフォーム事業者の台頭）。加えて、総論パートでも触れているように、情報流通における介入手段として「アーキテクチャ（またはコード）」や「ナッジ」と呼ばれる手法が注目されつつあります。

こうしてみると、この領域における問題発掘や解決策の導出においては、法学以外の他分野（例えば、メディア論、行動経済学）の知見も取り入れる必要があると言えますし、他方で、そうした他分野に対して法学が大切に扱ってきた規範や価値観（例えば、個人の尊重、思想の自由市場論、民主政のための熟議）もまた「架橋」する必要があると思います。私自身、憲法学の研究者として「報道の自由」の研究を進めてきましたが、ご縁があって今現在は関西大学の社会学部に籍を置いており、同僚の先生方と交流する中で、そうした必要性をヒシヒシと痛感しています。

そこで本書は、法学部の学生さんのみならず、それ以外の学部（社会学部や経済学部）の学生さんや大学院生の皆さん、さらにはジャーナリストや本書でいうところのプラットフォーム事業者の皆さんにも手に取っていただき、メディア法や情報法という世界の秩序を構成している価値観や視座に触れていただくための書籍を目指しました。そのため本書では、インターネットの普及による情報流通の爆発的な発展、そしてそれに伴う既存のマスメディア企業の衰退、代わって台頭しつつあるオンライン・プラットフォーム事業者の興隆、その背後にある「アテンション・エコノミー」を筆頭とするビジネスモデルを意識した部分があります。

そのうえで、既存の法制度（そこには憲法典も含まれるかもしれません）の不変性にかかわらず、上記のような情報環境の変化の中で、メディア法や情報法が大切にしている価値をよりよく社会に実現していくために必要な新たな制度設計等について、他分野の皆さんも交えて法学者と一緒に考えていくきっかけになりたいという願いも込めております。

そこで本書は、書名にもある通り、Reading（解釈書）であるのと同時に、Leading（先導書）であることも目指しました。加えて、本書が扱う領域には、鈴木秀美・山田健太編著『よくわかるメディア法』（ミネルヴァ書房）、曽我部真裕・林秀弥・栗田昌裕『情報法概説』（弘文堂）、小向太郎『情報法入門』（NTT 出版）をはじめとする非常に優れた教科書がすでに多数存在しています。本書の執筆者一同も、これら書籍から多くを参考にさせていただきながら、また違った視座も提供できるように執筆に取り組んでおります。各章をご担当いただいた先生方にも、通説だけでなく、独自のチャレンジングな視点をご披露いただくようお願いをしております。またメディア法や情報法の世界に足を踏み入れてもらうきっかけとして、目次の後ろに、執筆者の先生方がおすすめする書籍・アニメ・映画などが紹介されています。また各領域ごとに最新の話題を扱った「コラム」を用意しました。こうした試みがうまく作用しているかどうかは、ぜひ読者の皆様方のご判断に委ねたいと思います。

なお私のような30代半ばの若輩者が、先達の先生方を差し置いて、このメディア法・情報法の教科書（参考書）の編者という大役を仰せつかることになったのも、私の前任者であった松井修視先生とのご縁によるものです。この場を借りて、厚く御礼を申し上げたいと思います。第1章でも触れていますが、この本の構造（総論、メディア法パート、情報法パート）それ自体にも議論があり得るところですので、この本を手に取ってくださった読者の皆さん、研究者の諸先生方からご意見やご感想をぜひお寄せいただき、ともに本書のより良いアップデートを目指していければと考えております。

2022年1月27日　自宅にて

水谷瑛嗣郎

目　次

第Ⅱ部　メディア法概論：メディア制作者のための法知識

第Ⅲ部　情報法概論：プラットフォーム事業者のための法知識

コラム目次

凡　例

■法令について

・法令名の略称を用いる場合には、原則、章ごとに初出箇所で略称と正式名称とを併記している。

・頻出する法令名は、（　　　）内では略記とした。略記は下記のとおり。

憲　　憲法
民　　民法
刑　　刑法
著作　　著作権法
消契　　消費者契約法
特商　　特定商取引に関する法律
景表　　不当景品類及び不当表示防止法

■判例について

・年月日、出典の示し方は下記のとおり。

最大判1989（平１）・３・８民集43巻２号89頁
→最高裁判所1989（平成１）年３月８日大法廷判決最高裁判所民事判例集43巻２号89頁
最大決1969（昭44）・11・26刑集23巻11号1490頁
→最高裁判所1969（昭和44）年11月26日大法廷決定最高裁判所刑事判例集23巻11号1490頁
最判1989（平１）・９・19刑集43巻８号785頁
→最高裁判所1989（平成１）年９月19日小法廷判決最高裁判所刑事判例集43巻８号785頁
東京高判1979（昭54）・３・14判時918号21頁
→東京高等裁判所1979（昭和54）年３月14日判決判例時報918号21頁
東京地判1964（昭39）・９・28下民15巻９号2317頁
→東京地方裁判所1964（昭和39）年９月28日判決下級裁判所民事裁判例集15巻９号2317頁
知財高判2018（平30）・４・25判時2382号24頁
→知的財産高等裁判所2018（平30）年４月25日判決判例時報2382号24頁

・主な判例集の略記は下記のとおり。

民集　　最高裁判所民事判例集
刑集　　最高裁判所刑事判例集
下民　　下級裁判所民事裁判例集
労民　　労働関係民事裁判例集
判時　　判例時報
判タ　　判例タイムズ

～執筆者のおすすめ書籍・アニメ・映画など～

水谷先生のおすすめ

「ペンタゴン・ペーパーズ／最高機密文書」［映画］（2017年、スティーヴン・スピルバーグ監督）

ベトナム戦争に関する国家機密文書、通称ペンタゴン・ペーパーズの獲得と紙面上での公開に奔走するワシントンポスト紙社主キャサリン・グラハムと編集主幹ベン・ブラッドリーの姿を、"あの"スピルバーグが描いた作品。ペンタゴン・ペーパーズを最初にすっぱ抜いたのはニューヨーク・タイムズ紙のニール・シーハン記者だが、本作はワシントンポスト紙に焦点が当てられ、プレスによる権力監視機能と国家機密漏洩に基づく制裁、新聞社の経営と編集の間の対立、報道に携わる者の政治権力との距離感、記者による情報源の秘匿など、現代のジャーナリズムにとっても見過ごすことのできないテーマが語られている。また記事の差止めを争う法廷闘争シーンも描かれ、連邦最高裁の法廷が登場する他、実際の判決（New York Times Co. v. United States, 403 U.S. 713（1971））中のブラック判事の書いた一節が読み上げられるシーンは、メディア法を学ぶ上で見逃せない。なおこの映画のラストシーンを見終えた後には、ぜひ次の「大統領の陰謀」も観てほしい。

「大統領の陰謀」［映画］（1976年、アラン・J・パクラ監督）

1970年代に実際に起きたウォーターゲート事件（ワシントンD.Cの民主党全国委員会本部オフィスへの盗聴侵入事件に端を発した当時のニクソン政権の政治スキャンダル）を題材に、当時のニクソン大統領を追い詰める二人のワシントンポスト紙記者ボブ・ウッドワードとカール・バーンスタインの姿を描いた作品。爆発もなければ銃撃戦もない、ある意味で非常に「地味」な映画ではあるが、その地道な活動による国家権力との対峙・監視こそが、ジャーナリズムの神髄なのだと感じさせてくれます。なお、「ペンタゴン・ペーパーズ」でトム・ハンクスが演じた「ベン・ブラッドリー」は、こちらでもジェイソン・ロバーズが演じて登場するので比べてみるのも面白い。

『虐殺器官』［小説］（伊藤計劃、ハヤカワ文庫、2010年）、『ハーモニー』（伊藤計劃、ハヤカワ文庫、2010年）

僅か34歳の若さでこの世を去った作家・伊藤計劃が残してくれた私たちの社会の行く末を占ったSF小説。「伊藤計劃以後」と言われることがあるほどに、彼の作品は日本のSF界に多大な影響を与えている。彼が『虐殺器官』で描いた未来予想は、フィクションながら、今のアメリカのリアルな分断状況と符合するものがある。またコロナ禍に放り込まれ、日々の行動が制限されている私たちの目には、『ハーモニー』が描く社会がとびきり魅力的に映ることだろう。ここで同じく紹介されているアニメーションの「PSYCHO-PASS」にもその影響が垣間見られ、同作の新編集版では『虐殺器官』の一節が劇中で読み上げられるシーンがある（第８話）。これら二つの作品を読み終えた後、現代日本SF界を支える作家たちが伊藤に捧げた『伊藤計劃トリュビート／伊藤トリュビート２』（ハヤカワ文庫、2015年／2017年）、映画「楽園追放」の脚本担当・虚淵玄とSF書評家の大森望が編者をつとめた『楽園追放 rewired』（ハヤカワ文庫、2014年）、『戦闘妖精・雪風』でおなじみ神林長平がすでにこの世にいないはずの伊藤計劃と「対話」する『いま集合的無意識を、』（ハヤカワ文庫、2012年）なども手に取ってみてほしい。

『ブラック・ミラー』シリーズ［ドラマ］（Netflix、2011～2019年）

情報技術の急激な発展が人間にもたらすもの

は何かを問うたイギリスのテレビドラマシリーズ。SF（サイエンス・フィクション）とは、テクノロジーの進化・発展が「人間とは何か」という根本部分を暴き出すものだと思いますが、このシリーズはまさにそれを地で行くものと言えます。SNSを題材にした「ランク社会」や「待つ男」をはじめ、様々なものを題材にしたストーリーのオムニバス形式となっているので、気になったものから気軽に視聴してみてほしい。

青木先生のおすすめ
“The Next Rembrandt”［企業による共同プロジェクト］（https://www.nextrembrandt.com）

生成の過程にAI関連技術を用い、レンブラントの「新作」を生み出したという一件。人間の創作物と区別のつかない自律的なAI生成物が広がってきたとき、著作権法はそれにどう向き合うべきだろうか。なお、同じような問題はもちろん他の知的財産法でも生じる。例えばAIによる発明と特許法との関係をめぐって、“The Artificial Inventor Project”（https://artificialinventor.com）も参照。

上田先生のおすすめ
『彼方のアストラ　上』［アニメ］（篠原健太、集英社、2019年）

国家機密、知る権利、政府による情報操作等がこの作品を観る（謎解きをする）上での1つの鍵となります。

河嶋先生のおすすめ
「ザ・サークル」［映画］（2017年、ジェームズ・ポンソルト監督）

SNSで日常生活を「透明化」したプライバシーのない世界とは…？

「フェアウェル」［映画］（2019年、ルル・ワン監督）

「余命」という究極の（？）プライバシー情報を本人に告知するべきか。
患者は自己情報を知りさえすれば尊厳を守りぬくことができるとは限らない。本人告知が基本となった日本でも、医師はいつ・どのように告知すべきか悩む。

瑞慶山先生おすすめ
「PHYCHO-PASS サイコパス season 1」［テレビアニメ］（サイコパス製作委員会、2012-13年）

舞台は西暦2112年の日本。「シビュラシステム」の導入で人間の心理状態や性格がリアルタイムでモニタリングされ演算されている社会。人間の犯罪性向に関する数値は「犯罪係数」で表され、たとえ犯罪を実行していなくとも高い犯罪係数が計測されれば「潜在犯」として隔離・治療または“執行”の対象となっていた――犯罪係数の増減の因子が明示されない点、それが測定できない免罪体質者の存在、シビュラシステムが配備されていない廃棄地区の残存、そしてシビュラシステムの正体…。奇妙なリアリティとともに、アーキテクチャを用いた事前規制が普及した社会モデルを示した作品として楽しんでほしい。なお、「season 1」であるのが大事である。

波多江先生おすすめ
「ハリボテ」［映画］（2020年）

富山県の小さなテレビ局が富山市議による政務活動費の不正使用を追及した経緯と顛末を描いています。

「さよならテレビ」［映画］（2020年）

東海テレビ報道部をもとに、テレビの現場で今起きていることを描き、テレビの存在意義を問いかけています。

丸山先生おすすめ
「デジタルタトゥー」［テレビドラマ］（NHK、2019年）

ネット上での情報拡散は後戻りができません。その後にどんな人生が待っているかを考える一助に。

第Ⅰ部

総　論
メディア法・情報法の基盤

第１章　情報の自由と秩序
——なぜイマ情報の自由と秩序について考えるべきか

1　はじめに

1　私たちの社会のイマココ——Society 4.0から Society 5.0へ

2022年現在、私たちは、手元にあるスマートフォンで、いつでも気軽にインターネットにアクセスし、ニュースポータルサイトでニュースを得て、SNSを使って多くの人々との間でコミュニケーションをとり、動画共有サービスでVTuberの動画を見て、オンラインショップで買い物をしています。外に出て新しく行くレストランを探す場合も、マップアプリを立ち上げて店の名前を入力すれば、現在地から目的地までガイドをしてくれることでしょう。そして、まさにこの原稿を書いている今、世界は未曽有のコロナ禍におかれ、大学の授業をオンラインで受講している人たちもたくさんいると思います。ソーシャルディスタンスを確保するため、仕事もテレワークが推奨され、会議もオンライン会議が方々で用いられています。また筆者のスマートフォンのアプリケーションの中には、新型コロナの感染者との接触を通知してくれるアプリ『COCOA』がインストールされていますが、そのスマートフォンのロックは、筆者の「顔」で解除されます。ちなみに前のスマートフォンでは、「指紋」が鍵の代わりでした。

しかし、思い返してみると、わずか20年ほど前には、このような光景は、まるでSF映画の中の出来事でしかありませんでした。たとえば、2002年に公開された、かのスティーブン・スピルバーグ監督が描き、トム・クルーズが主演をつとめた『マイノリティ・リポート』と呼ばれる傑作映画があります。SF小説家の巨匠フィリップ・K・ディックによる『少数報告』と呼ばれる小説がもとになったこの映画では、2050年のアメリカ・ワシントンD.Cの姿が描かれています。この映画の豊富な見どころの１つは、「人が罪を犯すとはどういうことか」、「犯罪を未然に防ぐ社会というのは本当にユートピアなのか」と

【図表１－１　Society 5.0①】

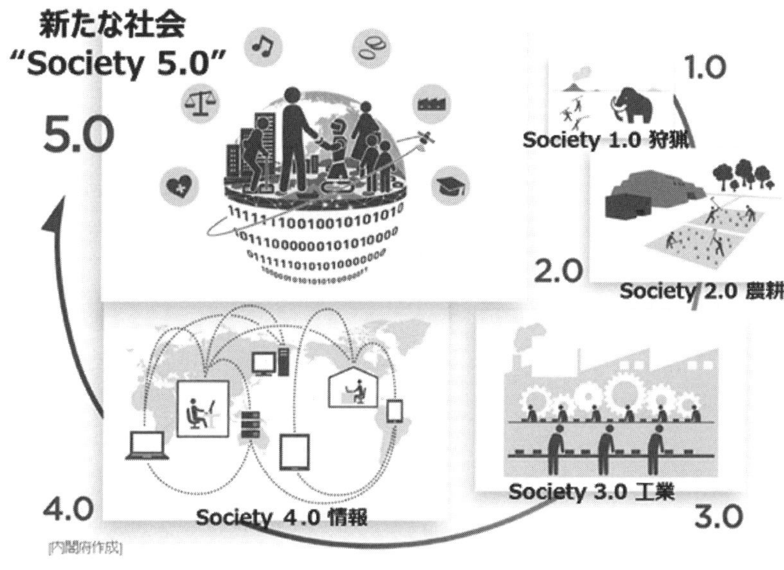

出典：内閣府ウェブサイト「Society 5.0」https://www8.cao.go.jp/cstp/society5_0/

いった重厚なテーマにとどまりません。私たちの目を奪うのは、劇中に次から次へと登場する魅惑的なガジェット（小道具や仕掛け）です。自動運転車が縦横無尽に走り回り、主人公たちが所属する犯罪予防局の隊員は空飛ぶパトカーで現場に急行します。また家具は音声認識だし、この世界では、町中のそこらかしこに網膜センサーと認証システムが設置されており、それによって個人認証がなされています。これはもちろん、現代の監視カメラのように犯罪の追跡にも使われるわけですが、他方で認証した個人一人ひとりに向けて異なった「広告（デジタル・サイネージ）」にも使われているのです。たとえば、劇中には広告がギネスビールをすすめてくるシーンがある他、アパレル店に入店した主人公に向けて、デジタル・サイネージに表示された仮想の店員が、以前購入した（と記録されている）タンクトップについて話しかけてくるシーンがあったりします。しかし、こうした劇中に登場する「ミライ」の技術の多くが、今や現実世界で実装されようとしています。

私たちの社会に様々な発展をもたらしたこうした技術の基盤としてのデジタ

ル・テクノロジーは、1970年代に開発されたインテル社によるマイクロプロセッサーにさかのぼれるかもしれません。同時期の1969年10月には、インターネットの原型ともいえるARPANETが開始され、1980年代から90年代にかけて世界的なインターネットの商用利用が始まりました。日本におけるインターネットの父、村井純が著書『インターネット』で述べているように、デジタル情報は、1と0の並びで形成されていることにより正確に情報をコピーすることができ、劣化に強く、さらにコンピュータによる高速処理や加工を行うことが可能でした。そして「このような特徴は、デジタル情報が、コミュニケーションや、情報の共有、交換にきわめて適していることを示して」いたといえます［村井：5頁］。やがて、ここ10年で私たちの情報環境における表現活動や経済活動に多大な影響をもたらしたのが、ビッグデータ・AI（人工知能）・IoT（Internet of Things, いわゆるモノのインターネット）といった諸技術の普及です。現在のAIは、典型的に私たちのスマート機器から収集した個人のデータをビッグデータとしてプールし、そのデータを分析・パターン発見を行ったうえ、個々のユーザーのデータと照合してその趣向を予測する（そしてその予測に適したサービスを提示する）、というものです。こうした技術は、第4次産業革命を起こし、私たちの社会をSociety 4.0「情報社会」から、新たな社会であるSociety 5.0へ向かわせるといわれています。

2　身近になりつつあるビッグデータ・AI技術

こうした技術は、皆さんの身近でもすでに使われ始めていますが、実際にはどのようなものがあるでしょうか？たとえば、先述した通り、私たちは、日々の情報収集の際、検索エンジン（代表例：Google）を用いて検索をしているし、すでに新聞やテレビではなく、SNS（代表例：Facebook）やニュースポータルサイト（代表例：グノシー）を通じて、日々のニュースを収集していますよね。そして、検索エンジンにはユーザーが求めているウェブページを予測し、それに合致したものをより上位の検索順位に表示すためのアルゴリズムがあるし、SNSのフィードと呼ばれる画面も、つながっている友人や過去に「いいね！」をクリックした記事等との関連性（エンゲージメント）により、そのユーザー個人向けにカスタマイズされています。このように、スマホの画面に表示されているものは、「あなた」用にカスタマイズされている場合が多いのです。一見すると、これは「大量に流通する情報の中から、自分が欲しい情報を見つけ出す」ために非常に便利な機能でもあります。

これ以外にも大手回転寿司チェーンは、各店舗に「回転すし総合管理システム」を導入していることを知っているでしょうか。日経クロステック「食欲を15分後まで予測、あきんどスシロー」（2014年９月８日）と題された記事によると、このシステムは「１分後と15分後に必要な握りネタと数を常に予測。店長の勘と経験に IT の力を加味し、食べたい握り寿司をタイムリーに提供する。システムの導入で、回転して時間が経った皿が減り、廃棄量は４分の１ほどになった」といいます。食品の大量廃棄を避けるためにもこうした技術は有用と言えそうです。

それ以外にも、AI を用いた恋愛・婚活マッチングサービスも徐々に社会に浸透しつつあります。この本を読んでいる学生の皆さんの中にも、こうしたサービスを利用した人がいるのではないでしょうか。これは、利用者のデータを AI で分析し、たとえば、「○○好き」な男性と「△△好き」な女性はマッチングする可能性が高いなどを割り出し、相性の良い（と予測された）相手とマッチングするものです。AI による恋愛・婚活マッチングサービスについては、少子化対策の一環として自治体での利活用が行われ、すでに政府がこれを支援するといった動きが現れ始めています。

大学生の皆さんにとってより喫緊の問題でいえば、「就活」があるでしょう。ソフトバンクは、すでに2017年５月から、IBM の AI「ワトソン」を用いたエントリーシート選考を始めていますが、これは、過去の ES のデータをワトソンに読み込ませ、就活現役生の ES が、過去と同程度の基準に達しているかをチェックする仕組みを採用しています。完全に AI だけで判断するのではなく、ワトソンが不合格とした ES については、人事担当者（人間）が再チェックをし、ミスを防いでいます。また、タレントアンドアセスメント社は、「ペッパー面接官」を開発しています。ロボットのペッパーが、候補者に質問をする形だが、曖昧な答えをすると深掘りされるほか、回答するときの候補者の表情なども分析対象とするそうなのですが、もしかすると将来、皆さんが企業で採用面接を受ける際、面接会場のドアをあけたら、ペッパーくんが

【図表1－2　Society 5.0②】

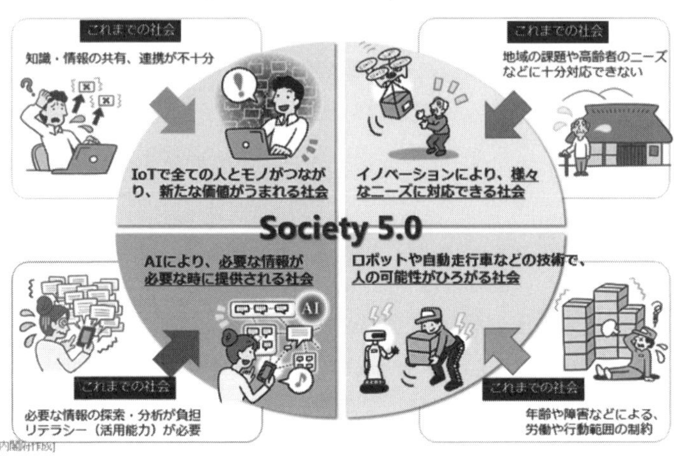

出典：内閣府ウェブサイト「Society 5.0」https://www8.cao.go.jp/cstp/society5_0/

立っている……ということが、当たり前の時代が来るかもしれません。

またIoTによって、これまで限られたデバイスにおいてのみ接続されていたインターネットを、ありとあらゆるモノ、とくに「家電」につなぐことができるようになることで、情報流通のあり方が大きく変わることが予想されます。身近なところでは、すでに冷蔵庫の中身（卵の残量）を検知し、スマホのアプリで確認できるIoT冷蔵庫が販売されています。またこの冷蔵庫にはAIエコナビが搭載されており、スマートフォンの位置情報を利用して「外出」状態かどうかを判断し、状況に合わせて省エネモードに自動的に切り替わる仕組みが採用されています。

では、こうした技術がもっと発展し、当たり前のように普及した世界は、どのようなものになるでしょうか。内閣府の第5期科学技術基本計画において示された「Society 5.0」の社会について、内閣府のウェブサイトは、次のように喧伝しています。

「IoT（Internet of Things）で全ての人とモノがつながり、様々な知識や情報が共有され、今までにない新たな価値を生み出すことで、これらの課題や困難を克服します。また、人工知能（AI）により、必要な情報が必要な時に提供されるようになり、ロボットや自動走行車などの技術で、少子高齢化、地方の過疎化、貧富の格差などの課題が克服されます。社会の変革（イノベーション）を通じて、これまでの閉塞感を打破し、希望の持てる社会、世代を超えて互いに尊重し合あえる社会、一人一人が快適で活躍できる社会となります」。[（https://www8.cao.go.jp/cstp/society5_0/）]

3　情報技術の発展に伴う「自由」と「代償」

はたして本当にそうなのでしょうか？私たちの社会が、情報技術の発展により、より便利に、より豊かになってきたことは否定できません。その意味で、私たちはこうした情報技術の発展を支えた背景に、自由な情報流通があったことに思いをはせる必要があるでしょう。私たち個人の行動履歴も含めた、膨大な量と種類のデータがネットワークを通じて、「自由」に収集され、共有され、分析され、利用されることによって、上記のような技術は飛躍的に発展を遂げました。しかし、その「代償」はどのようなものだったでしょうか。便利で幸福な「ユートピア」の裏で、「ディストピア」が静かに息をひそめていることがある、という点に注意が必要でしょう。

たとえば、「プライバシー」の問題。New York Times Magazineの記事によれば、アメリカのターゲット社は、特定の年齢層の女性について、特定の商品の購入履歴があるユーザーが妊娠をしている可能性が高いというパターンを自社のアルゴリズムで発見したといいます。記事が提示する例によれば、アトランタ在住の20代女性が、３月にココアバターローション、大きめのバッグ、亜鉛とマグネシウムのサプリ等を購入したとします。ターゲット社いわく、その女性は87％の確率で妊娠しており、その出産予定日も８月下旬であることまで推測可能だと言います。そして、このアルゴリズムをもとに同社は、当該パターンにあてはまるユーザー（上記の商品の購入履歴がある特定年齢層の女性ユーザー）の家に、ベビー用品のクーポン券を配布することにしました。ところが後日、女子高生の娘が父親から、ターゲット社に対してクレームが入りました。ターゲット社がまだ女子高生の娘に宛ててベビー用品のクーポンを配布したことが、妊娠・出産を促しているようにもとれたからでしょう。しかし、さらに後日になって、この女子高生が、本当に妊娠していたことが発覚します。この小話はつまり、父親にさえ話していなかった「妊娠」という個人（娘）のセンシティブな情報を、赤の他人のスーパーマーケットが、ビッグデータ分析を用いて、まるで「のぞき見」したかのように的中させたということなのです。

あるいは「消費者問題」。私たちはすでに、ネット上で、日々多くの「ターゲティング広告」に出会っています。通常の広告は、多くの人の目にさらされるため、より一般的・網羅的に人々の耳目を引き付けるようデザインされています。他方で、ネット上のターゲティング広告は、ウェブの閲覧履歴や行動履歴などから、個々のユーザーの「好み」を予測し、ユーザーごとにマッチした「おすすめの商品」が提示されるもので、まさにビッグデータ・AI技術の産物の１つといえます。ここで憲法学者の山本龍彦の著書『おそろしいビッグデータ』を参考に次のような仮想事例を考えてみましょう。行動履歴などのビッグデータ分析から、女性が「うつ」の状態にあるかどうかを予測するアルゴリズムがつくられました。そして、同じくビッグデータの分析から、「うつ」状態にある女性は化粧品を購入しやすいという結果も得られています。この２つの分析結果を組み合わせてマーケティングに活かせばどうなるでしょうか？「うつ」状態にあると予測された女性ユーザーに対して、化粧品のターゲティング広告をウェブサイト等で表示することが可能になるでしょう。ユーザー（消費者）がいま「脆弱な状態」かどうかを企業側が予測し、マーケティングに利用するということは十分にありうるのです。そして情報技術の発展に伴う「代償」は、これらに留まりません。本来なら「情報の自由」によって支えられるはずの民主政治の仕組みそのものも動揺させています。そこで次項では、そもそも「情報の自由」とはなんであったか。その法的な源泉はどこにあるのかを振り返ることにしてみたいと思います。

2　情報の自由の基礎となる「表現の自由」と「民主政治」

1　メディア技術と「表現の自由」の歴史

ここでまずはいったん、メディア技術の「歴史」を振り返ってみましょう。

15世紀中葉にグーテンベルクが発明した活版印刷技術をきっかけに、私たち人類の「情報流通」のあり方は、劇的に変化しました。それまでは不確かな口頭伝承や手書きの写本などによって「情報」の複製・拡散を行ってきたわけですが、この技術の発展により、より安価かつ大量に複製・拡散が可能となりました。吉見俊哉の著書『大学とは何か』には以下のような記述があります。

「活版印刷の直接の効果は、本の量産化と低廉化であった。それは結果的に、知識人が以前よりもずっと安く、ずっと多くの本を購入し、手元に置いておくことができるようになったことを意味していた。彼らは、かつてならば一生を旅から旅へ費やすことでようやく目にできた数よりもずっと多くの文献を、居ながらにして手にすることができるようになった。」[吉見：71頁]

この吉見の指摘は、活版印刷「技術」の発展が、すなわち、閉鎖的な知の流通から、より開放的な情報流通（＝市場化）を進めたことを示しています。それまで口頭伝承以外の主なコミュニケーション手段であった「紙」は、「手書き」で行うしかなかったため、コストが非常に高くついたうえ、世代から世代へ写本される間に筆写人の誤写により原典が歪められてしまったり、保管状態によっては散逸してしまうといった情報伝達におけるリスクも決して低くありませんでした。そのため、文書をできる限り永続的に継承するため、一定の専門職人にのみ知識を秘伝化して伝えた方が確実だったのです。ところが活版印刷技術は、大量複製を可能にしたため、秘伝化することは不可能になり、より開放的な情報流通を生み出したといえるでしょう。

こうした情報技術の発達、コミュニケーションの態様を大きく変化させることを見据えて、多くの国々でコミュニケーション活動に対する規制や弾圧が行われました。やがて市民革命を経た多くの国の憲法（イギリス、アメリカ、フランス）で、「言論・表現の自由」が保障されるようになりました。たとえば、1689年のイギリスの権利章典（Bill of Rights）や、1789年のフランス人権宣言の中で、言論・表現の自由の保障が規定されました。また、現代においてもかなり強力に表現の自由を擁護する“特殊な国家”であるアメリカ合衆国では、1791年に合衆国憲法が修正（改正）され、修正一条（First Amendment）に「連邦議会は、……言論またはプレスの自由を制限する……法律は、これを制定してはならない」と明示されています。日本においても、その「近代」化の一応の到達点である大日本帝国憲法が1889年に公布されましたが、その29条で、「日本臣民ハ法律ノ範囲内ニ於テ言論著作印行集会及結社ノ自由ヲ有ス」という規定が入っていました。もっともこの規定は、あくまで「法律の範囲内において」でのみ「表現の自由」を認めたものであり、逆にいえば、法律をもってすればいかようにも制限することが可能でもありました（これを「法律の留保」と呼びます）。そして、帝国憲法体制のもとで、1893年の出版法や、1909年の新聞紙法、さらには戦時下の1938年には国家総動員法が制定されたことによって、言論統制が広く行われたことは周知の事柄かと思います。

2　「表現の自由」の特別さ——民主政治との関係性

戦後になってGHQの占領政策により上記の法律は廃止されることになり、わが国では、日本国憲法の21条で表現の自由を法律の留保なしで保障するに至ります。戦後の日本国憲法21条において、「集会、結社及び言論、出版その他一切の表現の自由は、これを保障する」（1項）、「検閲は、これをしてはならない。通信の秘密は、これを侵してはならない」（2項）と定めているところです。

この条文は一見すると、情報「発信」の自由（＝送り手の自由）のみを保障しているようにみえますが、決してそうではありません。そもそもあらゆる情報発信は、受け手となる「他者」（＝受け手）の存在があってはじめて成立します。受け手がいなければ、それは無人島でたった1人の人間が演説しているのに等しい空虚な活動になり果ててしまうでしょう。こうした点を考えるならば、表現の自由は、情報の「発信」のみならず、「受領」に至るまでの一連の流通プロセスを保障していると考えるべきです。たとえば、憲法学者の佐藤幸治は、表現の自由の内容として、①情報提供権、②情報受領権、③情報収集権を挙げています。つまるところ、表現の自由とは、情報のやり取りの循環的な流れ（コミュニケーションの自由＝情報の自由）までをも保障しているといえるでしょう。

この点、しばしば表現の自由は、憲法が保障しているその他の「自由」（たとえば、職業選択の自由）などと比べてより手厚く保護される地位にあるといわれることがあります（「優越的地位（preferred position）」論）。憲法学者でありわが国における表現の自由研究の第一人者であった奥平康弘は、この点について最も真摯に、深く考え抜いた先駆者の１人です。彼は、著書『なぜ「表現の自由」か』の中で、「表現の自由は、他のもろもろの権利自由に比べて、より多く（あるいはより厚く広く）保障されるべきだ、という道徳的あるいは憲法論的な要請がある」としたうえで、「こうした要請は、表現の自由なるものは――他の権利自由と違って――特別な保護に値するという点についてなんらかの根拠が示されていることを前提とする。理由なく特別な保障をもとめることはできないからである」と論じています［奥平 1988：８頁］。

上記問いかけの理由としては、①独立した人格をもった個人が、自分こそが人生の作者として、コミュニケーション活動を通じて自身の思想、感性、主義主張などを発展させ、自己を成長させるための個人的価値である「自己実現の価値」と、②独立した人格をもった個人が、自らの意思で他者と自身の思想や主義主張を交換し、政治過程に参加することで、民主政国家の一翼を担うための社会的価値である「自己統治の価値」がよく挙げられます。なかでも重要なのは②の価値です。わが国の最高裁も、「表現の自由は、民主主義国家の政治的基盤をなし、国民の基本的人権のうちでもとりわけ重要」（最大判1974（昭49）・11・６刑集28巻９号393頁〈猿払事件〉）なものといえるとしつつ、「民主制国家は、その構成員である国民がおよそ一切の主義主張等を表明するとともにこれらの情報を相互に受領することができ、その中から自由な意思をもつて自己が正当と信ずるものを採用することにより多数意見が形成され、かかる過程を通じて国政が決定されることをその存立の基礎としているのである」（最大判1986（昭61）・６・11民集40巻４号872頁〈「北方ジャーナル」事件〉）とも判示しています。そもそも民主政治体制は、表現の自由がなければ成立しえないことからも、その重要性は際立ちます。もっとも、あらゆる表現活動すべてでこれら２つの価値が常に同程度控えているわけではなく、常にあらゆる表現活動に優越的な地位が発生するわけではない、ということは頭に置いておかなければならないでしょう（たとえば、営利広告等）。

ところで、こうした民主政システムと表現の自由の関係性を考えたとき、ふと私たちの頭に疑問が浮かばないでしょうか。私たちは、確かに「選挙」を通じて、国会議員を「代表」として選び出し、その議員たちが私たちを拘束する法律を制定しているといえます（＝自己統治原理）。であるなら私たちは、日頃から政治ニュースを見聞きし、社会で起こっている是正すべき歪みを捉え、他者とそれらについて理性的に意見交換をする（こうした活動を「熟議」と呼ぶ）というプロセス（＝「かかる過程」）を経たうえで、「選挙」に臨み、代表者を選び出さなければならないはずです。しかし、実際はどうでしょう？

表現活動を通じて政治過程に参加するためには、非常に大きな「コスト」（たとえば、日々の「時間」）を払う必要がある、とみて取れます。そのため、こうした参加の「コスト」を乗り越えられる動機、もっといえば「熱意」をもった者のみが、政治過程に参加する（声を上げている）のが現状です。私たちの多くは、欅坂46の歌にもあるように『サイレント・マジョリティー』といえるでしょう。逆にいえば、私たちの民主政治の基盤は、こうした数少ない、「熱意」ある人々によって支えられています。だからこそ、民主政治の自己統治原理を体現し、底ざさえしている「熱意」ある人々の言論活動を、憲法は強力に保護しなければならないともいえるのです。数少ない「熱意」ある人々が、政府によって「規制」され、黙らせられれば、私たちの民主政治の屋台骨が崩壊してしまう危険があるのです。

いずれにせよ、コミュニケーションの自由（情報の自由）の特別さを支えているのは、民主政治システムの存在であるということは、意識する必要があります。

3　情報流通と「市場」アナロジー

上記以外にも、自由に自分の意見を表明し、それぞれ競い合うことにより、人間は真理に到達できるという思想の自由市場（marketplace of ideas）論も、表現の自由の保障根拠として挙げられることがあります。この概念が、法学領域に姿を現したのは、アメリカにおけるある判決の中でO.W.Holmes裁判官が述べた反対意見の次のような一節です。

「望ましい究極の善は、思想の自由な交換によってより良く達成されるのである。すなわち、真理にとっての最良のテストは、市場における競争において自らを受け入れさせる思想の力」である。[(Abrams v. United States, 250 U.S. 616, 630 (1919))]

この考え方は、情報空間において、政府が介入することなく、人々が自由に情報交流を行うことができれば、いずれ「真理」が勝ち残るというものといえます（レッセフェール的競争市場）。言い換えるなら、表現活動は、原則として私的秩序に委ねるということ（＝例外的に国家による市場への介入も許される）でもあります。そうすると、表現活動においては、悪しき表現には当該表現を禁圧することではなく、より多くのメッセージを流通させて「競争」させ、さらに当該悪しき表現を批判することで対抗すべきであるというモア・スピーチと対抗言論こそが原則となるでしょう。

またこの原理と類似のものとして、情報流通過程（情報の収集⇒発信⇒受領⇒……）における「自由かつ多様な情報流通」原則があります。ここでいう「自由」は、情報流通の過程に、まず第１に、国家権力の介入（主に法規制）がない状態を意味しますが、近年のプラットフォーム企業群の台頭を鑑みると、それにとどまらない意味も持つと考えられます。すなわち、社会が有している情報が常に特定アクターによって「独占」状態に置かれることのない状態を維持すること（動的情報を発生させるプロセス）も意識する必要があるのです。次に、ここでいう「多様」さは、様々な種類の情報が流通している状態を意味します。わが国の最高裁も、「およそ各人が、自由に、さまざまな意見、知識、情報に接し、これを摂取する機会をもつことは、その者が個人として自己の思想及び人格を形成・発展させ、社会生活の中にこれを反映させていくうえにおいて欠くことのできないものであり、また、民主主義社会における思想及び情報の自由な伝達、交流の確保という基本的原理を真に実効あるものたらしめるためにも、必要なところである」（最大判1983（昭58）・６・22民集37巻５号793頁〈よど号ハイジャック記事抹消事件〉）と述べています。

この点、次のように考える人もいると思います。通常、社会における情報流通が「自由」に行われれば、そこで流れる情報も「多様」になるはずと想定されるので、（国家による規制がない状態という意味での）「自由」さえ実現すればよいのではないか、と。しかし「自由」が必ずしも「多様」性を生むわけではないということに注意が必要です。たとえば、テレビ放送の仕組みを考えてみましょう。テレビ局はスポンサーに時間単位でCM枠を売ることで広告収入を得ています。これを「自由放任」で行わせた場合、スポンサーへの配慮から、各テレビ局同士が競争のため、視聴率を上げるための営利主義的な番組編成へと走る可能性が高くなります。そうなるとその時間帯の番組が、大衆受けするものに「画一化」されてしまわないでしょうか。つまり、自由な競争が、逆に流れる情報の多様性を奪ってしまうこともありうるのです。そのため、放送制度では番組調和原則、民放・NHKの二元的秩序、政治的公平原則といった国家による「規制」が敷かれることが許容されています。

こうした「思想の自由市場」のアナロジーの現代的な意義は、①自由かつ多様な情報流通が行われるためには、「空間（＝市場＝環境）」が重要であるという視点と、②そうした空間をどのように維持し、またどのような「設計」が表現の自由の価値の促進に資するのかという視点を提供してくれる点にあるといえます。そのうえで情報流通空間の設計に関する「政策」については、経済市場とは異なり原則として私的秩序に委ねるという（情報法研究者の山口いつ子の言葉を借りれば）「デフォルト」を示したものともいえます。もっとも「自由」を重視するか「多様」性を重視するかは一律に「答え」が出るわけではありません。政府による介入が、自己に都合の悪い情報を流通させにくくするものや、政敵排除のためのものである危険が常に伴う以上、介入者たる「政府」をどこまで信頼すべきか？という憲法学の伝統問題ともかかわってくるからです。そのため、こうした表現環境にどこまで政府が介入するかは、国によっても様々である点に注意が必要でしょう。

4　ポスト・ビッグデータ時代の情報環境と民主政治

さて、インターネットが普及した現代においては、表現活動にかかる「コスト」が著しく下がり、より多くの人々が、民主政治の過程に参加する機会を得たことも考慮に入れなければなりません。一見するとこれは、「表現の自由」と民主政治の間の関係性を弱めるものではなく、より強化するものと捉えるべきでしょう。ただし注意が必要なのは、こうした「コスト」が下がり、より多くの人々がデジタルな情報環境にアクセスできるようになったことで、新しい問題が浮上しつつあることです。

１つには、マスメディアの地位の低下があります。これまでは、情報環境において支配的な影響力をもっていたのは、印刷機（輪転機）や電波を握っていたマスメディア企業です。多くの人は情報発信に使用できる「媒体」を自前でもたず、より多くの人々に情報発信を行う場合には、マスメディアにアクセスするほかありませんでした。かつて、情報発信のための「媒体」を利用するというのは、一部の限られた人々の「特権」だったといえます。のちに見る通り、マスメディアにはそうした媒体を握る力を背景に、様々な法的な特権や優遇措置が与えられてきましたが、それと引き換えに、彼らが「報道機関（プレス）」として、相応の社会的・法的責任を引き受け、それに応じた職能的自己規律（ジャーナリズム倫理）を背負い、（時に誤報や捏造といったスキャンダラスな事件を引き起こしつつも）信頼性の高い情報を社会に送り出す役割を果たしていたことも忘れてはなりません。インターネットの登場はその前提を大きく変革したのです。社会の中で媒体を握った力を背景に特権的な地位を占めていたマスメディアの地位は、いまや低下の一途をたどっています。その結果、後述するように私たちは真偽不確かな大量の情報に囲まれ、ますます「自分に合った好みの情報」を消費するようになっているのです。

また、ネット上の誹謗中傷問題も、大学生の皆さんにとっても他人事ではないでしょう。メディアでも大きく取り上げられましたが、リアリティ番組に出演していた女性がネット上で誹謗中傷を受け、自死にまで追い込まれることになった一件は記憶に新しいかと思います。社会学者で、ネット炎上研究の第一人者である山口真一は、著書『正義を振りかざす「極端な人」の正体』の中で、こうした誹謗中傷や炎上が「極端な人」により引き起こされていることを指摘し、その最も大きい原因としてネット空間が、「極端で声の大きい人ほど、誰にも止められることなく、大量に発信できる場」となっていることを挙げています［山口：38頁］。「この『万人よる能動的な発信だけで構成された言論空間』がここまで普及したというのは、有史以来初めてのことであ」り、「ネットが普及して情報革命が起こり、人類は未だかつてないコミュニケーション環境に晒され」ることになったのです。その結果は、どうなるか。ネット上で一部の「極端な人」が好きに発信をし続けることと引き換えに、「中庸的で強い心を持っていない人は、ネットの言論空間から退出してしまう」ことになります［山口：41頁］。これは、民主政治を支えるための「表現の自由」にとって、危機的状況ともいえるでしょう。

さらに、私たちが日ごろ利用しているSNSをはじめとしたデジタルな言論空間は、ビッグデータ・AI技術を利用するプラットフォーム企業群により高度に「デザイン」された空間である、という点も意識する必要があるでしょう。アメリカの2010年連邦議会議員選挙においてFacebookが行った大規模実験は、Facebook上の特定の表示が、一定の投票促進効果をもたらすことを明らかにしました。若者の低い投票率が問題視されている日本にとっては朗報に聞こえるかもしれません。しかしこれは、諸刃の剣でもあります。Facebookがもつユーザーの膨大なデータと、プロファイリング技術を駆使すれば、Facebookは、どのユーザーがどのような政治的傾向を有するかを把握できるでしょう。そして、特定の政治的傾向を有するユーザーにのみ、先ほどの投票促進効果が認められた表示を行えば、投票行動を操作できてしまう危険性が指摘されています。こうした問題は、特定の党派や人種に有利な形で選挙区割りを線引きするゲリマンダリングになぞらえて、情報法研究者のジョナサン・ジットレインにより「デジタル・ゲリマンダリング（digitalgerrymandering）」と名付けられました。別の研究では、検索エンジンにも同様の効果があることが示されており、こちらは、「検索エンジン操作効果」（Search Engine Manipulation Effect）と呼ばれています。

あるいは、ビッグデータを駆使して、私たちはデジタルな動員をかけられているかもしれません。いわゆる「データ駆動型選挙運動」（data-driven campaigning）と呼ばれる手法が、アメリカの選挙運動において用いられつつあります。たとえば、2012年の大統領再選時、オバマ大統領の陣営は、選対本部のビッグデータ分析により、カリフォルニア州の40代の女性を政治資金パーティに集めるための「ゲスト」に誰が適任かを割り出しました。その答えはジョージ・クルーニーであったといいます。結果、クルーニーの別邸で開かれたパーティで、一晩で1500万ドルのパーティ券が売れたそうです。トランプ大統領も、大統領選に際して「プロジェクト・アラモ」という選対チームを作り、共和党有権者の中から潜在的なトランプ支持者を割り出し、説得可能性が高いと予測された者をターゲットとして選挙広報活動を行ったといわれています。たとえば、国産車を購入している共和党の有権者は、潜在的にトランプ支持者で説得可能性が高いという風に。

そして、こうした手法が、最も深刻な形で露見したのが「ケンブリッジ・アナリティカ」問題でした。この問題は、ケンブリッジ・アナリティカ社が不正に入手したFacebookユーザーのデータを用いて性格分析を行い、性別や出身地、さらには「いいね！」ボタンを押した記録といったFacebook上の情報と掛け合わせてプロファイリングを行い、その結果が2016年の米国大統領選でトランプ（Donald Trump）陣営による政治広告のターゲティング配信に用いられていたのではないかという疑惑です。日本では、単に個人情報の不正「流出」が問題点として挙げられていますが、むしろ問題の本質は、そこではなく、有権者である私たちを「消費者」に見立て、「投票」という「商品」をいかに購入させるかという選挙のマーケティング化と、そのマーケティング化が、私たちに対して高度な操作・誘導をもたらしているのではないかという点にこそあるのです。

またよくネットでは、「マスゴミの報じない真実」があるといわれることがありますが決してそうではありません。インターネット上の言論空間には、ビッグデータ・AI技術を駆使したパーソナライズ・フィルターが高度に張り巡らされ、さらにユーザー同士のフォロー関係なども手伝い、個々のユーザーが「好み」の情報に囲まれやすくなっている点が指摘されます。こうした現象は、イーライ・パリサーによって「フィルターバブル」と名付けられ、個々人が①世界から個人が「孤立化」、②自分の「偏り」が見えない、③「受動的」な立場に逆戻りする危険性が指摘されました。さらに、こうした自分と同質の意見に囲まれ、異質な他者の意見が入らない状態は、「エコーチェンバー」と呼ばれ、より自分の考えを強化するのにつながっていく（「集団極化」）と、憲法学者のキャス・サンスティーンは警鐘を鳴らします。上記のように「あなた好み」の情報が提示されるデザインをネット空間が積極的に取り入れていることを考えるなら、むしろネットには往々にして「あなたに合った真実」があふれているともいえるのです。

こうしたデジタル空間の「環境」は、残念ながら、「他者」（自分と異なる価値観を持つ者）と能動的に接触し、理性的に対話する機会をどんどん失わせる方向に作用しています。異なる意見をもつ人々同士が「議論」し説得し合う、高い徳性を備えた市民レベルの「熟議」が成立しづらくなっている、ともいえます。

3　情報の自由の「未来」を考えるうえで大事なこと——本書の構成

以上のような、情報の自由を支える論理や価値観を取り巻く背景的事情の変化と問題点を踏まえ、皆さんには、未来を見据えた「情報の自由と秩序の構想」を、執筆陣とともに考えてもらうことが本書の目標です。その意味で、本書は、単に法学的知識を叙述した教科書ではありません。むしろ、本書で学んだことをきっかけに、その前提や現存するルールに積極的に疑問を呈し、Society 5.0を生きる１人の人間として新たな「法」を「創造」することに取り組んでもらいたいと思っています。

そこで読者の皆さんの頭の片隅で意識しておいてほしい点は、３つあります。①１つは、ビッグデータ・AI 技術がもたらす、高度な予測力・自動化・個別化という側面です。②２つめは、インターネットの普及による情報環境への新規参入とマスメディアの地位低下です。③そして３つめは現代のデジタル空間のデザインを設計し、決定する力をもつオンライン・プラットフォーム企業群の台頭です。

こうした３点を踏まえて、皆さんに「情報の自由と秩序の構想」を考えてもらうために、本書は３部構成となっています。第Ⅰ部では、総論的なトピックを取り扱います。本章でも扱った「自由かつ多様な情報流通」を実現するうえでの国家の施策として、オープンデータや情報公開制度が注目されます。また、情報の統治という側面からは、私たち個人の行動を制約する手法として、「アーキテクチャ」と呼ばれる手法が注目を浴びています。

第Ⅱ部は、現代の情報環境の中でコンテンツの生成を担う「メディア制作者」が直面するであろう法知識を取り扱います。

ここでいう「メディア制作者」とは、ジャーナリストをはじめ、多様なメディアを通じてあらゆるコンテンツの制作に携わる人々のことを指しています。（余談ですが、私が所属する関大社会学部メディア専攻には、音楽映像、ドキュメンタリー、CM、フォトグラフィといったコンテンツ制作に取り組む「メディア制作実習」という授業が設けられており、本書の第Ⅱ部はそうした実習を受講する学生さんのことも意識しています。）本書の枠組みにおいては、こうしたコンテンツに対する法規制や、場に対する規制、さらにはジャーナリストに与えられる特権や責任といった領域を「メディア法」と呼称しています。

第Ⅲ部は、現代の情報環境において、情報の流通及び利用に携わる人々（その中でも特に、近年の情報流通において大きな力を有している「プラットフォーム事業者」に焦点を当てています）が意識すべき法知識を取り扱っています。本来「情報法」という概念は、メディア法と同様に特定の形式上の法典があるわけではなく、各種法律を横断する非常に幅広い分野の法領域を指しますが、本書の枠組みにおいては、情報の媒介者責任の制度や個人情報の保護制度、さらには違法有害情報の流通規制や情報の独占的利用にかかわる著作権制度といった領域を（おそらくは異論があるところだと思いますが）「情報法」と呼称しています。もちろんこれは、ジャーナリストを目指す人は第Ⅱ部だけを読めばよく、プラットフォーム事業者を目指す人は第Ⅲ部のみを意識すればよいということを意味していません。たとえばメディア制作者にとって、著作権制度は無視しえないものですし、プラットフォーム事業者にとっても、どのような情報がどのような理由で規制されているのかという知識は必要不可欠です。加えて、両業界がそれぞれどのような規範・規律と接し、活動しているのかを知ることで、お互いのことを理解し、協力するための一助にもなると信じています。こうした分類自体が、１つの論争点になると思いますが、本書がそのきっかけ作りになれば幸いです。

第2章　自由かつ多様な情報流通とオープンデータ
——その理念と活用事例

1　はじめに

世界的に政府等の公的機関の保有するデータ（公共データ）をオープンにしていく取組みが盛んに行われています。日本では、ICT政策の理念や基本方針を示す、高度情報通信ネットワーク基本法（以下、IT基本法、2001年1月施行）により設置された「高度情報通信ネットワーク社会推進戦略本部」（IT戦略本部、2013年3月よりIT総合戦略本部へと名称を変更）や総務省等が中心となり、公共データのオープン化を目指す「オープンデータ戦略」を展開してきました。

本章ではまず、そもそもオープンデータとは何か、データをオープンにすることの意味は何かを考えます（第2節）。次に、オープンデータの取組みの世界的な動向を確認したうえで、日本のICT政策の展開とオープンデータ、官民データ活用推進基本法（以下、官デ法）の内容に触れ、改めてオープンデータの対象や定義等を確認します（第3節）。そして、昨今の法改正等とオープンデータをめぐる動向から、どのような社会が生まれつつあるかをみて、今後のオープンデータの取組みのあり方を考えてみたいと思います（第4節）。

2　オープンデータの意義、その活用と自由かつ多様な情報流通

1　オープンデータとは何か

オープンデータとは、端的にいえば「自由に使えるデータ」のことです。単にオープンな状態にするだけではなく、誰もが自由に利活用できるようにされたデータのことをいいます［庄司 2015：496頁］。データ形式の統一や、データに対してプログラムからアクセスできるようにするAPI（Application Programming Interface）の提供等、技術的な利便性も考慮されています。データと聞くと、数値データを連想しがちですが、テキスト、文書、画像、音声、動画等の様々な形式のデータが含まれます。

もう少し詳しくオープンデータとは何かをみてみましょう。オープンデータについて、各国の政府や国際組織により若干異なる定義が示されていますが、日本では、ICT 政策を牽引してきたIT 総合戦略本部の「オープンデータ基本指針」(2017年５月策定、2019年６月改定）が、①営利目的、非営利目的を問わず２次利用可能なルールが適用されたもの、②機械判読に適したもの、③無償で利用できるもの、をオープンデータと定義しています。機械判読とは、コンピュータプログラムが自動的にデータを処理できることを指します。

では、こうしたオープンデータはどこで公開されているのでしょうか。日本では、2014年10月、政府のデータカタログサイト「DATA.GO.JP」が本格的に運用を開始し、現在（2021年10月)、２万7526件のデータセットが公開されています。このポータルサイトを入口として、各府省庁の保有・公開するデータが入手可能となっています。データの対象となる情報については、国土・気象、人口・世帯、労働・賃金、農林水産業、鉱工業、商業・サービス業、企業・家計・経済、住宅・土地・建設、エネルギー・水、情報通信・科学技術、運輸・観光、教育・文化・スポーツ・生活、司法・安全・環境、行財政、社会保障・衛生、国際、のように私たちの生活に関わる多種多様なフィールドを対象としています。さらに、たとえば、横浜市の「横浜市オープンデータポータル」のように、オープンデータの先進的な取組みを行ってきた自治体のポータルサイトからもデータセットを入手することが可能となっています。

しかしかつては、各府省庁の Web サイトに掲載されているコンテンツやデータについて、これらは政府著作物であるため、日本の著作権法上、データの再配布や商用利用が容易ではないという状況にありました。そのため、IT 総合戦略本部は、「政府標準利用規約（第1.0版)」(2014年６月）を策定し、政府著作物の２次利用を広く認める方針を示しました。現在は、さらにオープンなライセンスを志向する「政府利用規約（第2.0版)」(2015年12月）へと改定されており、個別法令による利用の制約がある一部のコンテンツ等を除き、政府機関 Web サイトのコンテンツは、クリエイティブ・コモンズ・ライセンス（表示4.0国際）に従い、利活用可能となっています。

このように、インターネットを通じて原則無償で利用可能、利用目的を問わず２次利用可能、機械判読性が高い、というのがオープンデータの特徴だということを、まずはおさえておきましょう。

2　オープンデータの意義

次に、こうした特徴をもつオープンデータがICT政策においてなぜ重要であるか、すなわち、オープンデータにはどのような意義があるかを、実際の活用事例をもとにみていきます。

日本の活用事例について、IT総合戦略室が様々な事例を収集し、政府CIOポータル「オープンデータ100」に公開しています。現在（2021年10月）、同Webサイトには、防災・減災、少子高齢、産業創出、防犯・医療・教育等の分野における82件の活用事例が公開されています。様々な主体によりオープンデータが活用されていますが、ここでは、市民・非営利組織と民間企業による活用事例を取り上げます。

まずは、市民や非営利組織の活動に行政が連携（協働）するような形で利活用が進み、行政サービスの効率化が図られた事例をみてみます。金沢市では、Code for Kanazawaが、市民と行政の間に立ち、同市のオープンデータを用いて「5374.jp（ゴミナシ ドット ジェーピー）」というアプリを開発し、2013年9月よりサービスを開始しました。Code forと名が付く各地の組織は、シビック・テック（Civic Tech）と呼ばれる、市民自身によるテクノロジーの活用を通して行政サービスの問題や地域・社会課題を発見・解決する取組みを、支援しています。

環境問題の深刻化によりゴミの適正な処理や収集が社会的関心となっていることや、ゴミの分類が細分化され地域住民が曜日や種類の判別が難しくなっていることを背景に、同アプリは、煩雑な操作を必要とせず、いつ、どのような種類のゴミを捨てればよいかが一目でわかるように設計されています。同アプリのプログラムコードは無料公開されており、さらに、比較的簡単なコードで記述されていることもあり、地域住民も関与しながら全国各地でコードがコピーされアプリ開発が進んでいます。これにより地域住民はインターネット環境さえあれば、適切にゴミ出しを行えるようになり、行政にとってもサービスの効率化が図られました。

次に民間企業による利活用の事例としては、「GEEO（ジーオ）」（株式会社おたに）が挙げられます。同アプリは簡単にいえば、不動産価格を予測・算出するものです。不動産取引においては一般的に、買い手にはすべての情報は開示されないため、購入を検討している物件の価格が妥当か否かを判断するのが難しいといわれています。そこで、路線図、国勢調査、住宅・土地統計調査等の1000項目以上のオープンデータを用いて、独自開発したアルゴリズムにより不動産価格を予測・算出するアプリが開発されました。同アプリは、不動産取引の透明性を高め、市場の健全化につながるだけではなく、オープンデータビジネスとしても注目されています。また、民間企業が保有する独自のデータに、オープンデータを掛け合わせて（マッシュアップして）分析することで、新たなサービスを提供したり、既存の事業に新しい価値づけをしたりする企業も現れています［庄司 2018：285頁］。また、データ利用者がデータから課題を発見し、その課題の解決に取り組む中で、別のデータへのニーズが生まれ、さらなるオープンデータ化の動きにつながるという利点もあります。

政府もこうした意義を強調しており、2012年7月の「電子行政オープンデータ戦略」（IT総合戦略本部）では、オープンデータの意義として、①（政府機関・行政機関の）透明性・信頼性向上、②国民参加・官民協働推進、③経済活性化・行政効率化の3つを掲げています。

②については、先に述べた5374.jpのように、国民参加・官民協働により多様な公共サービスが迅速かつ効率的に提供されること、③については、GEEOのように、様々な新ビジネスの創出や企業活動の効率化により経済が活性化すること、あるいは政策決定等における公共データの利用により国・自治体の業務が効率化・高度化すること、を得られる利益として想定しています。①に関しては、オープンデータの提供により、国民が政府の政策等に関して十分に分析・判断することが可能となり、これが行政の透明性を高める、としています。この部分は、広くは情報公開制度の目的やオープンガバメントの理念と重なっており、政府が説明責任を果たし、国民が主権者として政治に関与していくうえで重要であると考えられます。

3　オープンデータと情報に対する権利

オープンデータには様々な意義があることを確認しましたが、ここではこのオープンデータと、情報法制あるいは情報に対する権利や情報の自由との関係を考えてみます。

情報法制の観点からみると、オープンデータは、公的機関が保有する情報を国民・市民に提供する情報提供の一環として位置付けられますが、公的機関の透明性・信頼性向上という目的のための、官から民への公共データの流通という意味を超えて、公共データの国民・市民への提供後の利活用に重点を置いています。この点においてオープンデータは、情報法制の新たな進展と評価することができます［宇賀 2019：270頁］。

また、オープンデータに関わる政策（あるいはオープンデータ制度）は、情報法の理念とする「自由かつ多様な情報流通」［曽我部他 2019：9-10頁］を確保するうえでも重要となるといえます。自由かつ多様な情報流通のためには、①情報を受け取る権利、②情報を提供する権利、が包括的に保障されている必要があります。①は表現の自由や報道の自由に対応する受け手の権利であるとともに、政府情報等の公開を求める権利として、知る権利と同様、情報の流通の前提条件として不可欠となります。このように考える場合、オープンデータは、情報公開制度のように利用者の開示請求権行使によるものではなく、元より公開することを前提としていますが、公共データを開かれたものにすることそれ自体が、①情報を受け取る権利、あるいは国民の知る権利に応えうるものであると考えることができます。そして、政策として、公共データ提供後の、国民による公共データの利活用を促進することは、②情報を提供する権利（表現の自由そのもの）に仕えるともいえます。つまり、インターネットが発達して、マス・メディアだけではなく国民一人ひとりも積極的・能動的な情報の送り手となっている現代において、誰もが手軽にアクセス可能なWWW上で公共データを原則無料で公開している点が、情報の収集・獲得を容易にしており、国民の自由な表現・言論活動を下支えしているということです。さらに、その公共データが、国民の利害・権利と直接に関わる、政府情報等であるとなれば、国民が主権者として、公開された多様な公共データを自由に取得して、それらを精査し、政治に参加していくことを可能とするという意味で、民主政に資する社会的な価値を推し進めるものであるといえます。

加えて、ここで述べてきたようにオープンデータは、情報に対する権利、表現の自由という憲法上の権利に関わる政策・制度であることから、公共データに対して行政主体が著作権を主張することや、オープンデータの利用許諾の制約条件については、できる限り自由な利活用を尊重して、必要最小限にとどめるべきだと主張されています［成原 2014：67-68頁］。

3　オープンデータの取組みの進展

1　世界的動向（EU、アメリカ）

そもそもオープンデータの取組みはどこから始まったのでしょうか。ここでは、世界的な動向を簡単に確認します。国際的にみても、OECD の ICCP 委員会による「公共セクター情報へのアクセスの強化と効果的な利活用に関する勧告」［OECD 2008］や、G8首脳会議における「オープンデータ憲章」（2013）への合意等からもわかるように、オープンデータの推進が各国の重要課題であるという認識が存在しています［Welle Donker & van Loenen 2017］。

オープンデータを早くから推進してきたEU 諸国では、前身の EC が、2003年に「公共セクター情報の再利用指令（The Directive on the re-use of public sector information）」（Directive 2003/98/EC）を制定し、加盟国の公的機関が保有する資料の再利用を促進するための最低限のルールを定めました。同指令では、可能な場合、資料は電子的手段で利用可能にすべきこと（５条）、資料の利用料金は収集・作成・複製・配布にかかる費用を超えてはならないこと（６条）、ライセンスに関しては、再利用の可能性を不必要に制限する条件を課してはならないこと（８条）、利用条件を利用者によって差別してはならないこと（９条）等を定めています。

その後、機械可読形式での提供を原則とすることや、公的な博物館・図書館・公文書館も指令の適用対象とすること等を定めた、2013年の同指令の改正を経て、2019年７月、同指令は「オープンデータ指令（The Directive on open data and the re-use of public sector information）」（Directive 2019/1024 EU）として再び改正されています。オープンデータ指令は、公的助成を受けた研究データを、オープン・バイ・デフォルトの原則のもと自由に利用可能とすること（10条）を新たに定めました。また、社会的経済的利益を生み出す可能性のある、高価値データセット（high value datasets）のテーマ別カテゴリーリストを定め、欧州委員会がそのリストの追加を行うこと（13条）や、リストのカテゴリーに属する、公的機関・公的事業体の保有する高価値データセットを無料でオンライン利用できるようにすること（14条）等も規定しています。さらに同指令は、加盟国の国内法に同指令の内容を適用することも求める内容となっています。

このようにEUは、比較的早い段階からオープンデータ化に向けた取組みに着手してきましたが、オープンデータが世界的に注目を浴びるようになるきっかけを作ったのはアメリカだといえるでしょう。アメリカでは、2009年に発足したオバマ政権が、同年１月に「透明性とオープンガバメント（Transparency & Open Government）」という覚書を公表し、その中で、公共データは国の財産であるという認識のもと、こうした情報をオンラインで一般に公開する必要があるとしてオープンデータの重要性を確認しています［Obama 2009］。この方針に沿い、同年５月の「オープンガバメント・イニシアティブ（Open Government Initiative）」の公表、同年12月の「オープンガバメント指令（Open Government Directive）」の発表、2013年５月の「オープンかつ機械可読を政府情報のニュー・デフォルトとする大統領令（Executive Order - Making Open and Machine Readable the New Default for Government Information）」の発令等を経て、オープンデータの取組みが進んできました。2014年５月には、連邦政府の支出に関する情報に対して、オンラインでアクセス可能にし、政府の透明性を高めること等を目的として、「デジタル・アカウンタビリティと透明性に関する法律（Digital Accountability and Transparency Act of 2014（DATA Act））」を制定しています。同法は、連邦として初めてのオープンデータに関する法律で、連邦政府の支出に関するデータのフォーマットを標準化し、自由にアクセス可能な状態で公開することを義務付けています。その後、支出に限定せずにすべての公共データの自由な利活用を目指し、2019年１月には、政府刊行物および公文書に関して規定する、合衆国法典44編3502条を修正する形で、「オープンガバメントデータ法（Open, Public, Electronic, and Necessary（OPEN）Government Data Act）」が成立しました。同法では、オープンデータについて、（A）機械可読、（B）オープンな形式で入手可能、（C）知的財産権による制限を除き利用・再利用に制限がない、（D）標準化団体によるオープン・スタンダードに準拠する、という４つの条件を満たしたものであると定義しています。このように連邦政府は、法的根拠を持ったオープンデータの利活用を発展させています。

2　日本のICT政策の展開とオープンデータ

次に、日本のICT政策においてどのようにオープンデータの取組みが進んできたかをみていきましょう。

IT戦略本部が政策を展開する中で、「新たな情報通信技術戦略」（2010年５月）を公表し、「オープンガバメント」の確立を戦略の１つとして掲げました。同戦略では、オープンデータという用語を使用していませんが、オープンデータを重要な施策として捉え、電子政府や電子民主主義等の実現に向けて「行政が保有する情報を２次利用可能な形で公開して、原則としてすべてインターネットで容易に入手できるようにするなど、行政が保有する情報の公開を積極的に推進すること」の重要性を指摘しています。その後、「電子行政に関するタスクフォース」（2010年９月）、「電子行政推進に関する基本方針」（2011年８月）、「電子行政オープンデータ戦略に関する提言」（2012年６月）等を経て、「電子行政オープンデータ戦略」（2012年７月）の決定により、オープンデータの取組みは具体化していき、オープンデータの基盤整備が進みました［松井 2018：78頁］。

「電子行政オープンデータ戦略」に示される基本原則に則り施策は進み、その後、閣議決定された「世界最先端IT国家創造宣言」（2013年６月）では、オープンデータが政府全体のIT戦略の１つの柱となり、日を同じくして、IT総合戦略本部が「電子行政オープンデータ推進のためのロードマップ」を発表し、各府省のオープンデータ推進・実現のためにとるべき具体的な取組みを示しています。その後、先に述べた「DATA.GO.JP」試行版の公開（2013年12月）、同カタログサイトの本格運用（2014年10月）、「政府標準利用規約（第2.0版）」（2015年12月）の策定を経る等して、さらなる整備が進みました。

また、先に述べた「世界最先端IT国家創造宣言」の改訂版（2014年６月）では、地方公共団体についてもその保有する公共データの流通・利活用を効果的に行うための基盤を構築すること等を宣言しました。翌年2015年６月には、同宣言を再び改定し、その中で、オープンデータの基盤整備段階にある現状から脱していくために、「利活用の促進を意識した対応」の必要性に触れています。オープンデータが社会の抱える課題の発見（見える化）・解決につながるという期待を踏まえて、「課題解決型のオープンデータの推進」へと発想を転換することを宣言したのです。同宣言のさらなる改訂版（2016年５月）では、課題解決型のオープンデータの実現を「オープンデータ2.0」と呼び、国・地方公共団体だけでなく、民間事業者等が保有するデータも社会全体で共有・利活用するための取組みを進める必要性を確認しています。

3　オープンデータ2.0と官民データ活用推進基本法

官民一体となったデータ利活用・流通（オープンデータ2.0）の必要性が認識され、その動きが、2016年12月、官デ法の成立という形であらわれました。同法は日本で初めてオープンデータ制度に法的な根拠を与えたものとして評価されます。ここでは、改めてオープンデータの定義や対象となるデータ、官民データ主体の責務等について、同法の内容を取り上げながら述べていきます。

まず、本法の目的は、「官民データ活用の推進に関する施策を総合的かつ効果的に推進し、もって国民が安全で安心して暮らせる社会及び快適な生活環境の実現に寄与すること」にあります（１条)。「官民データ」とは、「電磁的記録（電子的方式、磁気的方式その他人の知覚によっては認識することができない方式で作られる記録をいう。［以下、略］）に記録された情報（国の安全を損ない、公の秩序の維持を妨げ、又は公衆の安全の保護に支障を来すことになるおそれがあるものを除く。）であって、国若しくは地方公共団体又は独立行政法人若しくはその他の事業者により、その事務又は事業の遂行に当たり、管理され、利用され、又は提供されるもの」（２条）です。つまり、官民データとは、これまでオープンデータの対象となってきた情報（公共データ）に加え、国や公共の安全、秩序の維持に支障を及ぼすおそれがあるものを除いた、「電磁的記録に記録された情報」のすべてを一括りにしたものとして捉えられます。

しかし、個人情報等とのバランスも考慮されています。３条１項では、基本理念として、官民データ活用の推進は、IT 基本法、サイバーセキュリティ基本法、個人情報の保護に関する法律（以下、個人情報保護法)、その他の関連法律による施策と相まって、「個人及び法人の権利利益を保護しつつ情報の円滑な流通の確保を図ることを旨として、行われなければならない」ことを定めています。個人情報保護法を挙げ、個人の権利利益を保護しつつという留保を付けていることから、個人情報保護法が想定する保護と有用性のバランスが官デ法そのものでは動かないよう慎重に設計されているといえます［板倉・寺田 2017：5-6頁］。

こうした基本理念のもと、国・地方公共団体・事業者の責務（4条～6条）を定め、さらに、「政府は、官民データ活用の推進に関する施策を実施するため必要な法制上又は財政上の措置その他の措置を講じなければならない」（7条）ことを確認し、必要に応じて法制上の措置等をとることで、利活用を推進していく仕組みとなっています。また、国・地方自治体に、保有する官民データを国民が利用しやすいように必要な措置を講ずること（11条1項）を求め、民間事業者についても努力義務を課しています（11条2項）。

さらに、国には、官民データ活用の推進に関する基本的な計画である「官民データ活用推進基本計画」の策定（8条）を、都道府県には「都道府県官民データ活用推進計画」の策定（9条）を義務付け、市町村にも計画の策定を努力義務として課しました（9条3項）。また、国・地方公共団体・民間事業者間でのシステムやデータの標準化・共通化を求めており（15条）、いわゆる個人情報保護条例の「2000個問題」に代表される、官民データを活用する多様な主体の連携を妨げる問題の解決のために必要な措置を講じること（19条）も定めています［中司 2017：14頁］。

本法の制定後、2017年5月に、政府のICT政策の計画、および同法8条に基づく官民データ活用推進基本計画の内容を記す、「世界最先端IT国家創造宣言・官民データ活用推進基本計画」（閣議決定）を公表し、その同日には、本法の理念を踏まえ、国・地方公共団体・事業者が今後どのように官民データの公開・利活用に具体的に取り組んでいくかについて、オープンデータ・バイ・デザインという原則を示し、「オープンデータ基本指針」（IT総合戦略本部）にまとめて発表しています。これまでも政府によって様々な施策が行われてきましたが、同法の施行後、法的な根拠を得て、政府や地方公共団体の取組みは加速しています。

その後、2018年6月には、先に述べた「世界最先端IT国家創造宣言・官民データ活用推進基本計画」を改定し、「世界最先端デジタル国家創造宣言・官民データ活用推進基本計画」へと改めています。翌年2019年6月にも同計画を改定し発表していますが、この過程で、オープンデータを含む「官民データの推進」と「デジタル・ガバメントの実現」を一体的に捉え、両施策に総合的に取り組んでいく姿勢が示されました。

4　オープンデータを取り巻く社会の状況、今後のオープンデータ

1　デジタル手続法とオープンデータ

ここでは昨今のオープンデータに絡む政策状況からどのような社会が生まれつつあるかを、2019年5月に成立した「デジタル手続法」（正式名称：情報通信技術の活用による行政手続等に係る関係者の利便性の向上並びに行政運営の簡素化及び効率化を図るための行政手続等における情報通信の技術の利用に関する法律等の一部を改正する法律）等を手掛かりに述べていきます。

「デジタル手続法」は、オープンデータを含む官民データの利活用とデータ流通、デジタル・ガバメントの実現の両施策を進展させるものとして評価されます。同法は、複数の法律の改正を定めたもので、「行政手続等における情報通信の技術の利用に関する法律」（行政手続オンライン化法）、「住民基本台帳法」、「電子署名等に係る地方公共団体情報システム機構の認証業務に関する法律」（公的個人認証法）、「行政手続における特定の個人を識別するための番号の利用等に関する法律」（マイナンバー法）等の改正が行われました。改正後の「行政手続オンライン化法」の名称は、「情報通信技術を活用した行政の推進等に関する法律」（以下、デジタル行政推進法）であり、デジタル手続法の中核をなしています。

「デジタル行政推進法」は、官デ法10条1項に定める、行政手続に係るオンライン利用の原則化を受け、関連法改正案と一括化する方向で検討が進められ、成立しました。本法の目的は、情報通信技術の便益を享受できる社会が実現されるよう、行政のデジタル化に関して必要となる様々な事項、民間手続のオンライン化に関する施策について定め、手続等に係る関係者の利便性の向上、行政運営の簡素化・効率化、社会活動のさらなる円滑化を図り、国民生活

の向上及び国民経済の健全な発展に寄与することにあります（１条）。また同条は、本法がIT基本法13条・官デ法７条の規定に基づく法制上の措置であるという位置付けを確認しています。この目的のもと、デジタル化の基本原則（デジタルファースト、ワンスオンリー、コネクテッド・ワンストップ）を掲げ（２条１～３項）、この３つの原則を旨として、行政のデジタル化を推進していくことを定めており、推進に際しては、事務・業務の推進に用いる情報を書面等から「官民データ」へと転換することを確認しています。

さらに、個別法令上、申請等を「書面」により行うことが定められている場合も、デジタル行政推進法の規定（６条１項）によりオンラインで行うことを可能としています。また、同法では、この規定の適用対象を「書面等により行うこととしているもの」だけではなく、「その他のその方法が規定されているもの」まで拡大していますが、これは、官民データの適正かつ円滑な流通を目指す官デ法の趣旨に照らし、その他の方法が規定されている申請等についてもデジタルデータでの情報のやりとりを可能とするため設けられました［福嶋2020：13-14頁］。

このように本法は、広くは行政のデジタル化、行政手続・民間手続のオンライン化（デジタル・ガバメント実現）のためものですが、一方でオープンデータを含む官民データの推進、データ流通や活用のための法制上の措置としての性格も有しているのです。

また、昨今の動きとして、先に述べた「世界最先端IT国家創造宣言・官民データ活用推進基本計画」のさらなる改訂版（2020年７月）において、政府は「デジタル強靭化社会」の実現を目指すことを宣言しています。同宣言では、デジタル強靭化社会の実現に向け、オープンデータを含めた官民データの利活用とデジタル・ガバメント実現の重要性を確認しており、働き方改革（テレワーク）、学び改革（オンライン教育）、くらし改革、災害対応等へのICTの導入・活用や環境整備と並んで、これらに重点的に取り組んでいくとしています。

その後、新型コロナウイルス感染症対策において、多くの分野でデジタル化の遅れが顕在化し様々な課題が浮き彫りとなるとともに、社会的な課題解決のためにデータ活用が緊要であることが再確認されました。そしてこれらの課題の根本的な解決に向け、2021年５月12日、デジタル改革関連（デジタル庁関連）６法（デジタル社会形成基本法、デジタル庁設置法、デジタル社会の形成を図るための関係法律の整備に関する法律、公的給付の支給等の迅速かつ確実な実施のための預貯金口座の登録等に関する法律、預貯金者の意思に基づく個人番号の利用による預貯金口座の管理等に関する法律、地方公共団体情報システムの標準化に関する法律）が成立しました。デジタル社会の形成に関する司令塔として、行政の縦割りを打破し機能するデジタル庁の働きが今後重要となってくるでしょう。

このように、政府が目指す社会では、私たちは常時、ICT、データや情報に能動的・積極的に接していく存在として想定されています。政府が官民の垣根を超えた横断的な基盤整備を進めようとしていく中で、私たちは、今後のオープンデータのあり方をどう考えたらよいでしょうか。以下では、オープンデータの取組みを推進するうえで留意すべき事柄について考えてみます。

2　今後のオープンデータの推進に向けて

まず、個人情報との関連で、官デ法12条に留意する必要があるといえます。同法３条１項は、個人情報保護法等を挙げ、「個人及び法人の権利利益を保護しつつ情報の円滑な流通の確保を図ること」を確認していますが、一方で12条は、「個人の関与の下での多様な主体による官民データの適正な活用」を定めています。この点について、どのように運用されるのか、いかにして個人情報の保護が図られるのか、あるいは他の制度とどのように折り合いをつけるのか等、今後さらなる検討が必要となると考えられます。また、利活用時の問題として、データ単体としては個人に関する情報は含まないが、様々なデータを掛け合わせることで、個人が特定されたりする「モザイク効果」も存在するため、この点にも慎重な検討が求められます。

次に、２節３でも触れましたが、オープンデータは、自由かつ多様な情報流通を確保するうえで重要となるため、オープンデータに関わる政策を、表現の自由の保障や情報法の基本理念に反しない形で推進していくことも肝要です。また、情報公開制度と並んで、オープンデータも、知る権利の保障、民主主義の発展に資する制度として、積極的に位置づけていくことが重要だと考えられます。情報公開制度では、開示請求対象の行政文書が保存されていなかったりして、過去に問題となったことがありますが、オープンデータについても、公的機関がどのようにデータを扱っているのかが問題となり得ます。この問題に絡んで「行政保有データ（行政手続等関連）の棚卸結果概要（令和2年3月）」（IT 総合戦略室）には、国の行政機関のデータの公開状況等に関する調査結果が記されています。同資料によると、オープンデータ化未対応・非公開の理由の大部分が「個別法令以外の合理的な理由」および「その他」となっており、具体的な理由が明らかになっていません。データ公開に対する公的機関のこうした態度や意識に関して、法により責務をさらに明確化すること等も視野に入れて検討を進めるのも有効かもしれません。

5　おわりに

上に述べた今後のオープンデータの課題について、その他、IT 総合戦略室の「オープンデータ官民ラウンドテーブル」のように、民間や市民のニーズを探る取組みの拡大・強化が重要であると考えられます。また、地域・地方公共団体における利活用のさらなる推進も課題として挙げられます。

さらに、オープンデータは、公的機関の保有するデータを国民に提供するという意味を超えて、提供後の私たちによる利活用に重きを置いた制度と解すことができますが、そう考えた場合に、IT リテラシーやデジタルデバイドとどう向き合うかも重要です。私たち自身も自らをアップデートしていく必要がありますが、オープンデータの実践を社会に根付かせていくには、専門家だけの制度とならないよう、今以上に様々な仕掛けも必要となるといえそうです。

◀コラム：広がるオープンデータ利活用の場、オープンデータの思想

地域が抱える課題を発見（見える化）し、その課題の解決を図ったり、データをマッシュアップして、ビジネスにおいて新しい価値を生み出したり、オープンデータの利活用の場が広がっています。今般の新型コロナウイルス感染症の拡大する状況に対しても、オープンデータの理念が活かされています。

新型コロナウイルス感染症の感染拡大に対応するために、政府は「世界最先端デジタル国家創造宣言・官民データ活用推進基本計画」（2020年7月閣議決定）にお

いて、デジタル強靭化社会を目指すとともに、直近の取組みとして新型コロナウイルス感染症の感染拡大の阻止に向け、ICT やデジタル技術を活用していくことを宣言しています。こうした中で、一般社団法人コード・フォー・ジャパンが東京都の「新型コロナウイルス感染症対策サイト」を開発し、いち早くオープンソースで公開しました（2020年３月）。同サイトでは、自治体が把握している、PCR 検査の実施件数や陽性患者数等の公衆衛生に関する情報（オープンデータ）を市民に分かりやすい形で視覚化し、発信しています。オープンソースで公開されたことで、他の自治体でも同様のサイトが作成され始め、多くの都道府県で公開が進んでいます。

こうした利活用の場を広げるきっかけを作ったのは、官と民の橋渡しをするコード・フォー・ジャパンのような団体の存在といえるでしょう。今回、自治体により、データ形式がばらばらであったり、そもそもオープンデータとして公開されていなかったりしたため、コード・フォー・ジャパンの有志達が「新型コロナウイルス感染症対策に関するオープンデータ項目定義書」を作成しました［関 2020］。この定義書では、陽性患者数や検査実施件数等の情報に関して標準的なフォーマットを定めており、2020年３月に総務省より公表されています。各自治体は、どのような情報を優先的にオープンデータ化し「推奨データセット」として公開するかを判断する指針として、同定義書を活用することが可能となりました。

「社会のあらゆる主体が、それぞれの情報や知恵やアイデア、技術を相互にシェアすることで、みんなの力でより良い社会を創る」［関口 2014：250頁］というオープンデータの思想がこの一連の実践に体現されているように思います。このように市民セクションから、公共財、共有財産としてのデータの開示を求めていくという潮流もオープンデータの理念からみると大きな意義があるといえるでしょう。

また、ジャーナリズムの実践の場でも、オープンデータの利活用が一層進められる素地が生まれていくように思います。たとえば放送局では、TV に関する技術が目まぐるしい進化を遂げ、先進的な ICT を利用するための基盤が整備され積極的に使用されるようになっています。一部の局では、映像素材をクラウドストレージに保存し、クラウド上に構築した編集システムを用いることで、現場／社内等の場所感にとらわれない画期的な編集を行っています。このようにハード面において大きな変化が生じつつありますが、オープンデータの利活用については、以前より国内外の報道機関が報道に取り入れてきたという経緯があります。ジャーナリズムにおいて「データの収集・クリーニング・整理・分析・視覚化・公開」［Howard 2014：p.4］を実践すること、あるいは、この一連のプロセスを、データ・ジャーナリズムと呼びます。データ・ジャーナリズムの関係者たちが実践例等をまとめた『データ・ジャーナリズム・ハンドブック』には、オープンデータ等のデータを報道・調査報道に取り入れることにより、見えていなかった問題を可視化したり、公権力が隠していることを明らかにしたりした事例が紹介されています。

報道機関を含む社会全体がハード面を整備していき、組織内外のジャーナリズムの実践者たちは（負担を強いることにはなりますが）これらの基盤整備による恩恵を受け入れつつ、ソフト面（「データ」と向き合う姿勢やスキル）も涵養していくことで、ジャーナリズムが社会的役割を果たし、国民の知る権利に応えることを支えていくのではないでしょうか。

第3章　情報公開法
——国民の知る権利とアカウンタビリティ

1　はじめに

今日、私たちはスマホやパソコンでインターネット上のあらゆる情報を、いつでも、どこでも、瞬時に、しかも国内のことだけでなく、国や「地域」を越えてグローバルに取集・利用しています。この意味では、すでにあらゆる情報が公開され、手に入る状態にあります。いまさら、情報公開でもないだろう、ましてや、知る権利をもちだすこともないだろう、と思われるかもしれません。

しかし、社会の情報化がますます進み、膨大な情報が流通する中で、一方、視点を変えると、私たちが知りたいと思ってもなかなかわからないことや、みることができない情報が多いことに気づきます。たとえば、記憶に新しい、自衛隊南スーダンPKOの日報問題、「モリカケ問題」、「桜を見る会」開催に関わる問題などでは、政府による文書改ざんや文書かくしが疑われ、また明らかとなりました。

私たちは「主権者」として、あるいは住民として、国や地方の「政治のあり方を決める力」をもっています。しかし、政治や行政に関する情報は、国あるいは地方自治体の管理・コントロールの下にあり、みることがでず、知ることが困難な場合があります。こうしたケースでは、必要な情報が手に入らず、「主権者」あるいは住民として、「国や地方がどうあるべきか」「誰に国政や地方の政治を託すべきか」（選挙のときに誰に投票すべきか）の的確な判断ができないことになります。また、行政（機関）の不正や過ちを正すことができず、税金の無駄遣いや行政サービスの不公平をまねき、場合によっては個人的に大きな不利益をこうむることにもなります。このときに、あるいはこのようなことにならないために役に立つ仕組み、頼りになる基本的な権利等が、ここで取り上げる「情報公開」制度であり、「知る権利」「アカウンタビリティ」です。

本章では、まず、情報公開の意義と歴史を取り上げ、情報公開の目的、その基本的な考え方、わが国や各国における情報公開制度の生成とこれまでの動きを学びます（第２節）。次に、情報公開の理念を支える憲法上の「知る権利」や「アカウンタビリティ」の内容を検討・整理し、それらと民主主義の関係を明らかにします（第３節）。さらに、情報公開法の特徴と仕組み、情報公開に関する裁判の動きについて述べます（第４節）。そして、最後に、情報公開法の課題を取り上げ、その近未来を考えます（第５節）。

2　情報公開の意義と歴史

1　情報公開とは、情報公開制度とは

情報公開とは何か。これは、国や地方自治体等が有する行政情報を、国民や住民に開示することであり、日本国憲法の保障する国民主権の原理や、憲法21条の「表現の自由」に根拠をおく「知る権利」に基づくものです。

情報公開制度は、「行政文書に対し国民一人一人がその開示を請求することのできる制度（開示請求制度）を中核とする」ものであり、「政府の諸活動の状況を国民の前にあるがままに明らかにし、国民一人一人がこれを吟味、評価できるようにするもの」です［行革委 1997：３頁］。これは、「地方自治の本旨」（憲92条）に基づく「住民自治」の場合においても同じです。

このような制度によって、行政の透明化が進み、行政運営の公開性が向上すれば、情報豊かな国民や住民の政治参加と責任ある意思決定が可能となります。情報公開制度は、この意味で、民主主義を支える基本的な仕組みです。

アメリカ憲法の制定者の１人であるジェームズ・マディソンは、民主主義を実現する条件として、「人民が情報をもたず、情報を獲得する手段をもたない人民の政府は、喜劇もしくは悲劇への序幕にすぎず、あるいはおそらくその両方であろう。知識は無知を永遠に支配する。自ら統治者であろうとする人民は、知識が与える力で自らを武装しなければならない。」［94th Congress：1220頁］と述べています。これはまさに今日の情報公開制度の本質をついたものといえます。

わが国の情報公開法（正式名称：「行政機関の保有する情報の公開に関する法律」、通称「行政機関情報公開法」ともいわれます。ここでは単に「情報公開法」と呼びま

す。）は、その目的について、1条で、この法律が国民主権の理念に基づくことを述べたあと、①政府の有する諸活動を国民に説明する責務（アカウンタビリティ）が全うされること、②国民の的確な理解と批判の下にある公正で民主的な行政の推進に資すること、を明らかにしています。

この目的規定に「知る権利」の文言はありませんが、これについてはあとで述べるように、情報公開法は憲法上保障された「知る権利」を実現するものとして理解することができます。

2　情報公開法ができるまで

わが国の情報公開制度は、地方自治体の情報公開条例等の制定による仕組みづくりから始まり、国レベルの情報公開法の制定は、欧米の各国等、諸外国に遅れることになりました。

わが国で最初につくられた情報公開条例は、1982年の山形県金山町の「金山町公文書公開条例」（のちの「金山町情報公開条例」）です。同条例は、全11か条からなるシンプルなものでしたが、「小さな町の大きな実験」として当時大きな話題となりました［森 1985：43頁］。

同じく1982年には、都道府県レベルでみると、神奈川県や埼玉県でも情報公開条例が制定されました。続いて1984年に、岡山県、大阪府、東京都で、市のレベルでは1983年に福岡県の春日市で、1984年には川崎市、長野市で制定されています。その後、地方自治体における情報公開条例の制定は着実に増え、今日ではほぼすべての自治体が、同様の条例をもっています。

国の情報公開法が制定されたのは1999年5月で、2001年4月より施行されました。わが国における情報公開制度の歩みは、地方自治体による情報公開条例の制定が進む一方で、国の情報公開制度の整備はなかなか進みませんでした。1970年代には、外務省沖縄返還密約事件や田中首相の金脈問題（1972年）、ロッキード事件（1976年）、ダグラス・グラマン事件（1978年）等がおこり、政府情報に対する「国民の知る権利」意識が高まり、情報公開制度の必要性が認識されるようになりました。こうした状況の中で、1979年には社団法人自由人権協会（現在は公益社団法人）による「情報公開法要綱」が発表されています。また、1981年には、「情報公開法を求める市民運動」が「情報公開権利宣言」および「情報公開8原則」を公にしています［右崎 1997：9頁］。

1983年には、第2次臨時行政調査会の「最終答申」が発表され、同答申の中で情報公開制度の検討が課題として示されました。しかし、その後、総務庁（のちに総務省へ統合）によって「情報公開問題研究会」が設置され、「中間整理」（1990年）の公表などもありましたが、情報公開法制定につながるような積極的な動きにはなりませんでした［右崎 1997：11頁］。他方、こうした中で、国は、閣議了解の下、各省庁に文書閲覧窓口を設置し、また、「行政情報公開基準について」の申し合わせを行い、ガイドラインづくりを行っています［松井 2001：18頁］。

このような動きをへて、1994年に行政改革委員会が設置され、1995年には同委員会に「情報公開部会」がつくられ、本格的な検討が行われるようになります。1996年に同委員会は「情報公開法制の確立に関する意見」を発表し、その中で「情報公開法要綱案」を示しました［行革委 1997：5頁］。その後、これを受けて政府による法案づくりが行われ、最終的に国の情報公開法が成立しました。

この情報公開法の制定により、すでに制定・施行されていた地方自治体の条例改正が行われ、内容の修正や新たな規定の追加も行われました。

3　諸外国の情報公開法

情報公開を世界で初めて制度化したのは、1766年のスウェーデンの「出版の自由に関する法律」です。これは出版の自由の一部として公文書へのアクセス権を認めたものでした。数次の改正等をへて今日に至っています。その後、1951年にフィンランドで「公文書公開法」（1999年に新たに「政府活動の公開に関する法律」を制定）がつくられ、1966年にはアメリカで「情報自由法」が制定されています。この情報自由法は、連邦行政手続法（APA）の改正法として成立し、その背景には1950年代にはじまるジャーナリストを中心とした「国民の知る権利運動」があったといわれます。このように、情報公開法は「国民の知る権利」を実現するものとして誕生しました。

このアメリカの情報自由法の影響のもと、1970年にデンマーク、ノルウェー、1978年にフランス、オランダ、1982年にオーストラリア、カナダ、ニュージーランドなどで情報公開法が次々に制定され、いわゆる欧米先進国を中心に1980年代までに多くの国で情報公開制度がつくられました。

1990年代に入って、1990年にイタリア、1994年にベルギーなどでも情報公開法が制定され、1996年には韓国、翌年の1997年にはタイと、アジアにおいても情報公開法の制定が進みました。その後、2000年にイギリスで、2005年にドイツで情報公開法が制定され、また、2000年代に入ると、中南米やアフリカ諸国においても法制化が行われるようになりました。

さらに、EU（欧州連合）でもEC条約255条（のちにTFEU（EUの機能に関する条約）第15条3項）を根拠規定として、2001年にEU情報公開規則がつくられ、欧州市民のEU情報に対する公的なアクセス権が保障されています［安江2002：25頁］。

3　情報公開と知る権利、アカウンタビリティ

1　知る権利と情報公開

ここでいう「知る権利」は、「積極的に政府情報等の公開を要求する権利」であり、「国家の施策を求める国務請求権ないし社会権（国家による自由）としての性格」をもっています。しかし、これが具体的な請求権となるためには、情報公開法等の制定が必要となります［芦部・高橋補訂 2019：181頁］。そして、この知る権利を実効あるものとしているのが情報公開制度です。

この知る権利は、憲法21条の「表現の自由」から導き出され、情報の受け手の「表現の自由」のコロラリーとして保障されるものです。また、憲法の定める「国民主権」の原理は、表現の自由やこれに基づく知る権利の保障を前提として成り立つものです。すなわち、主権者である国民が国政につき的確に判断し、有効に政治に参加するためには、「表現の自由」やこの権利に基づく「知る権利」の保障による、情報豊かな国民の存在が特に必要となります。

従来、この知る権利については、憲法21条の表現の自由をあくまでも妨害排除的な消極的自由を保障するものと捉え、同21条の保障する基本権ではないとする主張がありました。しかし、今日では、多くの学説が「知る権利」は表現の自由の保障に含まれるとしています。ただし、この権利はそのままでは抽象的な権利にとどまるため、すでに述べたように、法律による制度化を必要とし

ます。このように解釈することで、国民の情報開示請求権を認める情報公開法は、国民の「知る権利」を保障したものということができます。

ここでいう情報公開制度上の情報開示請求権の根拠となる「知る権利」は、国民として「知る必要のある情報」に対して有効に機能するもので、今後、ますます重要になると考えられます。一方、従来、「知る権利」はマスメディアの報道の自由（特に「取材の自由」）を保障するために、その重要性が語られてきましたが、最近では、個々の私人への情報提供を目的とするWeb上の検索事業者・プラットフォーマーの役割が、この「知る権利」に資するものとして、あるいは関連するものとして強調されるようになり、デジタル・AI時代の「知る権利」を意識した議論も行われるようになっています［水谷 2019：66頁］。

2　政府（行政）の説明責任（アカウンタビリティ）

情報公開制度は、このように国民の「知る権利」に基づくものですが、さらに、政府の「説明責任」についても定めています。この「説明責任」は「アカウンタビリティ」とも呼ばれます。

国の情報公開法は、すでにふれましたが、１条の目的規定の中で、「政府の諸活動を国民に説明する責務が全うされるようにする」と述べています。そして、この「説明責任」については、「国政を信託した主権者である国民に対し、政府がその諸活動の状況を具体的に明らかにする責務」があり、これは「憲法の定める民主主義の制度に由来する」と説明されています［総務省 2001：12頁］。

この「説明責任」の考え方は、憲法の定める「国民主権」の原理の下、「政府は国民から公権力を負託されて」おり、「政府の活動にかかわるすべての情報を国民に広く公開すること」が求められるとするものです。こうした考えは、各国の情報公開法においてもみられ、たとえば、アメリカの情報自由法の制定・運用に際しても、同法を基礎づけている政府の「公開性」（openness）と「説明責任」（accountability）の原則は本来的に民主主義の理念に含まれる、とされています［右崎 2013：19頁、U.S. Department of Justice 1996：３頁］。

この「説明責任」については、上述の内容からもわかるように、政府（行政）が「主権者である国民に対して、自らがどのように行政を行っているかを説明する責務」と理解することができます。長谷部恭男教授は、こうした定義から一歩進めて、政治責任と説明責任を区別し、仮の定義という留保づきで、説明責任に関しては、「一定の職務について説明すべき権限と義務とを排他的に引受け、違法・不当な業務の遂行について」「適切な事後処理を行う責任である」［長谷部 1999：146頁］とされています。そしてさらに、（同じ著書の脚注で）「『説明責任』は情報公開法が要求する『情報の提供』だけではなく、行政の遂行について『説明 explain』し、場合によっては『正当化 justify』する責務をも含む」［同：157頁注（17）］と述べておられます。

このように定義される「説明責任」は、世界における“accountability”研究の議論を背景にしたもので、「単に情報を公開するにとどまる責務」のみならず、公開の結果、行政の運営についてそれを「正当化」する責務をも含むものと解されます。「説明責任」の内容は、こうした「２層構造」となっており、行政情報の公開を実質的に保障し、まさしく、情報公開法第１条の中のもう一つの目的である「国民の的確な理解と批判の下にある公正で民主的な行政の推進に資すること」を実現するものといえます。

3　情報公開、説明責任と民主主義

これまでみてきたように、情報公開は民主主義の要といえます。「知る権利」と「説明責任」に基づく情報公開制度の活用によって、政治・行政に関する情報を収集・分析し、的確な判断を行ってこそ、私たちは主権者・住民として国や地方自治体の諸活動に主体的に関わり、かつ責任をもつことができます。

２節２ですでにふれましたが、1996年（12月）に内閣総理大臣に提出された「行政改革委員会」の「情報公開法制の確立に関する意見」は、その第１部Ⅲの「情報公開法要綱案の考え方」の中で、「民主主義の健全な発展のためには、国政を信託した主権者である国民に対し、政府がその諸活動の状況を具体的に明らかにし、説明する責務（説明責任）を全うする制度を整備することが必要である」［行革委 1997：14頁］と述べています。そして、さらに以下のように続けています。

「我が国は、議院内閣制を採用し、内閣が行政権の行使について国会に対して責任を負うものであるが、行政機関が国民に対する関係で説明責任を全うする制度を整備することは、現行憲法の定める統治構造の下において、憲法の基礎である国民主権の理念にのっとった国政の運営を一層実質的なものとすることに資するものである。」「このような制度を通じて、行政運営に関する情報が国民一般に公開されることは、国民一人一人がこれを吟味した上で、適正な意見を形成することを可能とするものであり、国民による行政の監視・参加の充実にも資することになる。」

これは、内閣が国民の代表機関である国会に対してというより、個別の行政機関が直接国民に対して説明責任を負う、情報公開制度を整備することの意義について述べ、また、この制度による行政運営情報の国民への公開は、国民による行政監視と参加の充実に役に立つとするものです。特に、説明責任の特徴については、すでに第3節2で取り上げましたが、これは、行政機関による情報の「提供・公開責任」と、公開後の当該行政活動の遂行に係る適法性の説明と「適切な事後処理」の責任を求めるものです。この後者の適法性の説明と事後処理の責任に関しては、場合によって、規範違犯行為等の結果として発生する負担・行為の是正を求められることがある、ともいえます。

情報公開法はこの「説明責任」を全うするために、次節で述べる情報公開における「原則公開」の考え方や、例外的に行政情報を公開しないことが認められる「不開示情報」の要件を前もって定めています（情報公開法5条）。また、開示請求に対し不開示処分等の決定が行われ、審査請求となった場合、情報公開・個人情報保護審査会への諮問を処分庁に義務付けるなど（同19条）、行政機関に対する不服申立ての制度を充実することによって、行政の違法・不当な行為を是正する仕組みを整えています。

これらは行政機関による「説明責任」の実質化といえますし、大臣が負う「政治責任」とは異なり、行政の具体的な担当者（行政機関の長）の責任を直接に問う制度として機能することが期待されます。このように、「説明責任」は行政の透明性と「公正で民主的な行政」を促進するもので、民主主義を支える基本的な概念です。

4　情報公開法の仕組みと裁判の動き

1　情報公開法の特徴と仕組み

わが国の情報公開制度は、国の情報公開法、独立行政法人等情報公開法（正式名称：独立行政法人等の保有する情報の公開に関する法律）、そして各地方自治体の情報公開条例に基づく、3つの制度からなっています。ここでは、以下、国の情報公開法に焦点をあて、その特徴と仕組みについて述べます。

まず、情報公開法の特徴としては、これは上記の3つの制度に共通するものですが、「原則公開」の考え方があります。情報公開法は、請求があれば開示することを原則とし（5条柱書）、開示の拒否（不開示）は例外的な場合に限られます。次の4節2で述べますが、同法は、開示されない情報（不開示情報）として、①個人に関する情報、②法人等に関する情報、③国の安全等に関する情報、④公共の安全等に関する情報、⑤審議、検討等に関する情報、⑥事務または事業に関する情報、の6種類を挙げています（5条1～6号）。これらに該当する文書・情報は、請求しても出てこないことになります。2番目の特徴は、開示請求権を明記したことと、開示請求権者を「何人も」としていることです（3条）。開示請求権者には、法人も含まれ、外国人も含まれます。また、請求の理由や目的を問うこともありません。他には、行政機関（の長）によって不開示の決定等が行われた場合、開示請求権者等は行政不服審査法に基づき「審査請求」を行い、その手続の中で、（行政機関（審査庁）の諮問を受けて実施される）第三者性をもった情報公開・個人情報保護審査会の審査を受けることができること（19条）、また、不開示の決定等に対しては、その取消等を裁判所に直接求めることができ、上記のいずれかの不開示情報にあたるとする主張・立証責任は行政機関にあること、などがあります。さらに、「開示請求をしようとする者に対する情報の提供等」（22条）も、行政の「説明責任」を内実化するものとして、情報公開法の特徴を示すものといえます。

現行の情報公開法は、「総則」「行政文書の開示」「審査請求等」「補則」の4章、26か条からなっています。「総則」では本法の目的、本法で使用する用語の定義について定めています。「行政文書の開示」では、「開示請求権」「開示請求の手続」「行政文書の開示義務」「部分開示」「裁量的開示」「存否応答拒否」「開示決定等の期限」「第三者のよる意見の提出」「開示の実施」「手数料」等について規定しています。「審査請求等」の章では、すでにふれましたが、「審査会への諮問」等を定めています。

それでは以下、情報公開法の仕組み、「行政文書」の開示請求手続について具体的に述べます。

まず、情報公開請求を行う者は、実施機関（行政機関の長）に対して、文書名を示して開示請求の手続きをとることになります。オンライン請求も可能です（デジタル手続法６条１項）。請求を受けた実施機関は、請求された行政文書がまずは当該の行政機関にあるかどうかを確かめ、ない場合は「不存在の通知」を請求者に出します（情報公開法９条２項）。存在する場合は、当該文書が情報公開法５条１項１号以下に定める不開示情報にあたるかどうかを判断します。不開示情報に該当しなければ、開示の決定、すなわち、請求した行政文書が請求者に開示されることになります。該当すれば、不開示の決定あるいは部分開示の決定（同６条・９条）が行われます。ただし、この場合でも、「公益上特に必要がある」と認められるときは、「裁量的開示」として、行政機関の長の判断で当該文書を開示することができます（同７条）。さらに、情報公開法８条は、「行政文書の存否に関する情報」について定めています。これは、開示請求が行われても、「当該開示請求に係る行政文書が存在しているか否かを答えるだけで、不開示情報を開示することとなるときは」行政機関の長はその存否を明らかにせず、開示請求を拒否できるとするものです。この規定は、運用次第では、情報公開法の「原則公開」の考え方に真っ向から反するものとなります。上記の決定はいずれも、書面によって請求者に通知されます（同９条）。

行政機関の長による開示決定等までの期間は、「開示請求があった日から30日以内」となっています（同10条）。正当な理由がある場合は、30日以内に限り延長できます（同条２項）。さらに、これには特例があります（同11条）。開示の決定（部分開示を含む）に基づく行政文書の開示は、「文書」「図画」の場合は「閲覧」「写しの交付」によって、「電磁的記録」については、専用機器による音声や映像の再生によって、または用紙にプリントアウトしたものの閲覧・交付、記録媒体へのダビング等によって行われます（同14条、情報公開法施行令９条）。オンラインによる開示は、オンライン申請のみに適用されます（同施行令

9条2・3項）。開示請求者または行政文書の開示を受ける者は、実費の範囲内で一定額の手数料を納める必要があります（情報公開法16条）。

不開示決定や部分開示に異議がある場合は、すでに述べましたが不服申立制度や裁判所による救済があります。不開示決定等は「処分」としての性格をもち、行政事件訴訟法上の抗告訴訟として取消訴訟を提起できます。また、「義務付け訴訟」と併合して提起することも、今日では行われるようになっています。

2　不開示情報と裁判(1)——行政文書の開示義務と、個人情報、法人情報

情報公開法5条は、「行政文書の開示義務」について定め、すでにふれたように、「原則開示」の例外として、開示請求のあった行政文書に同条1～6号に掲げる「不開示情報」が記録されているとき、当該行政文書を開示しないとしています。これは、「一定の合理的な理由に基づき不開示とする必要がある情報を不開示情報とし、不開示情報が記録されている場合を除き、行政文書は請求に応じて開示される」（べき）とするものです［行革委 1997：19頁］。したがって、行政文書の不開示等を裁判で争う場合、行政機関の長によって行われた「不開示の決定」等につき「合理的な理由」がそこにあるかどうかが問題となります。また、同法3条が何人にも保障する「開示請求権」は、それを制限する場合、「必要最小限の範囲」にとどめられる必要があります。以下、情報公開法5条に定める不開示規定の内容と、同規定の適用が問題となった裁判（情報公開条例の不開示規定に関するもの等も含む）の動きを紹介します。

（1）　個人に関する情報

情報公開法5条1号は、個人情報の保護については、「個人識別情報型」を採用し、「当該情報に含まれる氏名、生年月日その他の記述等により特定の個人を識別できるもの（他の情報と照合することにより、特定の個人を識別することができることとなるものを含む）」を不開示情報としています。また、特定の個人を識別することができない場合でも、公にすることによって個人の権利利益を害するおそれがあるものについては、不開示としています。ただし、このような場合でも、「法令の規定により又は慣行として公にされ、又は公にすることが予定されている情報」（同1号イ）や「人の生命、健康、生活又は財産を保護するため、公にすることが必要であると認められる情報」（同1号ロ）について

は、例外的に開示が義務付けられています。また、特に当該個人か公務員等（国家公務員、地方公務員、独立行政法人等の役員や職員など）の場合についても、「当該情報がその職務の遂行に係る情報であるときは、当該情報のうち、当該公務員等の職及び当該職務遂行の内容に係る部分」を例外とし、開示すべきとしています（同１号ハ）。公務員等の氏名については、第５条１号イによって判断が行われます。

この公務員等の「職務の遂行に係る情報」に関しては、最判2003（平15）・11・11民集57巻10号1387頁があります。これは、当時、1992（平成４）年に大阪市公文書公開条例に基づき同市財務課の食糧費の支出関係文書が開示請求されたものですが、最高裁は同判決の中で、公務員等の職務遂行の情報につき、本件条例（６条２号）が「公務員個人の社会的活動としての側面があることを理由に、これをすべて非公開とすることができるものとしているとは解しがたいというべきである。」「国又は他の地方公共団体の公務員の職務遂行に関する情報についても」「市政に対する市民の理解と信頼の確保を図ろうとする目的を達成するため、同市の公務員の職務の遂行に関する情報と同様に公開されてしかるべきものと取り扱うというのが本件条例の趣旨であると解される。」と述べています。これは、公務員等の個人情報を認めながらも、職務遂行に関する情報については「市政に対する市民の理解と信頼の確保」の観点から、基本的に公開されるべきとしたものです。そしてこれは、（当該情報に含まれる）他の国や地方公共団体の公務員等の場合も同様としています。

このほか、個人情報に関する裁判は多数ありますが、「特定個人の識別」性に関しては、５条１号柱書の中でモザイクアプローチ（他の情報と照合することによって特定の個人を識別すること）を明文化していることの意味について、個人情報保護の重視を確認する大阪高判2012（平24）・11・29判時2185号49頁、個人識別性がなくても個人の権利を害するおそれがあるとした大阪高判2006（平18）12・22判タ1254号132頁があります。また、照合可能な情報が限定的であるとして、モザイクアプローチを認めなかった東京高判2019（令１）５・16季報情報公開・個人情報保護75号45頁などがあります。

（２） 法人等に関する情報

情報公開法５条２号は、法人その他の団体（国、独立行政法人等、地方公共団体、地方独立行政法人を除く）に関する情報、また事業を営む個人の当該事業に関する情報で、「公にすることにより、当該法人等又は当該個人の権利、競争上の地位その他正当な利益を害するおそれがあるもの」（同２号イ）や「行政機関の要請を受けて、公にしないとの条件で任意に提供されたもの」で、「通例として公にしないこととされているものその他の当該条件を付することが」合理的であると認められるもの（同２号ロ)、を不開示情報としています。ただし、「人の生命、健康、生活又は財産を保護するため、公にすることが必要であると認められる情報」は除外されています（同２号柱書)。

当該情報がこの不開示情報（同２号イ）にあたるとされたものに、最判2011（平23)・10・14判時2159号53頁があります。これは、中部経済産業局長に対し、各事業者が同局長に提出した各工場における燃料等および電気使用量に関する情報の開示を求めたものです。同判決は、この情報の中の数値等が「詳細な基礎データ」を示し客観的な裏付けのある情報であることにより、これを開示すれば、「本件各事業者の競争上の地位その他正当な利益が害される蓋然性が客観的に認められるものというべきである」として、不開示を認める判断をしています。そこでは、「競争上の地位等正当な利益が害されるおそれ」の要件として「蓋然性が客観的に認められる」必要があることを求めています。

この法人情報の不開示をめぐっては、ほかに「監督官庁による行政指導文書」の公表や、債権者の口座番号や印影の開示等が問題となったものがあります。前者については、行政指導にいたった法令違反の重大性が考慮されることになりますが、重大といえない場合は、法人等に対する「権利、競争上の地位その他正当な利益」の侵害のおそれがあるとしています（情報公開・個人情報保護審査会答申2009（平21)・４・９（平成21年度（行情）第５号）（総務省 HP 参照))。後者に関しては、最判2002（平14)・９・12判時1804号21頁が、それらの情報については不開示情報にあたらないとしています。

さらに、この同２号に基づく不開示決定につき、国家賠償法による損害賠償を請求したものに、大阪高判2019（令１)・12・17判時2438号27頁があります。ここでは、「本件条項につき、職務上尽くすべき注意義務を尽くすことなく漫然と不開示の判断をしたと認め得る事情が肯定されるというべきであるから、」本件条項（瑕疵担保責任免除特約等が記載された第42条の全部）を不開示としたことは、国家賠償法上違法であるとしています。

3　不開示情報と裁判(2)
——国の安全情報、公共の安全情報、審議・検討情報、事務・事業情報

（1）国の安全等に関する情報

情報公開法５条３号は、「公にすることにより、国の安全が害されるおそれ、他国若しくは国際機関との信頼関係が損なわれるおそれ又は他国若しくは国際機関との交渉上不利益を被るおそれがあると行政機関の長が認めることにつき相当の理由がある情報」を不開示情報としています。ここでいう「国の安全」は、「国家の構成要素である国土、国民及び統治体制が平和な状態に保たれていること、すなわち、国家社会の基本的な秩序が平穏に維持されていること」といわれます［行革委 1997：26-27頁］。

この３号規定には、次の４号の「公共の安全等に関する情報」とならんで特徴があります。それは、他の各号が当該情報の開示による不利益等の「おそれ」を不開示の要件としているのに対し、上記のように「おそれ」に加えて、「（おそれがあると）行政機関の長が認めることにつき相当の理由がある情報」としていることです。これは、行政機関の裁量の濫用をおさえるとともに、行政機関の第一次判断権を尊重する意味をもっています。裁判所は、この規定があるため、行政機関の長の判断に「合理性」があるかどうかの審査のみを行うことになります。このような審理・判断の方法が認められるのは、国の安全等に関する情報は、その開示・不開示の判断に高度の政策的・技術的判断が求められるからともいわれます［宇賀 2018：107頁］。仙台高判2009（平21）・４・28裁判所 HP 参照や東京地判2009（平21）・12・16裁判所 HP 参照（控訴審は、東京高判2010（平22）・６・23裁判所 HP 参照）は、こうした審査方法が必要なことを述べています。

国の安全等に関する情報の開示を求めた裁判としては、ほかに沖縄密約情報開示請求事件（最判2014（平26）・７・14判時2242号51頁）があります。これは沖縄返還交渉時にアメリカと交わされた密約文書の開示を請求したものですが、最高裁は、最終的に、（本件交渉時に当該文書が作成されていたとしても）本件の開示請求に対する決定時においては、同文書が担当の行政機関に保有されていた

と推認することはできないとしました。また、文書を保有していないことを理由とする不開示決定の取消訴訟では、請求者側に当該文書の保有を立証する責任があると述べています。これに対しては、民主主義における知る権利の実現の観点から、「なぜ文書が不存在なのか又は廃棄されたのか、その理由を十分に説明することが求められるべき」［佐伯 2015：378-379頁］とするなどの批判があります。

東京高判2014（平26）・7・25裁判所 HP 参照は、日韓会談に関する行政文書につき、「係争情報については、該当する各箇所に記載したとおり、内容を推知することができ、これらを公にすることにより、他国との交渉上不利益を被るおそれがあると外務大臣が認めることにつき相当の理由があるとは認めがたい」と述べ、一部開示を認める判断を行っています。

（2）　公共の安全等に関する情報

情報公開法5条4号は、「公にすることにより、犯罪の予防、鎮圧又は捜査、公訴の維持、刑の執行その他の公共の安全と秩序の維持に支障を及ぼすおそれがあると行政機関の長が認めることにつき相当の理由がある情報」を不開示情報としています。同号の本文からもわかるように、この規定は司法警察を念頭におき、刑事法の執行を中心にしたものといえます。また、この規定は3号規定と同様、「おそれ」の文言の後に「行政機関の長が認めることにつき相当の理由がある情報」と追加の文言を入れていますので、これも行政機関の長の第一次判断権を尊重するもので、このことから裁判所の審査方法も上記3号の場合と同じになります。

この公共の安全等に関する情報の開示を求めた裁判には、ひところ問題となった警察の「捜査報償費」に関する最判2007（平19）・5・29判時1979号52頁があります。これは、滋賀県警察の捜査費等に関する匿名の領収書（ペンネームを使用した報償費の領収書）を、同県の情報公開条例に基づき開示請求したものですが、そこではこの領収書の「公共の安全等情報」（同条例6条3号）該当性が問題となりました。これについて最高裁は、本件領収書の記載が公になれば、情報提供者等からの捜査協力が困難になること、また、この結果、犯罪の捜査、予防等に支障を及ぼすおそれがあることなどを理由に、同情報の不開示を認めています。

このほか、死刑執行の状況等に関わる情報の不開示を認めた東京地判2008（平20）・３・28判例集未登載（季報情報公開・個人情報保護30号23頁）、東京高判2008（平20）・12・17判例集未登載（総務省 HP 参照）や、警察庁の職員の出張旅費の支出命令書につき一部不開示とした東京地判1999（平11）・３・30判タ1017号132頁があります。また、開示すれば違反事実の発見を困難にしたり、捜査方法を明かすことになるとして当該情報を不開示にした労働基準監督官作成の復命書等に関する東京地判2007（平19）・11・16裁判所 HP 参照や警察庁から都道府県警察に発された通達文書に関する最判2009（平21）・７・９判時2057号３頁などがあります。

（３）　審議･検討等に関する情報

同５条５号は、国の機関等の「内部又は相互間における審議、検討又は協議に関する情報」で、「公にすることにより、率直な意見の交換若しくは意思決定の中立性が不当に損なわれるおそれ、不当に国民の間に混乱を生じさせるおそれ又は特定の者に不当に利益を与え若しくは不利益を及ぼすおそれがあるもの」を不開示情報としています。これは、一般に意思形成過程情報ともいわれます。これらの情報が開示されると、外部からの干渉や圧力がかかり率直な意見交換に支障がでたり、意思決定の中立性が損なわれ、また、国民の間に混乱が生じたり、特定の者に不利益を与えるなどのおそれがでてきます。このようなことを防ぐために設けられた規定といえます。

この審議、検討等に関する情報の開示が問題となった裁判には、ダムサイト候補地の選定位置図の公開が争われた鴨川ダムサイト事件（最判1994（平６）・３・25判時1512号22頁）があります。ここでは、府民に無用の誤解や混乱を招き、協議会の意思形成を公正かつ適切に行うことに著しい支障が生じるおそれがある、とする大阪高判1993（平５）・３・23判タ828号179頁を支持しています。これに対し、同様に建設計画中のダムサイト調査資料の公開が問題となった安威川ダム事件（最判1995（平７）・４・27判例集未登載）では、同資料が客観的・科学的な分析に基づくものであることなどを理由に、公開を認めています。

ほかには、登記所適正配置折衝記録が開示されると、率直な意見交換や意思決定の中立性が将来においても不当に損なわれるおそれがあるとする東京地判

2003（平15）・9・5訟月50巻5号1548頁や、司法試験委員会の会議内容を録音したミニディスクの開示請求に対し、司法試験の円滑な実施に支障が生じるおそれがあるとする東京高判2007（平19）・12・20裁判所HP参照などがあります。

（4） 事務・事業に関する情報

情報公開法5条6号は、国の機関等が行う「事務又は事業に関する情報」で、「公にすることにより、当該事務又は事業の適正な遂行に支障を及ぼすおそれがあるもの」を不開示情報としています。具体的には、「監査、検査、取締り、試験又は租税の賦課若しくは徴収に係る事務に関し、正確な事実の把握を困難にするおそれ又は違法若しくは不当な行為を容易にし、若しくはその発見を困難にするおそれ」のあるものや、「契約、交渉又は争訟に関する事務」で、「財産上の利益又は当事者としての地位を不当に害するおそれ」のあるもの、調査研究や人事に関する事務で、公正かつ能率的な研究の遂行を阻害するおそれ、あるいは公正かつ円滑な人事の確保に支障をおよぼすおそれのある情報等が、これに該当します。

この事務・事業に関する情報については、都道府県知事や市町村長の「交際費」や、「食糧費」の公開をめぐる裁判があります。大阪府知事交際費事件（最判1994（平6）・1・27民集48巻1号53頁）は、このような情報が開示されると、交際の相手方が特定され、相手方がその後の交際や懇談に応じなくなり、事務に支障があるとして、相手方の氏名等の開示が予定されている場合を除いて、不開示とすることを認めています。また、大阪府水道部懇談会議費事件（最判1994（平6）・2・8民集48巻2号255頁）では、会議接待費および懇談会費に関する公文書の開示が問題となり、懇談会情報等については、「内密な協議を目的としておこなわれたもの」とそれ以外の「単純な打ち合わせ」を分け、前者に関しては「事務の公正かつ適切な執行に著しい支障をおよぼすおそれがあることは否定できない」としています。しかし、これらの情報については、最終的に、具体的支障の発生を証明していないとして、不開示とすることを認めませんでした。

そのほか、監査委員に任意に提出された政務調査費に関する文書の開示請求について、その開示は監査事務の適正な遂行に支障をおよぼすとする最判2009

(平21)・12・17判時2068号28頁、「争訟に係る事務」情報、すなわち実施機関側が一方の当事者として争訟に対処するために作成した内部方針に関する情報に関し、その開示は「紛争の公正、円滑な解決を妨げるおそれ」があるとする東京地判2010（平22）・４・28判自349号17頁、公共事業の予定価格の公表につき、それを否定するもの高知地判2013（平25）・３・29・裁判所 HP 参照、肯定するもの札幌地判2006（平18）・11・16判タ1239号129頁などがあります。さらに、内閣官房報償費につき、最判2018（平30）・１・19判時2377号４頁参照は、政策推進受払簿等における政策推進費の繰入れに係る記録については、５条３号または６号に定める不開示情報に該当しないとしています。

５　おわりに――情報公開法の課題と近未来

ここでは現在の情報公開法がかかえる課題を取り上げ、どのような対応が求められるべきかを考え、まとめを行います。ただし、以下の説明の順番は必ずしも課題の優先順位を示すものではありません。

第１の課題は、情報公開法に憲法上保障される「知る権利」を明記すべきことではないでしょうか。制定当時、知る権利が書き込まれなかった理由には、同概念には多くの理解のしかたがあること、最高裁判例の中で請求権的な権利としての「知る権利」がまだ認知されていないこと、などがありました。しかし、これに対しては、その後、情報開示請求権の意味での「知る権利」(の文言）が最決2009（平21）・１・15民集63巻１号46頁の補足意見の中で使用されるなど、状況は変化しているとされます。また、知る権利と説明責任を表裏一体のものとして認め、そのことをきちんと書き込む必要性も指摘されています［宇賀 2011：73頁］。

次に、公文書管理法（正式名称：公文書等の管理に関する法律）とは別に、情報公開法の中に、行政機関の文書作成・保管義務を確認的な意味で設け、さらに、文書目録の整備・デジタル化とこの公開を義務づける必要があります。あとで述べますが、特に作成文書の目録・公表はオープンデータ制度の充実によって実現できるものです。

第３に、不開示情報について定める５条１～６号の規定につき、見直しが必要と思われます。行政文書の中の公務員の氏名は原則公開とし、また、国の安全または公共の安全に関する情報公開訴訟においては、「行政の裁量権」をベースに審理判断を行うのではなく、国民の権利保護を中心にすえた訴訟審理が求められます。さらに、情報不開示の場合の「理由開示」も単に根拠規定を示すだけでなく、なるべく具体的にわかるように書く必要があります。

第4に、存否応答拒否規定の利用が多くなっている問題があります。この規定は、情報公開法の原則公開の考え方を運用の仕方次第では否定するものです。同規定の利用は、個人情報や国の安全、公共の安全に限って使用されるべきとすべきです。ただし、このように適用範囲を限定する場合でも、抑制的な運用が求められます。

第5に、開示決定等の期限を見直し、開示決定までの期間の長期化を避ける必要があります。行政文書のデジタル化が進めば文書の管理、開示等までの手続的な処理もスピードアップすると考えられます。

第6に、情報公開訴訟となった場合の訴訟の形態、審理方法、とくにインカメラ審査による不開示情報の審査など、不開示とされた文書等の内容をよく見て裁判所が判断できるように、早急に制度を改めるべきです。

最後に、わが国における情報公開制度の大きな枠組みに関連しますが、今日のオープンデータ制度を、政府の「公開性」と「説明責任」をさらに充実、進める意味からも、情報公開制度にしっかりリンクさせ、情報公開請求権に基づく情報公開と、オープンデータに基づく情報公開の2つの制度を基軸に、デジタル・AI時代の情報公開にふさわしいものにしていくべきです。この意味では、官民データ活用推進基本法も本制度に密接に関わるものとして捉え、民間企業等の情報の開示も含めて、考えて行く必要があります。加えて、情報公開法5条2号に定める法人の不開示情報につき、より厳格なルールの下に、少なくとも寡占化・独占化した企業の情報については、国民にきちんと公開すべき時期にきていると思われます。

＊判例集未登載の裁判等（1件答申を含む）については、総務省：情報公開、個人情報保護関係答申・判決データベース（本文中「総務省HP参照」で表示）や『季報情報公開・個人情報保護』に掲載・紹介されている判決文（本文中「季報」で表示）を利用した。

◀コラム：公文書管理法と情報公開▶

公文書管理法とはどのような法律でしょうか。

公文書管理法の正式名称は「公文書等の管理に関する法律」(2009（平成21）年６月成立）です。この法律は、公文書の管理のための統一的ルールや、歴史資料として重要な公文書等についてのルールを定め、その適切な運用を図るため公文書管理委員会を設けています。「行政文書の管理」「法人文書の管理」「歴史公文書等の保存、利用等」「公文書管理委員会」等の章から構成されています。

１条は、公文書を「民主主義の根幹を支える国民共有の知的資源」、「主権者である国民が主体的に利用しうるもの」と位置付け、目的については、公文書等の管理に関する基本的事項を定めることによって、①行政の適正かつ効率的な運営と、②国および独立行政法人等の諸活動を現在および将来の国民に説明する責務を全うすること、としています。

同法によって管理される「公文書等」は、「行政文書」「法人文書」「特定歴史公文書等」の３つです。行政文書は、行政機関の職員が１）職務上作成しまたは取得した文書で、２）組織的に用い、３）当該行政機関が保有しているもの、をさします（２条)。この定義は情報公開法の文書の定義と同じです。以下、ここでは、「行政文書」の管理を中心に述べます。

この法律による行政文書の管理は、作成、整理、保存、行政文書ファイル管理簿への記載・公表、保存期間満了後の国立公文書館等への移管または廃棄（４条～８条）と、行政文書のライフサイクルに沿って行われます。同法は、さらに、行政文書の管理状況の報告等（９条)、管理規則等（10条）について定めています。

これらの規定によると、行政機関の職員は、行政文書の作成義務があり、文書が作成されると、行政機関の長は当該行政文書を分類し、名称をつけ、保存期間・満了日を設定しなくてはなりません。そして、保存期間満了までの間、行政文書ファイル等で当該文書を管理保管することが求められます。保存期間を終了すると、歴史資料として重要かどうかの判断のもと、国立公文書館等に移管、または廃棄されます。廃棄には、内閣総理大臣の事前の同意が必要です（８条２項)。

同法28条は、内閣総理大臣の諮問機関として有識者からなる公文書管理委員会を設置しています。これも公文書管理法の特徴といえます。

公文書管理法と情報公開の関係はどうなっているのでしょうか。

情報公開制度がうまく機能するためには、まずは、情報公開法に基づく開示請求の対象となる行政文書がきちんと作成され、保管されていることが大切です。2001

年４月に施行された情報公開法は、当初、同法37条１項・２項で行政機関の長による「行政文書の適正な管理」等について定め、さらに政令で行政文書の分類、作成、保存および廃棄について基準等を設けるよう規定していました（同３項)。これを受けて、情報公開法施行令で行政文書の管理に関する統一基準が定められ、また、「行政文書の管理方策に関するガイドライン」なども作成されました。これらの動き・対応は、従来の行政文書の管理が各府省の長が定める文書管理規程を中心にしたものであったことから、大きな前進となりました。それまでは公文書の扱いに関する統一的な法律はなく、文書保存年限の基準設定・運用等にも不統一がみられました。

こうした、情報公開法による取組みが行われたにもかかわらず、同法による行政文書の開示請求に対しては、その後、文書かくしや行政文書の早期破棄、そもそも文書を作成しないという事態もでてきました。2007年には、社会保険庁の年金記録消失や厚生労働省のＣ型肝炎患者リストの放置、海上自衛隊補給艦「とわだ」の航海日誌の廃棄など、ずさんな文書管理が問題となりました。

このような流れの中で、より徹底した統一的な公文書管理法の制定が求められたわけです。同法の成立によって、情報公開法の中に当初あった文書管理等に関する規定（上記37条、2003年の改正後は22条）は削除されました。こうして、情報公開の前提となる文書の作成、保存、管理等については公文書管理法が一般法として、それらのあり方を定め、情報公開法とともに、国等の諸活動につき、国民に対し説明責任を果たすことになりました。この意味で、公文書管理法と情報公開法は、わが国の民主主義を支える「車の両輪」ということができます。

第4章　情報流通に対する規制手段の多様化
――アーキテクチャの利活用

1　情報流通における媒体の役割

情報が流通する最も原始的な形は、おしゃべりのように情報の送り手と受け手が対面で同時的にコミュニケーションをとることです。しかし、情報流通はそれだけにとどまりません。送り手が空間的にも時間的にも離れた受け手に情報を伝えることもよくあります。たとえば、LINEのトークを使って友人にメッセージを送ると、空間的に離れた場所にいる者に情報を伝えることができますし、そのメッセージを後から確認できるという意味で時間的に離れた者に情報を伝えることもできます。こうした当然のことを述べたのは、情報流通には多くの場合、媒体（media）が必要で、かつ、それが重要な役割を果たしているということを確認してもらうためです。媒体はこの世に溢れています。書籍、新聞、雑誌、電話、電子メール、ラジオ、テレビ、SNS、動画投稿サイト、と枚挙に暇がありません。これらの存在しない世界での情報流通はもはや想像できないでしょう。多様な媒体の存在が流通する情報量を増加させ、我々の暮らしをより良くしていると一般的にはいうことができます。

仮にあなたがある情報の流通を規制しようと考えていたとします。情報流通を〈送り手—媒体—受け手〉という構図で捉えると、送り手や受け手に対して何らかの規制を及ぼすことも1つの方法ですが、媒体自体に働きかけることも効果的です。たとえば、SNS上で他人を脅迫するメッセージが流れる場面を考えてみましょう。すぐに思い付く規制方法はこの脅迫メッセージの送り手を処罰することです。多くの者は処罰されることを恐れて脅迫メッセージの発信を控えるでしょう。ですが、こうした処罰の予告にもかかわらず脅迫メッセージが発信されてしまうと、それは受け手に届き、脅迫の効果が発生してしまいます。そこで、それが受け手に届く前に、メッセージを伝える媒体となるSNSの運営会社が、そのメッセージを削除し脅迫効果の発生を予防することが考えられます。情報流通の規制には、送り手や受け手に対するものに加え、媒体に対するものがあることを確認しておきましょう。

このように、情報流通は送り手や受け手に対する規制に加え、両者をつなぐ媒体に対する規制によっても影響を受けます。より抽象的にいえば、情報を発信・受信する個々の担い手の行動のみならず、情報流通の「環境」もまた、流通する情報の量と内容に影響を与えているのです。近時、こうした意味での環境を「アーキテクチャ」という概念で捉え、そこに潜む問題を考察しようとする潮流が隆盛しています。アーキテクチャ概念自体は特定の法分野に固有のものではなく、より一般的な法学上の課題を示すために使われているのですが、それはメディア法・情報法にも大きく関わるものです。本章では、アーキテクチャという概念が発見された沿革とその意義に触れたのち、それがメディア法・情報法の中に潜む諸問題をどのように炙り出そうとしているのかを概観することにします。

2　アーキテクチャによる規制と自由創出

1　アーキテクチャ概念の発見

アーキテクチャ（architecture）は元々、「建築」や「構造」を意味する英語で、学問の世界で特別な意味をもつ学術用語ではありませんでした。これを法学の専門用語にしたのは、アメリカの憲法学者・サイバー法学者であるローレンス・レッシグ（Lawrence Lessig）です。1999年に刊行された『コード』という著書（現在は第2版）のなかで、彼は従来の法規制とは異なる新しい規制装置（regulator）の存在に注目しました［Lessig 2006］。

従来の法学では、私人の行動を規制するものとして法規制が取り上げられてきました。法は何らかの行為を禁止したり義務付けたりし、それに違反した者に対して制裁を科します。こうすることで、人々の行動をコントロールすることができるというわけです。しかし、人々の行動を規制するものは法に限られない、と彼は主張しました。法以外の様々な規制装置の例として、市場、（社会）規範、アーキテクチャが挙げられています。たとえば、我々は市場価格の上昇によって一定のモノやサービスを購入することが難しくなりますし（市場による規制）、行列に割り込むことで周囲から蔑まれることを嫌がってそういった行動は通常とらないですし（規範による規制）、鍵の掛かった扉はそれを破壊することなしに開けることはできません（アーキテクチャによる規制）。このように、我々の生活のなかには、法によって命ぜられていなくとも、何らかの形で行動が「規制されている」と考えられることが存在するのです。

以上のことはごく当たり前のことに思われるかもしれません。しかし、レッシグはさらに続けて、法がそれ以外の規制装置に影響を与えているとも主張しました。すなわち、法が、市場、（社会）規範、アーキテクチャによる規制に何らかの形で作用するというのです。このことをレッシグは「間接規制 indirect regulation」と呼び、法が何かを直接に命令していなくとも、我々の行動がいわば迂回的に規制されることがありうると指摘したのです。喫煙の抑制を例にとるとわかりやすいでしょう。いまの日本では喫煙は法律上禁止されていません。その意味で喫煙するか否かは一人ひとりが自由に決めることができます。ですが、たばこ税の増税によりたばこの販売価格を上昇させたり（法→市場）、政府の健康増進・禁煙推進キャンペーンで喫煙者に対する世間のマイナス・イメージを喚起したり（法→規範）、健康増進に関する法律に基づいて喫煙所を減少させたりすることにより（法→アーキテクチャ）、喫煙という行為を事実上難しくすることが可能になります。つまり、法が喫煙を「直接的に」禁止していなくとも、それ以外の規制装置を通じて「間接的に」規制することができるというわけです。

こうした一般的・総論的な主張を背景に、レッシグは『コード』の中でインターネット上の規制に焦点を当てました。国境を越えたコミュニケーションを可能にするインターネットは、一見すると特定の人物や国家に縛られない自由な空間です。しかし、そこはハードウェアとソフトウェアに支えられた人工空間であり、「できること」と「できないこと」はその空間の作り方に完全に依存します。こうしたインターネット空間を創出しているアーキテクチャをレッシグは「コード」と呼び、我々のインターネット上の行為はコード次第で規制可能であると警戒的に論じたのでした。

2　アーキテクチャ概念の拡張

レッシグは『コード』において、アーキテクチャの一般論を提示しつつも、その考察の多くをインターネット空間のアーキテクチャである「コード」に集中させていました。その一方で近時、アーキテクチャ概念は人々の行動に影響を与える「環境」一般にまで拡げて理解される傾向が強まっています。たとえば、公園のベンチがホームレスの寝床になることを防ぐために、1人分の座面ごとに手すりを付けたり、歪曲した座面設計にしたりすることがあります。こうしたベンチの設計がアーキテクチャによる規制の問題として語られています。他にも、人間が持つバイアスを利用し、強制的な手段を用いずに人々の行動を特定の方向へと誘導する「ナッジ」という手法が注目を集めています。これも人々が選択時に置かれる環境である「選択アーキテクチャ」を通じた規制の側面があるものとして捉えられています（→ナッジについては、本書第16章3 2（2）を参照）。

ですが、あまりにも広すぎるアーキテクチャ概念は、それが発見しようとした固有の問題を喪失させてしまいかねません。人々の行動に影響を与える環境のすべてをアーキテクチャと呼ぶなら、法規制もまたアーキテクチャの1つになってしまうでしょう。また、重力や天気までもアーキテクチャに含める見解も成立してしまいます。重力のせいで我々は自由に空を飛ぶことを規制されていますし、悪天候は外出する意欲を失わせるという意味で外出行為を規制するという側面があるというわけです。論者のなかには実際にこうした主張をする者が存在します。けれども、このような人為を超えた存在の規制を語る意義は乏しいでしょう。アーキテクチャ概念は「操作可能な物理的・技術的環境」のように一定の限定を付して用いることが望ましいと思われます。そうすることで、どのようなアーキテクチャを設計することが望ましいのかを論ずることができるのであり、また、現状のアーキテクチャを操作している主体の責任を問うための道筋も開けてくるのです。

3　アーキテクチャによる「規制」の性質

規制装置としてのアーキテクチャが注目されたのは、それが法規制と異なる性質を有しているからです。よく挙げられるものとして、①機会操作性（行為者がある行為をするかしないかの選択の機会を操作すること）、②無視不可能性（アーキテクチャ自体を無視することはできないこと）、③意識不要性（アーキテクチャによって制約されているという意識を必要としないこと)、④執行機関の不要性（アーキテクチャ自体が規制作用を持つため規制を現実化する者が不要であること）の４点があります［松尾 2007：246-247頁]。

動画配信サイトの運営会社がそのサイト上にある違法コンテンツ（たとえば、テレビ局に無断でアップロードされたテレビ番組）を自動的に削除する仕組みを導入する、という事例で上記の性質を考えてみましょう。従来の法規制ではコンテンツを違法にアップロードすることや、そうしたコンテンツを視聴することを禁止し、違反者には罰則を科すことが普通です。人々の中にはそれを遵守する者もいれば、残念ながら違法だとわかりつつもそのコンテンツをアップロードしたり視聴したりする者もいるでしょう。しかし、自動削除技術が導入されたらどうでしょうか？　①違法コンテンツを視聴したりする機会にこの技術が作用し、視聴行為をすることが不可能になります。②そもそもできなくなるのですから、法規制の場合のように違法だとわかりつつそのような行為をするということも不可能です。③そのコンテンツを視聴しようとしても検索結果に表れないので、そのような違法行為が禁止されているのだと意識する必要もなくなります。④そして、禁止行為はできようがないのですから、そうした違法行為に対して捜査をする警察や刑事裁判を担う裁判所といった執行機関は不要です。こうしてみると、アーキテクチャを用いた規制がいずれも典型的な法規制とは異なる性質を持つことがわかるでしょう。

4　アーキテクチャによる「自由創出」の性質

ここまで、アーキテクチャが我々のなせることを不可能にするという「規制」の側面を警戒的に扱ってきました。けれども、これだけでは一面的な見方です。なぜなら、アーキテクチャには我々の自由を創り出す側面もあるからです。たとえば、インターネットを形成するアーキテクチャ（＝コード）によって、遠隔地と瞬間的に情報を受授することができるようになりました。我々が情報を自由に流通させるうえで、インターネットが果たした役割は大きいことを忘れてはなりません。また、インターネット上の情報通信における暗号化技術の発達により、秘匿性の高い情報でも通信中の漏洩を気に留めることなく、安全に送受信することができるようになっています。これも暗号化技術という一種のアーキテクチャが、プライバシー権といった個人の権利の実効的な保障に貢献しているものということができるでしょう。

ここまでみてきたように、アーキテクチャ概念は我々が日々行動する際に影響を受けている環境に注意を促すものとして用いられています。そして、それは我々の自由な行動を制限する側面を有する一方で、これまでは不可能であった行動を可能にするという自由を創出する側面も持ちます。アーキテクチャに存在するこの二面性を踏まえて、それが我々に必要とされる活動を促進するものなのか、あるいは萎縮させるものなのかどうかを、場面ごとに検討していくことが重要です［参照、成原 2017］。

3　アーキテクチャによって何が変わるのか？

1　無意識的・事前規制型統治への変容？

前節でアーキテクチャによる規制が従来の法規制と異なる性質を有することを説明しました。こうした諸性質は従来の法学のあり方に変容を迫る可能性があるといわれています。これまでの法規制では特定の行為が禁止または義務付ける法的ルールを各人が理解し、彼らがそのルールを遵守するという意思決定の下で、当該行為を抑制する、というメカニズムが典型とされてきました。仮にそのような意思決定がなされず、違法行為が行われたとしても、多くの場合には違反者に刑罰などの制裁が加えられるなどの責任追及がなされます。他方、アーキテクチャによる規制はその性質からして各人が規制内容を把握する必要はなく、特定の行為をすることが不可能ないし困難であったり、反対に自動でなされたりするため、当該行為がなされた場合の制裁も必要ありません。

これを一般化して考えると、これまでの法規制は、ルールを（主に言語によって）各人が理解するという「コミュニケーションによる規制」という側面と、ある行為がなされた後に責任追及がなされるという「事後規制」という側面があることがわかります。アーキテクチャ規制ではこれらの側面が転換され、各人がルールを理解することを必須としない「非コミュニケーション規制」ないし「無意識的規制」となると同時に、ある行為がなされる前にそれを抑止するという「事前規制」となります［大屋 2017：117-119頁、松尾 2016：280-281頁］。そして、従来型の法規制を典型例としてきた法学は少なくとも部分的に議論の組替えが必要ではないかと指摘されているのです。

アーキテクチャによって違法行為をゼロにすることは素晴らしいことで何ら問題を感じないという方もいるでしょう。ですが、もう少し立ち止まって考えてみましょう。先述の例では、コンテンツが違法にアップロードされたことが前提とされていましたが、なぜ「違法」だといえたのでしょうか？　違法なのか適法なのかの判断が難しい行為というものもありえます。こうした場合に備えて、従来の法規制には主に裁判を通じて「救済」を図るというプロセスが整備され、その運用のために様々な法学の議論が展開されています。

仮に当該コンテンツが実は適法にアップロードされたものにもかかわらず、当該アップロードをした者が逮捕・起訴されたとしましょう。この場合、アップロード者は裁判を通じて自らの行為が適法であったことを主張し、裁判所によって無罪であると判断されます。さらに、当該コンテンツの利用は適法であることが社会に示され、他の人々も安心してこのコンテンツを視聴することができるようになるはずです。このように、従来の法規制には、誤った判断を是正し、人々が本来適法にできたはずの行為が敬遠されること防ぐための仕組みが付随しているのです。

しかし、運営会社による自動削除がなされると、本来適法であったはずのコンテンツの視聴は不可能になります。人々はそうしたコンテンツが存在していたことすら気づかないかもしれません。本来人々の目に触れてよかったはずのコンテンツがそうならないのは、情報流通にとって大きな損失です。さらに、自動削除を行ったのは動画配信サイトの運営会社であり、これは民間企業であることが通常ですから、国家による警察・行政活動による規制に対して存在するような法的統制は及びません。

このように、アーキテクチャ規制は、従来の法学で議論を積み重ねてきた、行為の違法性を判断する大切なプロセスをスキップしてしまう可能性があるのです。先ほど言及した従来の法学の考え方を大きく組み替える必要性にはこうした問題への対処が含まれています。ただし、こうした法とアーキテクチャとを対立的に捉える見方に一定の留保を付ける見解もあります［宍戸 2016：305-306頁］。アーキテクチャ概念が法学の議論をどのように組み替えていくのかは、今後の理論的検討の進展や社会実践に依るところが大きいでしょう（現時点での成果としてたとえば、[成原 2016])。

2　規制主体の二元化

アーキテクチャを作り上げる主体を「アーキテクト」といいます。これまでの法学では、我々の行為を規制する主体として「国家」を念頭に置いてきました。国家は法を用いて様々なアーキテクチャを制作・改変し、人々の行動をコントロールできるから、最も警戒すべきアーキテクトだというわけです。しかし、アーキテクトは国家に限られません。とりわけ、情報流通に関わるアーキテクチャは民間企業など国家以外の主体によって整備・運営されていることが普通でしょう。このことから、そのような民間のアーキテクトもまた我々の行為を規制するかもしれないという懸念が浮かび上がるのです。

ここで情報通信において多数者をつなげる基幹的な役割を果たすサービスを「プラットフォーム」、そのサービスを提供する主体を「プラットフォーム事業者（プラットフォーマー）」とよぶことにしましょう。検索サイト、動画提供サイト、SNSなどがプラットフォームの例です。そしてここでの問題を考える一例として、スマートフォンのアプリ配信プラットフォームを挙げてみます。Apple製のiOSなら「App Store」、Google製のAndroidなら「Google Play」です。スマートフォンを用いた情報通信の多くがインストールされているアプリの機能に依存していることはいうまでもありません。もしこのような配信プラットフォームが特定のアプリの配信を拒否した場合、現時点で上記2つのプラットフォーム以外にスマートフォンアプリを入手できる場所はほぼありませんので、結果として我々は当該アプリを用いた活動をプラットフォーマーによって規制されると考えることができるように思われます。日常生活の多くがプラットフォームに依存している現代社会においては、こうした事態も考慮する必要があります。

そうすると、我々は国家に加えてプラットフォーマーのような強大なアーキテクトからも規制をかけられている場合があるといえそうです。我々を規制する主体が二元化しているのです。あとでみるように、こうした問題は現実に現れています。さらに重要なのは、プラットフォーマーが我々にとって敵対的な場合に、国家が救世主となって立ち現れることがあるということです。すなわち、プラットフォーマーが我々の自由・権利を侵害するような形でサービスを提供することを国家が法律等で禁止し、違反したプラットフォーマーの責任を追及することで是正を図ることがあるのです。電気通信事業者に課せられている「通信の秘密」の保持（電気通信事業法4条）や、プラットフォーマー間の適正な競争の促進に関する諸政策などが、これに該当します。最も警戒すべきアーキテクトとされた国家が、現代情報化社会においてはむしろ、民間企業たる巨大なプラットフォーマーから我々を守る役割を果たすようになっていることを確認しましょう。

まとめると、〈国家〉〈プラットフォーム事業者（プラットフォーマー、または民間アーキテクト）〉〈個人〉という三面関係のなかで、個人の自由や権利を最大化するような役割分担を構想することが重要になってきます。国家・プラットフォーマーの両者が個人にとって味方であることが理想ですし、反対に両者が敵になる抑圧的な社会も考えられるところですが、多くの場合は一方が敵となる場合に他方が味方となって個人を保護することになるでしょう。アーキテクチャには規制的側面と自由創出的側面が表裏一体で存在していることをここでもう一度思い出してください。

4　メディア法・情報法にとってのアーキテクチャ

1　情報流通に関わる様々なアーキテクチャ

メディア法・情報法にとって、アーキテクチャ概念はどのように役立つでしょうか？　その1つは情報流通における媒体が果たす機能を明らかにすることです。これまでの説明から、情報流通の媒体がアーキテクチャの一種であることがわかるはずです。現代の情報流通はアーキテクチャなしではほとんど成り立ちませんし、そのアーキテクチャを操作することで流通する情報の量や質をコントロールすることが可能です。これらを踏まえれば、情報流通を支えるアーキテクチャとして何が考えられるか、そのアーキテクチャにより表現活動はどのような自由を与えられ、あるいは反対にどのような規制を受けているのか——これらの点を考えていくことが重要です。

とはいえ、情報流通に関わるアーキテクチャには種々のものが含まれます。それらを一括して「情報流通アーキテクチャ」として語ろうとしても、共通項をほとんどみつけることができず、すぐに限界に直面するでしょう。したがって、メディアや情報に関わるアーキテクチャを種類・場面分けし、その種類・場面ごとに分析を進める必要があります。本書の第2部・第3部の各章がこうした仕事を担当します。本章の残りでは、アーキテクチャ概念を用いてメディア法・情報法の概論を学ぼうとするとき、様々な問題がどのようにみえてくるのかをいくつか示して、次章以降を読むための道案内とします。

2　表現の「場」をめぐる規制

(1)　現実世界の「場」

現実世界での表現活動にも様々な媒体が必要になります。ここでは表現する「場」に注目してみます。講演会・コンサートを開催したければそれに適した施設が必要ですし、野外でデモ行進をするにも行進するための道路が必要になります。そうすると、インターネットの世界におけるのと同じように、現実世界の様々なアーキテクチャを操作することによって、表現活動や情報流通一般に影響を与えることが可能です。

デモ行進の「場」が問題となった事例として、2018年に東京都新宿区が行ったデモ行進出発地公園の見直しを挙げることができます。新宿区はデモ行進の自由（これは憲法21条1項の表現の自由で保障されています）と平穏な居住環境とを両立させるため、デモ行進の出発地となる公立公園を区内4か所に限定していたのですが、ヘイトスピーチ対策や騒音・交通規制に悩む近隣住民への配慮を理由に基準を見直したため、出発地として利用できる公園が1か所のみとなりました（参照、「デモ全般、制限方針　新宿区の公園基準変更、批判も」朝日新聞2018年6月28日朝刊)。その1か所からならデモ行進をすることは許されるため、憲法が保障するデモ行進の自由を全面的に制約しているとはいえないのは確かですし、実際に新宿区はそのように主張しています。しかし、何かを表現をすることはしばしば、それをどのような手段で行うのかということと不可分です。デモ行進もまた、主張する内容と同じくらい、どのようなルートを行進するのかが重要でしょう。デモ行進が公園や道路という一種のアーキテクチャに依存する表現方法である以上、たとえデモ行進自体が許容されていたとしても、その発着地・ルートに制限がかけられることを警戒するのには充分な理由があります。また、表現の自由論においては、規制の対象が表現の「内容」の場合と「手段」の場合とに分けて議論を展開することが多いのですが、この区別が相対的であることに注意が促されるのも上記のような事情からです（→第７章）。

他方、たとえば国家が公立の美術館を整備することは表現活動の場＝アーキテクチャを整備しているものとみることができます。芸術活動への補助金なども同様です。ここでは国家が表現の場・機会を提供し表現の自由を促進しています。もっとも、そうした美術館や補助金の利用条件に（政府の制作に反対する内容のものは制作・展示できないような）不当なものが含まれてしまえば、先ほどのデモ行進出発地制限と同じように、表現活動を規制するアーキテクチャへと転化してしまいます。アーキテクチャには規制と自由創出の側面が表裏一体として存在していることをここでも強調しておきます［参照、横大道 2013］。

（２）　インターネット上の「場」

レッシグがアーキテクチャ概念による検討対象をインターネット空間の「コード」に集中させたことに現れているように、この空間はアーキテクチャ操作による影響を強く受けます。最近問題となった事例として、漫画等の著作物を違法アップロードしているサイトへのアクセスを遮断するブロッキングの可否があります（→著作権については第13章）。漫画を違法にアップロードしているサイトのせいで漫画の売上げ等に甚大な被害が及んでいるとして、インターネット接続事業者（ISP）に当該サイトへ個人がアクセスすることをシステム上禁止する「ブロッキング」を求める動きが生じました。しかし、ブロッキングのためにはユーザーがどのサイトにアクセスしようとしているかを監視しなければならず、憲法や電気通信事業法が定める「通信の秘密」を侵すため、最後の手段であるとして反対論も根強く残っていました。2018年に開催された政府の有識者会議では賛成派・反対派が熾烈なやり取りを繰り広げました（知的財産戦略本部「インターネット上の海賊版対策に関する検討会議」〔平成30年〕）。この問題の当否をここで論じることはしませんが、インターネット空間というそれ自体１つのアーキテクチャの下では、誰もがアクセスできる情報を突如として誰もアクセスできない情報に変えることができる、ということは知っておくべきでしょう。だからこそ、このアーキテクチャの作り方や操作が適正な情報流通を支えるものになっているかを絶えず検討することが必要なのです。

3　民主政への影響

アーキテクチャが民主的政治過程へと介入することも現実のものとなっています。アメリカでは外国勢力が特定の大統領候補者の当選を目的にインターネットを用いて選挙に関する情報流通を操作していたことが問題となっています。また、選挙コンサルティング会社がFacebookから個人情報を取得し、特定候補の当選を目指して、特定のユーザーだけに情報を流すことでその候補者の得票率を高めようとしていたことも社会問題となっています（ケンブリッジ・アナリティカ事件）。あなたが誰かに投票したいと決意を固めたとき、それは秘密裡に誰かがアーキテクチャを操作して作り出された決意なのかもしれないのです。

2020年のアメリカ大統領選では、現職のトランプ大統領のツイートに補足情報が付され、最終的には連邦議会へ侵入した暴徒を煽ったとしてアカウント自体が永久凍結されるという事件も起こりました。トランプ氏のツイートの適否には触れませんが、Twitter社のような強大なプラットフォーマーともなれば、国家のトップの情報発信さえもコントロールできる能力があることが示されたのです。さらに、トランプ氏は自らの支持層に人気のあるTwitter以外のSNSを利用しようと試みましたが、そのSNSも、App StoreやGoogle Playでの配信を止められ、管理サーバーを提供していたAmazonのサービスからも排除されて、利用できなくなってしまいました。この対応の是非もここで論じませんが、プラットフォーマーが一丸となれば特定の政治的主張を有する者に人気のあるサービスを停止することができることが現実として判明したのです。いま一度〈国家〉〈プラットフォーマー〉〈個人〉の三面関係を思い出し、それらの適切な役割分担を再考することが求められています（→第11章）。

他にも、自分好みの情報しか配信されないアプリを用いたがために、各人の主義主張が極端化し、社会の分断が進んでいるという問題も生じています。（→集団分極化、フィルターバブルについては第８章コラム）

第Ⅱ部

メディア法概論
メディア制作者のための法知識

第5章　表現の自由と政府による規制方法

1　表現の自由の保障

1　表現の自由の保障根拠

（1）表現の自由の意味

憲法21条1項は、「集会、結社及び言論、出版その他一切の表現の自由は、これを保障する。」と規定しています。ここにいう表現には、人前で話したり、ビラを配布したり、SNSで発言したり、音楽や絵画でメッセージを伝えること等が含まれます。心の中で思っていることを外部に表明する行為であれば、それはすべて表現といえます。それゆえ、象徴的言論（国旗の焼却、喪章の着用など）のように、一見、表現行為とは理解され難い行為であっても、メッセージ伝達がその目的なのであれば、その行為には表現の自由の保障が及びます。

（2）表現の自由の価値

表現の自由は基本的人権の中でも極めて重要な権利であり、「優越的地位」を有するため、特に手厚く保障されるべき、と考えられています。その理由として、一般に、表現の自由に備わる次のような意義ないし価値の存在が指摘されています。

第1は、人格形成にとっての意義（自己実現の価値）です。人は自己の人格を形成・発展させるにあたり、様々な情報や意見に触れながら自己の考えを作り上げ、その考えを他者とのコミュニケーションにおいて披露し、これに対し様々な評価が与えられることによって、自己の考えを洗練させていきます。これらはいずれも自由な表現活動、自由な情報流通を介して実現されるものです。それゆえ、表現の自由の保障は自己実現に不可欠だと考えられています。

第2は、民主主義社会にとっての意義（自己統治の価値）です。民主主義国家では、多様な見解の中から自らが正しいと信ずる見解を国民各自が自由に採用し、これらが集積することによって多数意見が形成され、最終的な政治的意思決定へと繋がっていきます。ただ、こうした過程が適切に機能するためには、国民各自がそれぞれの考えを自由に表明し合い、その考えを相互に受領できなければなりません。このような意味で、表現の自由は民主主義にとって不可欠といえ、極めて重要な社会的価値を有していると考えられています。

第３は、真理の探究にとっての意義です。この意義は、《真理は思想の自由な競争の中からのみ見出されうる》とする「思想の自由市場」論から導出されるものです。ここでは、自由な経済市場において淘汰が生じるのと同様に、「思想の自由市場」においても、誤った主張・考えは批判に晒され、淘汰されていくと考えられています。主張や批判、事実に関する情報の自由な流通は、「思想の自由市場」の機能条件ともいえますので、真理の探究にとって表現の自由の保障は、不可欠の前提ということができます。

他には、《表現の自由は他の自由と比べて規制による萎縮効果が生じやすいからこそ手厚く保障されるべき》との指摘もあります。萎縮効果とは、表現活動に法令違反等のリスクが懸念される場合に、そのリスクを恐れた表現者が、本来適法に行いえた表現さえをも差し控えるようになってしまうことをいいます。とりわけ自己統治の価値に関わる表現は、私的な利益に直結しないことが多いため、特にこの傾向が強まります。萎縮効果が生じると、広く知らされるべき情報が国民に到達しなくなるため、民主主義が機能不全に陥ってしまいます。だからこそ、表現の自由は特に手厚く保障されるべきというわけです。

2　憲法21条による保護の射程

（1）　知る自由・情報摂取の自由

以上の表現の自由の諸価値に鑑みた場合、憲法21条による保護は表現行為のみにとどまらず、より広い射程を有すると考えられています。

表現行為は、通常、メッセージの伝達を目的としていますので、それが受け手に受領されなければ意味がありません。また、表現者側として意見表明を行う場合、意見形成の材料となる情報や見解にあらかじめ触れることができなければ、そもそも意見の形成さえ困難です。それゆえ、表現の自由の実現には、表現の受け手の自由、すなわち「知る自由」ないし「情報摂取の自由」を同時に保障することが必要だと考えられます。

判例も、情報摂取の機会をもつことは、「個人として自己の思想及び人格を形成、発展させ、社会生活の中にこれを反映させていく上において欠くことのできないものであり、民主主義社会における思想及び情報の自由な伝達、交流の確保という基本的原理を真に実効あるものたらしめるためにも必要」だと説明しており、情報摂取の自由は、憲法21条１項の「趣旨、目的から、いわばその派生原理として当然に導かれる」、と述べています（最大判1989（平１）・３・８民集43巻２号89頁〈レペタ事件〉）。最高裁のこの説示は、自己実現および自己統治の観点から情報摂取の自由の必要性を明らかにしたものといえるでしょう。

このように、表現の自由は送り手の自由だけではなく受け手の自由をも含みます。よって、情報の収集・伝達・受領といった情報流通の全過程が、憲法21条１項により保障されるのです。

（２）　報道・取材の自由

表現の自由は、意見表明の自由だけではなく、単なる事実の伝達の自由、すなわち報道の自由をも保障します。その理由として、最高裁は、「報道機関の報道は、民主主義社会において、国民が国政に関与するにつき、重要な判断の資料を提供」し、国民の「知る権利」に奉仕する点を指摘しています（最大決1969（昭44）・11・26刑集23巻11号1490頁〈博多駅テレビフィルム提出命令事件〉）。この指摘は、高度の情報収集力と強力な情報発信力を有する報道機関の報道が、一個人の情報発信とは異なり、国民の意見形成の前提となる多様な情報を効果的に伝播しうる点に、その保障根拠を見いだしたものだといえます。

さらに、最高裁は、「報道機関の報道が正しい内容をもつためには……取材の自由も、憲法21条の精神に照らし、十分尊重に値いする」と指摘しています。要するに、誤った情報が報道を通じて伝播されると、かえって国民の意思形成過程を歪めることになるので、そうならないためには、取材の自由にも一定の憲法的保護が及ぼされるべき、というわけです。

このように、報道・取材の自由の憲法的保護は、それらが国民の意見形成に奉仕する点にその根拠が求められています。そして、こうした報道機関の機能・役割には高い公共的価値が認められ、それゆえ、報道機関に対しては優遇措置や特別扱いが認められる場合があるわけです。たとえば、司法記者クラブ所属の報道機関記者に対してのみ法廷でのメモ採取が許可されたり（前掲最大判1989（平１）・３・８〈レペタ事件〉）、取材活動の一環で国家秘密の漏示をそそのかしたのであれば原則不処罰となりうるのは（最決1978（昭53）・５・31刑集32巻３号457頁〈外務省秘密電文漏洩事件〉）、そのためです。しかし、インターネットが発展し、一個人でも相当程度の情報発信力を有するようになった現在、こうした特別扱いの根拠には、再検討の余地があるかもしれません。

（３）　表現の自由の請求権的側面

また、憲法21条の表現の自由を根拠に、情報公開請求権やアクセス権が主張されることもあります。情報公開請求権とは、行政機関等が保有している公文書の開示を請求する権利です。アクセス権とは、マス・メディアに対して自己の意見発表の場を提供するよう求める権利です。しかし、表現の自由は自由権ですので、本来、他者への作為要求までは含みません。そのため、これらの作為要求を実現するためには、通常、特別な法制度化が必要となります。

現在、情報公開請求権は情報公開法を根拠に主張することが可能です。他方、アクセス権は、その性質上、マス・メディアの報道・編集の自由への制約なしには実現不可能ですので、通説・判例ともその承認には消極的です（最判1987（昭62）・４・24民集41巻３号490頁〈サンケイ新聞事件〉）。

2　政府による表現規制

1　表現の自由の優越的地位と違憲審査基準

（１）　人権制約と比較衡量

表現の自由は極めて重要な権利ですが、絶対的に保障されるわけではありません。判例も、憲法12条や13条を根拠に、公共の福祉による制約を許容しています。（最大判1957（昭32）・３・13刑集11巻３号997頁〈チャタレイ事件〉）。

人権制約の許容性は、一般に、比較衡量という手法により判定されます。この手法によれば、人権制約によって得られる利益と失われる利益とが比較され、前者が後者を上回る場合にのみ、公共の福祉による制約として合憲性が肯定されます。

もっとも、個別事案ごとの場当たり的な比較衡量は、当事者による衡量結果の予測を難しくさせるという弱点を、持ち合わせています。そこで学説は、この衡量過程を準則化・類型化し、そこでの判断を客観的に枠づけることによって、衡量結果に一定の予見可能性を与えることを提唱しています。より具体的には、以下にみる二重の基準論に基づいてこの衡量過程を類型化し、裁判所による違憲審査を枠づけるよう主張しているのです。

（2）　二重の基準論

二重の基準論は、まず経済的自由（職業選択の自由など）への規制と精神的自由（表現の自由など）への規制とを区別します。そして、前者には「合憲の推定」を、後者には「違憲の推定」を及ぼすことによって、前者の違憲審査には緩やかな基準を、後者の違憲審査には厳格な基準を適用することを求めます。緩やかな基準とは、《①人権規制の目的が合理的で、②その手段も目的との関係で合理的であれば、当該規制は合憲》とする基準です。厳格な基準とは、《①人権規制の目的がやむにやまれないほど重要な利益の保護にあり、②その手段も目的達成のために必要不可欠といえる場合でない限り、当該規制は違憲》とする基準です。

人権規制は、通常、法律に基づいて行われます。民主主義が正常に機能している限り、この法律は国民の意思で改廃できるため、本来的には、裁判所の違憲審査を経なくても、不適切な人権規制の是正は可能です。しかし、表現の自由等が規制され民主主義が機能不全に陥ると、国民の声を法律の改廃に反映させることは、もはや不可能です。それゆえ、このような場合には、裁判所の積極的関与が必要となり、当該規制に対する厳格な違憲審査が求められることになります。これに対して、経済的自由への規制では、民主主義は機能不全に陥りません。そのため、よほど深刻な規制でもない限り、裁判所は国民の代表者である立法者の判断を尊重することになります。

判例の中にも二重の基準論を示唆するものはあります（最大判1975（昭50）・4・30民集29巻4号572頁〈薬事法事件〉、最判1995（平7）・3・7民集49巻3号687頁〈泉佐野市民会館事件〉）。しかし、表現の自由の規制立法に違憲判決が下された例はなく、二重の基準論が判例上採用されているとは言い難いのが現状です。

2　表現規制の諸類型

表現の自由の規制に関しては、上記の二重の基準論を踏まえつつ、違憲審査をあらかじめ客観的に枠づけるアプローチを採用すべきとする見解が支配的です。ここでは、一定の類型に当てはまるものを一律に扱い、表現者の予見可能性を確保することが、表現の自由の優越的地位の担保に繋がると考えられています。ただ、表現規制の方法や強度は規制類型ごとに各種各様ですので、以下では、規制類型に応じてそれぞれ異なる判断枠組みが提示されていることに留意しつつ、その諸類型を概観したいと思います。

（１）　事前抑制

表現行為が行われる前に表現内容を審査してその表現行為を規制することを、事前抑制といいます。事前抑制は、「思想の自由市場」への情報流入自体を排除し、当該情報を一切見聞きできなくさせる点で、表現の自由への最も厳しい制約といえます。

(イ)　検　閲　　事前抑制の代表例は検閲です。検閲は、憲法21条２項により絶対的に禁止されており、それゆえ検閲に該当すれば即違憲、という理解が一般的です。検閲とは、《①行政権が主体となって、②思想内容等の表現物を対象とし、③その全部又は一部の発表の禁止を目的として、④対象とされる一定の表現物につき網羅的一般的に、⑤発表前にその内容を審査した上、不適当と認めるものの発表を禁止することをその特質として備えるもの》をいいます（最大判1984（昭59）・12・12民集38巻12号1308頁〈札幌税関検査事件〉)。たとえば、県知事が性表現を含む書籍を「有害図書」に指定し、青少年への販売を禁止したとしても、これは検閲ではありません。なぜならば、成人には入手の途が開かれており、発表の禁止が目的ではないことが明らかだからです（最判1989（平１）・９・19刑集43巻８号785頁〈岐阜県青少年保護育成条例事件〉)。

(ロ)　その他の事前抑制　　検閲の他にも事前抑制は存在します。裁判所による出版物の事前差止めが、その一例です。裁判所は行政権ではないため、これは検閲には該当しません。しかし、検閲ではないとしても、事前抑制は極めて強力な制約ですので、裁判所による事前差止めは「厳格かつ明確な要件のもと」でしか許されません。さらに、事前差止めの対象が「公共の利害に関する事項」である場合には、この差止めは「原則として許されない」とするのが、判例の立場です（最大判1986（昭61）・6・11民集40巻4号872頁〈「北方ジャーナル」事件〉）。ここでは、公共的事項の有する自己統治の価値に鑑みて、他の事前差止め以上に一層厳格な審査が要求されているのです（→第6章）。

（2） 明確性の法理

表現規制の内容が明確でない場合、どのような表現行為が規制対象となるのかが、はっきりしません。この場合、法令違反の危険を冒したくない人は、表現すること自体を差し控えてしまうことになるでしょう（萎縮効果）。こうした萎縮効果が生じると、本来適法になしえた表現までもが言論市場から事実上排除されるという、理不尽な帰結がもたらされることになってしまいます。それゆえ、不明確な規定による表現規制はそれだけで違憲になると、一般に考えられています。

札幌税関検査事件（前掲最大判1984（昭59）・12・12）では、関税定率法121条が輸入禁制品と定める「風俗を害すべき書籍」の多義性・不明確性が問題となりました。しかし、最高裁は、他の諸法令を参照することにより、「風俗を害すべき書籍」を「性的風俗を害すべきもの、すなわち猥褻な書籍」と限定的に解することができると述べ、明確性を欠くものではないと結論付けました。このように、判例は、法文の不明確性が疑われる規定でも、限定解釈を施すことでこれを合憲とする手法（合憲限定解釈）を多用しています。

（3） 表現内容規制（内容規制）

（イ） 内容規制／内容中立規制二分論　表現規制に対する違憲審査をあらかじめ客観的に枠づけるにあたり、表現内容規制と表現内容中立規制の区別は重要です。表現内容規制とは表現の内容に基づく規制をいい、表現内容中立規制とは表現内容と無関係な規制をいいます。内容規制では、当該表現内容の流通自体が制約されるので、流通する情報に偏向が生じ、その結果、民主的政治過程そのものが歪曲される危険があります。また、内容規制は、その性質上、政権批判の封じ込めといった不当な動機に基づいている可能性も懸念されます。それゆえ、内容規制は違憲の疑いの強い規制類型と理解されており、その違憲審査は、原則として厳格な基準によるべきと考えられています。

これに対して、内容中立規制は、表現内容に関わらない表現の時・場所・方法等への規制を典型とします。この場合、表現の方法等を変更することで当該表現内容を流通させることが可能です。そのため、内容中立規制は内容規制よりも制約の程度が弱い規制類型と解され、その違憲審査は、厳格な基準よりも緩和された基準によるべきと考えられています。ただ、緩やかな基準にまで緩和してしまうと、表現規制の審査としては不適切ですので、通説は中間的基準（①人権制約の目的が重要な利益の保護にあり、②その手段が目的達成に実質的に関連した手段であること、を要求する基準）によることを提唱しています。

(ロ)　見解規制 / 主題規制　内容規制は、さらに見解規制と主題規制に区別できます。特定見解に基づく表現のみを規制対象とする見解規制は、政権批判や少数派の意見表明の恣意的な封じ込めに特に繋がりやすく、極めて違憲の疑いが強い規制類型です。

これに対して、主題規制は、見解のいかんにかかわらず、当該主題に関するあらゆる表現を規制対象とするものなので、一見すると、恣意に服する危険は少なそうです。しかし、次の場面を想像してみてください。ある自治体で新空港の建設計画が進められており、建設賛成派と反対派の対立が激化していたため、混乱の防止を理由に、その賛否にかかわらず新空港建設を主題とするデモ行進を一律に禁止した、といった場面です。この禁止により実際に不利益を被るのは誰でしょうか。建設計画の進行を止めたい反対派だけではないでしょうか。このように、主題規制であっても事実上は特定見解の封じ込めに繋がることがありうるので、安易な二分法は禁物です。

(ハ)　低価値表現　上述のとおり、内容規制は基本的に厳格な基準で審査されます。しかし、表現内容の種類によっては、「優越的地位」にふさわしい保障を享受しえないものも存在します。こういった類型の表現に対する規制には、厳格な基準は適用されません。このような表現類型を「低価値表現」といいます。わいせつ表現や違法行為の煽動、名誉毀損表現、営利的表現などがその例です。これらは、自己統治をはじめとする表現の自由の諸価値に寄与する程度が低かったり、大きな社会的弊害を生じさせることから、弱い保護しか享受しえないと考えられています。

かつては、低価値表現を憲法上の保護からあらかじめ除外する立場が有力でした。しかし、たとえば政治汚職の暴露は、政治家の社会的評価を低下させる名誉毀損表現といえますが、自己統治の観点からすれば、汚職の暴露はむしろ保護されるべき価値を有する表現です。また、性表現の中には、高い芸術性ゆえに保護に値するものもあるでしょう。このように、低価値表現に分類されるものの中にも、保護されるべき表現が含まれている場合があるのです。それゆえ、現在は、低価値表現にもひとまず憲法上の保護が及ぶと考え、その制約の正当性について審査できる途を残す立場が、学説では有力です。

もっとも、低価値表現の多くは、すでに様々な法規制に服しています。そのため、この中に含まれている「保護されるべき表現」を適切に保障するためには、表現者の予見可能性を確保し、萎縮効果を除去することが肝要です。そこで、低価値表現については、あらかじめ「保護されるべき表現」と「規制が許容されるべき表現」とを定義的に区別し（＝定義段階で比較衡量を行った上で）、個別事案への適用段階でその定義への該当性を審査するという手法（定義づけ衡量）が、しばしば用いられています。たとえば、判例は、わいせつ表現を他の性表現から定義的に区別し、わいせつ３要件（①徒に性欲を興奮または刺激せしめ、②普通人の正常な性的羞恥心を害し、③善良な性的道義的観念に反する）に該当する表現に限って、刑法175条の処罰対象としています（前掲最大判1957（昭32）・３・13〈チャタレイ事件〉）。また、名誉毀損罪の違法性阻却事由（刑230条の２）も、定義づけ衡量の現れといえるでしょう。

（二）　有害図書規制　「わいせつ」に該当しない性表現でも、青少年保護を理由に規制される場合があります。条例による有害図書規制はその一例です。これは、典型的には、青少年に対する有害図書の販売を禁止するとともに、その有害図書を自動販売機へ収納し販売すること自体も禁止しています。その限りで、この有害図書規制は、図書の内容に着目した内容規制といえます。しかし判例は、有害図書規制について厳格な基準で審査をしていません。その理由として、岐阜県青少年保護育成条例事件（前掲最判1989（平１）・９・19）の伊藤正己裁判官補足意見は、青少年の精神的な未熟さや情報選別能力の不十分さを挙げ、その上で、青少年は「成人と同等の知る自由を保障される前提を欠く」ため「厳格な基準は適用されない」と説明しています。

（４）　表現内容中立規制（内容中立規制）

（イ）　判例の傾向　内容中立規制は、ビラ貼り規制や深夜の騒音規制などがその典型です。判例は、多くの正当化根拠を語ることなく、これらの規制を合憲としてきました。たとえば、美観風致を理由とした屋外広告物規制については、「この程度の規制は、公共の福祉のため、表現の自由に対し許された必要且つ合理的な制限」と一方的に述べただけです（最大判1968（昭43）・12・18刑集22巻13号1549頁〈大阪市屋外広告物条例事件〉、同旨・最判1987（昭62）・3・3刑集41巻2号15頁〈大分県屋外広告物条例事件〉）。私鉄駅構内でのビラ配布規制についても、「他人の財産権、管理権を不当に害する」表現手段は許されないといった理由付けのみで、その合憲性を肯定しています（最判1984（昭59）・12・18刑集38巻12号3026頁〈吉祥寺駅構内ビラ配布事件〉）。

有害図書規制においても、これは同様です。有害図書規制は、成人との関係では内容中立規制といえますが（成人は自動販売機以外のルートからであれば有害図書を適法に入手できるからです）、ここでも判例は、「成人に対する関係においても、有害図書の流通を幾分制約することにはなる」ことは認めつつも、これ以上の踏み込んだ検討をすることなく、規制の合憲性を肯定しています（前掲最判1989（平1）・9・19〈岐阜県青少年保護育成条例事件〉）。

しかし、内容中立規制にも、表現機会を減少させ、市場に流通する表現内容の絶対量を減少させる効果はあります。それゆえ、このようなほぼ無審査に近い判例の姿勢には批判も多く、通説は上記のように中間的な基準によるべき旨を主張しています。

(ロ)　間接的・付随的制約　　内容規制／内容中立規制の区別に類するものとして、直接的制約／間接的・付随的制約の区別があります。両者の区別は大幅に重なり合いますが、ズレがないわけではありません。

直接的制約／間接的・付随的制約の区別は、規制の目的に着目している点にその特徴が認められます。直接的制約は、当該表現内容の伝達自体に害悪を認め、この伝達的効果の抑止を目的としています。これに対して、間接的・付随的制約は、当該表現内容の伝達自体には害悪を認めず、表現行為に伴う非伝達的効果（表現内容の伝達的効果以外の側面）の抑止を目的としています。たとえば、国家公務員法102条1項は公務員の政治的行為（政治ビラの配布等）を禁止していますが、これは政治的表現という表現内容に着目した規制ですので、内容規制といえます。しかし、判例によれば、これは直接的制約ではありません。というのも、この規制は、政治的メッセージの伝達・流通自体に害悪を認めたり、それ自体の抑止を目的とはしていないからです。この行為を「公務員が行う」ことによって生ずる弊害（行政組織への悪影響）の抑止を目的としているに過ぎないのです。したがって、判例はこの規制を「間接的・付随的制約」と理解しています（最大判1974（昭49）・11・6刑集28巻9号393頁〈猿払事件〉）。

ちなみに、規制自体は本来表現行為とは全く無関係であるものの、この規制がその適用段階で偶然的に表現行為への規制として作用してしまう場合があります。これを単に「付随的制約」と呼ぶこともあります。例としては、住居侵入罪の規定により表現目的での邸宅への立ち入り（ビラ配布目的での侵入）が規制されている場合を挙げることができます。ただ、これらの用語法は学説内でもやや錯綜の感がありますので、振り回されないよう気をつけましょう。

3　現代的諸課題への対応

1　表現活動の助成とその統制

（1）　表現活動の助成

現代社会において表現の自由が問題となるのは、公権力が表現活動を「規制」する局面だけではありません。表現の自由や知る自由の保障を実質化し、これらの行使を現実のものとするためには、公権力による「助成」も重要な意味を持ってきます。たとえば、表現を行うには、表現のための「場」が必要です。公権力による集会施設の設置・提供は、まさしく表現活動の助成と位置づけることができるでしょう。しかし、この助成が恣意的である場合、言論市場は歪曲の危険にさらされます。したがって、近年はこういった助成の局面においても、表現の自由の観点から一定の統制が及ぼされるべきだと解されています。

（2）　パブリック・フォーラム論と公共施設の利用提供

この統制において重要な役割を果たしうるのがパブリック・フォーラム論です。吉祥寺駅構内ビラ配布事件（前掲最判1984（昭59）・12・18）の伊藤正己裁判官補足意見によれば、①一般公衆が自由に出入りできる場所であり、②表現のための場として役立つ場合には、これをパブリック・フォーラムと呼ぶことができます。そして、その場所が表現の場として用いられる場合には、「表現の自由の保障を可能な限り配慮する」ことが必要とされ、こうした配慮を欠くときは、憲法21条１項違反となります。たとえば、公の施設として集会所や市民会館が設置・提供（≒助成）された場合、この施設は、①市民の利用に開かれた場所であり、②表現ないし集会の場として役立ちます。したがって、これはパブリック・フォーラムといえるでしょう。この場合、公権力が、正当な理由もなく、この施設の利用を拒否（≒助成の撤回）するときは、憲法21条１項で保障された集会の自由の不当な制限につながるおそれを生じさせます（最判1995（平７）・３・７民集49巻３号687頁〈泉佐野市民会館事件〉）。

最近は、この考え方をより広く応用しようとする議論もみられます。たとえば、芸術作品が公立の美術館に展示され、あるいは、書物が公立の図書館で閲覧に供されることは、表現の送り手にとっては自己の作品をより広く表現しうる「場」の提供（≒助成）、受け手にとっては当該表現をより容易に享受しうる「場」の提供（≒助成）といえます。この点に着目するならば、ひとたび展示・閲覧に供された作品について、表現内容を理由にその展示・閲覧が中止（≒助成の撤回）された場合には、憲法21条違反が強く疑われることになるでしょう（憲法論ではないですが、最判2005（平17）・７・14民集59巻６号1569頁〈船橋市西図書館事件〉参照）。

（３）　助成対象の選別

表現の自由は自由権ですので、自己の作品の美術館での展示や図書館へ収蔵・開架されること自体を求める権利（助成を求める権利）までは、憲法上保障されません。展示・収蔵に際しては、作品の内容に基づく選別が不可欠であり、この選別には美術館や図書館側に一定の裁量が認められます。これは芸術活動への財政援助の場合も同様です。

しかし、選択的な助成は、言論市場の歪曲に繋がるおそれがあります。政府の好む表現の総量が増大するという量的問題に加え、助成対象となった表現に正統性が付与されるという質的問題を内包しているからです。それゆえ、政治権力によるこの選別への直接的な介入には、警戒的であるべきでしょう。学芸員や司書といった独立性をもった文化専門職の判断に、この選別を委ねることが望ましいと思われます。

2　インターネット上の表現とその統制

（1）　三面関係

インターネット上の表現は、民間企業の運営するプラットフォーム上でなされるのが通常です。プラットフォームとは、情報・商品・サービスの提供者と利用者など二者以上の異なる参加者グループの間に介在し、両者を仲介または媒介する「場」と定義できます。情報提供者と情報受領者が集う「場」を提供する事業者、たとえばSNSや動画共有サービス、検索サイトを運営する事業者は、プラットフォーム事業者の典型です。

これらのプラットフォーム事業者は、情報流通の媒介者たる役割を担っています。それゆえ、インターネット上の表現の自由を考える場合には、公権力、媒介者（プラットフォーム事業者）、利用者（SNS等の利用者）といった三面関係を前提にする必要があります。

（2）　公権力による直接的な統制

SNSや動画共有サービスといったプラットフォーム上の表現の自由のあり方は、基本的には、プラットフォーム事業者が自主的に定めた利用規約等の内容に左右されます。とはいえ、現実世界に妥当している表現規制は、インターネット上にも同様に及びます。それゆえ、もし利用者がわいせつ表現や名誉毀損表現をプラットフォーム上で行えば、利用規約等の内容いかんにかかわらず、公権力は利用者に対して表現規制の効果（制裁等）を直接及ぼすことになります。

（3）　媒介者による統制

もっとも、インターネット上の表現には、情報発信者の増大、越境的な情報流通、匿名性の高さといった特徴があります。そのため、上記の公権力による統制が十分に機能しないことも考えられます。そこで近年では、違法・有害情報の流通を抑制する門番としての役割が、媒介者に求められるようになってきました。たとえば、プロバイダ責任制限法（正式名称：特定電気通信役務提供者の損害賠償責任の制限及び発信者情報の開示に関する法律）3条2項は、利用者の表現を媒介者が削除した場合の法的責任を一定の範囲で免除することで、媒介者による権利侵害情報の流通抑制を可能にしています。また、媒介者を法的に規制することを通じて間接的に利用者の表現を統制するという方法（間接規制）

も散見されるようになりました。たとえば、出会い系サイト事業者は、児童を性交等の相手方となるよう誘引する書き込み等の削除義務を負いますが、これは間接規制の一例といえます。（出会い系サイト規制法〔正式名称：インターネット異性紹介事業を利用して児童を誘引する行為の規制等に関する法律〕12条１項）。

このほか、公権力による規制と媒介者の自主規制とが組み合わせられた共同規制という方法もみられます。これは、間接規制のように、公権力が媒介者に特定の義務を課すものではありません。ある事項について法令や行政指導等で一定の方向性を示した上で、媒介者による自主規制の枠内でその実現を図っていくものです。たとえば、青少年インターネット環境整備法17条１項は、携帯電話事業者に青少年有害情報の閲覧を制限するフィルタリングサービスの提供を義務づけていますが、フィルタリングの内容については自主規制に委ねられています。

なお、媒介者を通じた表現の自由の規制は、フィルタリングに代表されるような物理的・技術的構造によって行われることもしばしばです（アーキテクチャによる規制）。児童ポルノのブロッキングはアーキテクチャによる規制の一例です。アーキテクチャによる規制には実効性が高く効率的という利点があります。ただ、その一方で、個別事情を顧慮せずに、利用者の表現の自由や知る自由を一律に制約してしまう面もありますので、この手法の導入にあたっては慎重な検討が不可欠です。

第６章　名誉毀損とプライバシー侵害

1　名誉毀損

1　総　説

かつては大衆への情報伝達手段が報道機関に独占され、情報の「送り手」と「受け手」との分離が顕著でした。そのため、名誉毀損法理は、伝統的に報道機関を表現主体の前提としてきました。しかし現在は、インターネットを用いれば、一個人でも情報の「送り手」になることが可能です。ただ、個人による情報発信は、報道機関の場合とは異なり、内容のチェック体制を経ていません。また、もし個人が日常的に行っている「井戸端談義」と同様の感覚で、ブログやSNSで「井戸端談義」的投稿をしてしまうと、「炎上」や「祭り」を招きかねません。名誉毀損はこういった不用意な情報発信によくみられます。

名誉毀損の法制度には、為政者や有力者に対する批判など政権維持にとって不都合な言論を取り締まる道具として利用された過去があります。自由な政権批判が権力監視に不可欠であることに鑑みれば、名誉毀損の安易な適用には、表現の自由の意義を根本から掘り崩す危険が認められます。表現の自由と名誉権とを調整する際には、この危険にも十分留意することが大切です。

2　名誉の保護

(1)　保護される名誉

名誉には、①現に存在している社会的評価（外部的名誉)、②自らの価値に対する主観的な自己評価（名誉感情)、③その人に対して本来あるべき真の評価（内部的名誉ないし規範的名誉）といった複数の意味があります。しかし判例は、名誉を「人の品性、徳行、名声、信用その他の人格的価値について社会から受ける客観的評価」（最大判1970（昭45)・12・18民集24巻13号2151頁）と定義しており、これは一般に①の意味だと理解されています。

この定義に依拠した場合、虚名（実力以上の評判や名声）にも保護が及ぶことになりそうです。ただ、そうなると権力批判の道が閉ざされ、これでは為政者を利するだけのようにも思われます。しかし、後述するように、内容の真実性等の証明ができれば名誉毀損は免責されますので、虚名を名誉として保護しても特に問題はないとの見解が支配的です。

（２）　名誉毀損の成立要件

名誉毀損は刑事・民事いずれでも責任が問われます。刑法230条は名誉毀損罪（３年以下の懲役若しくは禁錮又は50万円以下の罰金）を定めており、①公然と事実を摘示し、②人の名誉を毀損した場合には、刑事責任が問われます。また同時に、名誉毀損は、民法709条（「故意又は過失によって他人の権利又は法律上保護される利益を侵害した者は、これによって生じた損害を賠償する責任を負う。」）の不法行為にあたりますので、民事上でも責任が問われます。

名誉毀損の成立要件は、刑法上と民法上とで異なります。刑法上は、名誉の毀損に加えて、「公然と事実を摘示」することが必要となるのに対して、民法上は、事実の摘示がなくても、名誉の毀損が生じていれば、不法行為に基づく損害賠償責任等を負います。したがって、具体的な事実の摘示それ自体によって名誉を毀損したのではなく、ある事実を基礎とした意見・論評の表明によって名誉を毀損した場合でも、民法上は不法行為となりえます。

なお、名誉感情は被害者の主観的な感受性に左右されるため、この感情が侵害されただけでは責任を問えません。しかし、名誉感情侵害が、社会通念上許される限度を超える侮辱行為である場合には、これは人格権侵害として不法行為を構成します。

（３）　名誉毀損の有無の判断

（イ）　一般読者基準・一般視聴者基準　　判例は、社会的評価の低下があったか否かの判断にあたっては、「一般の視聴者の普通の注意と視聴の仕方」を基準とすることを求めています（最判2003（平15）・10・16民集57巻９号1075頁〈ダイオキシン事件〉）。同判決は、摘示事実の内容確定についてもこの基準によるべき旨を判示しており、これは「一般視聴者基準」と呼ばれています。

新聞や雑誌の場合も「一般の読者の普通の注意と読み方」という基準（一般読者基準）によります（最判1956（昭31）・７・20民集10巻８号1059頁）。ただし、新聞等の読者と異なり、テレビの視聴者は「音声及び映像により次々と提供される情報を瞬時に理解することを余儀なくされる」という特徴を有するため、判例は、テレビの場合における摘示事実の内容確定に際しては、当該番組の全体的な構成、文字情報の内容、映像および音声に係る情報の内容、放送内容全体から受ける印象等を総合的に考慮することを求めています（前掲最判2003（平15）・10・16〈ダイオキシン事件〉）。

（ロ）　転載・リンク・リツイート等による名誉毀損　SNS 等における転載・リンク等による名誉毀損の場合、当該名誉毀損表現の原作者は第三者です。転載等を行った者は当該表現を転載ないしリンク貼付したに過ぎません。このような場合に、当該表現の原作者だけではなく、転載等を行った者も名誉毀損責任を問われるのでしょうか。

裁判所は、こうした事案でも「一般読者基準」で判断しています（東京地判2012（平24）・5・29判例集未登載）。すなわち、転載やリンクを含んだ文章全体の趣旨等に鑑み、一般読者にどのような印象を与えているかといった観点から判断がなされます。たとえば、転載した記事やリンク先の記事を自らの意見主張の一内容として取り込んだものと評価できれば、転載等を行った者も名誉毀損責任を問われます。反対に、「このようなことを言っている人がいるが、自分は賛成できない」といった趣旨であれば、それは当該ウェブサイトの存在を摘示しているに過ぎず、自己の意見主張として取り込んだことにはなりません。

なお、アンカー掲出やリツイートについても同様のアプローチが妥当するとの立場が有力です。しかし、いわゆる「いいね」機能については、「賛同の意を示すものにとどまり、上記発言と同視することはできない」として、名誉毀損責任を否定した裁判例もあります（東京地判2014（平26）・3・26判例集未登載）。

（４）　死者の名誉毀損

死者に対する名誉毀損罪は、「虚偽の事実を摘示することによってした場合」に限定されます（刑230条２項）。他方、民法上は、死者自らが損害賠償を請求できるわけではないので、名誉毀損を理由とする責任追及はできません。しかし、遺族の有する「故人に対する敬愛追慕の情を受忍し難い程度に害した」ことを理由に不法行為が認められた例はあります（東京高判1979（昭54）・３・14判時918号21頁〈「落日燃ゆ」事件〉）。

（５） ヘイトスピーチ

ヘイトスピーチとは、主として人種、民族、宗教等の集団的属性を有するマイノリティ集団に対しての憎悪・嫌悪の表明や、その集団に対する差別をあおる表現行為のことを指します。特定の個人や団体に対する憎悪等の表明であれば、名誉毀損や侮辱罪等の既存の法制度でも対応が可能ですが、ある属性を有する者一般に向けられたヘイトスピーチの場合、特定個人等の名誉を毀損してはいないため、既存の法制度では対応できません。それゆえ、ヘイトスピーチを一般的に禁圧するためには、特別法の制定が必要だと考えられています。

もっとも、ヘイトスピーチ規制の是非については見解が分かれています。規制消極論者は、規制することで人種、民族、宗教等に関する政治的言論が萎縮するといいます。また、規制ではなく対抗言論に期待すべきとの主張もみられます。他方、規制積極論者は、ヘイトスピーチはその犠牲者に対して強度の精神的被害（場合によっては身体的被害）をもたらし、犠牲者が公的空間に出て反論すること自体を阻害する「沈黙効果」を生じさせるため、対抗言論に期待することは不可能、と指摘します。より多様な見解が自由に流通する言論空間を創出するためには、むしろヘイトスピーチ規制こそが必要、といった主張もあるところです。

日本では、2016年にヘイトスピーチ解消法が施行されました。同法は、本邦外出身者に対する不当な差別的言動を「許されない」ものと規定し、国や地方公共団体に相談体制の整備や教育・啓発活動を義務付けました。しかし、ヘイトスピーチ自体には禁止も罰則もなく、実効性の面では課題が残されたままです。ただ、その一方で、条例に制裁規定を設けることでヘイトスピーチ解消法の理念をより積極的に具体化している自治体もあり、違反者の氏名公表や公共施設の使用不許可、近年は罰金を科す例も見られます。

なお、人種差別撤廃条約４条（a）（b）は締約国にヘイトスピーチ規制を求めていますが、日本は同条約の締結に際し、これらの規定に留保を付しています。

3　名誉権と表現の自由との調整

（1）　名誉毀損の免責要件

（イ）　刑法における名誉権と表現の自由との調整　刑法230条の２は、名誉毀損の免責要件（違法性阻却事由）を定めています。同条１項は、①公共の利害に関する事実に係り（公共性）、②その目的が専ら公益を図ることにあったと認める場合には（公益目的性）、③事実の真否を判断し、真実であることの証明があったときは（真実性）、これを罰しない、と規定しています。そして、これら３要件の充足を加害者が明らかにできた場合には、名誉毀損責任は免責（違法性阻却）されます。

この免責要件には、《公共性を有する表現は、その内容が真実である限り、基本的に名誉保護に優越するが、ただそれが公益目的によらない場合には、その表現行為は保護に値しない》との価値判断が含意されています。これは、立法者の考える名誉権と表現の自由との調整における基本型です。刑法230条の２第３項は、公務員や選挙候補者等に関する場合には②公益目的性がなくても名誉毀損責任が免責される旨を定めていますが、これは、公職者等に関する表現にはより高度の優越性が認められるとの価値判断を前提とした規定といえます。

これに対して、民法には刑法230条の２に相当する免責規定はありません。しかし、同様の免責法理が民事上でも妥当するとの考えが、判例上確立しています（最判1966（昭41）・６・23民集20巻５号1118頁〈「署名狂やら殺人前科」事件〉）。

（ロ）　免責要件の具体的内容　①「公共の利害に関する事実」といえるか否かは、摘示された事実自体の内容・性質に照らして客観的に判断されます。犯罪行為に関する事実は、刑法230条の２第２項により「公共の利害に関する事実」とみなされます。公職の候補者等についても、同３項を根拠に、同様に解されます。しかし、この他は個別判断となります。たとえば、私人による私生活上の行状であっても、その私人がたずさわる社会的活動の性質や社会に及ぼす影響力の程度いかんでは、「その社会的活動に対する批判ないし評価の一資料」として公共性が認められる場合があります（最判1981（昭56）・４・16刑集35巻３号84頁〈「月刊ペン」事件〉）。

②公益目的性については、当該表現を行う主たる動機が「公益を図る目的」

であれば、要件を充足します。敵対感情から表現した場合や人身攻撃が目的の場合には、公益目的性は否定されます。公益目的性の判断では、発言の動機等の主観的要素だけではなく、事実を摘示する際の表現方法や事実調査の程度といった客観的要素も考慮されます。

③真実性については、主要な部分において真実であることの証明が求められます。この証明は、表現時ではなく裁判時を基準とします。また、風評や噂話への言及による名誉毀損の場合には、風評等の存在自体に関する真実性ではなく、風評等の内容に関する真実性の証明が必要となります（最判1968（昭43）・1・18刑集22巻1号7頁）。

（2）　免責要件の緩和（萎縮効果への配慮）

（イ）　相当性の法理　　真実性の証明にはしばしば困難が伴います。もし真実性の証明を厳格に要求すれば、表現者は証明に失敗した場合を恐れて表現行為を差し控えかねません。こうした萎縮効果が生じると、本来であれば適法に表現できた内容さえもが表現されなくなりますので、結果的に公共性を有する情報が社会に行き渡らなくなってしまいます。これは国民の知る権利の点からみても望ましくありません。そこで判例は、この萎縮効果に配慮し、真実性の証明ができない場合でも、「その事実を真実であると誤信し、その誤信したことについて、確実な資料、根拠に照らし相当の理由がある」ときは、犯罪の故意がなく名誉毀損の罪は成立しない、と判断するようになりました（最大判1969（昭44）・6・25刑集23巻7号975頁〈「夕刊和歌山時事」事件〉）。

真実性の要件を緩和するこの判例法理を、「相当性の法理」といいます。判例は、「相当性の法理」を刑事・民事を通じて採用しています。ただ判例は、誤信相当性（真実であると誤信した相当の理由）の肯定にはやや慎重です。たとえば、捜査当局の公式発表前に行った捜査関係者への取材だけでは誤信相当性は認められません。その提供された情報に関する裏付け取材が必要となります（最判1972（昭47）・11・16民集26巻9号1633頁）。また、定評のある通信社の配信記事を裏付け調査なくそのまま掲載した事案でも、最高裁は誤信相当性を否定しており、いわゆる「配信サービスの抗弁」を採用しませんでした（最判2002（平14）・1・29民集56巻1号185頁〈ロス疑惑記事配信事件〉）。しかし、通信社と新聞社とが「報道主体としての一体性」を有すると評価でき、通信社において誤信相当性が認められる場合には、特段の事情のない限り、新聞社にも誤信相当性を認めてよい、とした判例もあります（最判2011（平23）・4・28民集65巻3号1499頁）。

(ロ)　現実的悪意の法理　「相当性の法理」は、誤信相当性の証明を表現者側（加害者側）に負担させるものでした。しかし、公共的表現の名誉権に対する原則的優位を承認し、公共的表現に対する萎縮効果の可及的除去を目指すのであれば、真実性や誤信相当性の証明責任を表現者側に負わせることには疑問もあります。

この点、アメリカでは、《公共性を有する争点に関する討論はできる限り活発であることが民主主義からは要請され、そのためには誤謬を含んだ叙述さえもが自由な討論では不可避である》との考えから、判例では「現実的悪意の法理」が採用されています。この法理は、《公人（public figure）に対する名誉毀損については、「表現者が、その内容の虚偽性を知っていたか、またはその真実性を全く顧慮しなかったこと」（現実的悪意）を、公人側が立証しなければならない》とするものです。そこで、少なくない日本の論者も、萎縮効果の可及的除去のためには「現実的悪意の法理」が導入されるべきと主張しています。

これに対し、同法理の日本への導入は不要とする立場も存在します。名誉毀損訴訟での損害賠償額がアメリカの方が高額であり、日本以上に萎縮効果を除去すべき必要があったという特殊性が、ここでは指摘されています。なお、日本の最高裁も、「現実的悪意の法理」の採用には至っていません（もっとも国会における国会議員の名誉毀損的発言に関する国の賠償責任が争われた事案において、「現実的悪意の法理」の影響を示唆している例もあります〔最判1997（平9）・9・9民集51巻8号3850頁〈病院長自殺事件〉〕）。

(ハ)　インターネットの個人利用者による名誉毀損　情報の「送り手」と「受け手」の分離状況では、「送り手」と同等の言論手段を有しない名誉毀損の被害者が、効果的な反論をすることなど到底不可能です。それゆえ、被害者の名誉保護のためには、国家権力による言論空間への介入も時に必要となります。しかし、インターネット上では、利用者は対等に言論を取り交わすことが可能です。そこで、少なくない学説は、インターネット上の名誉毀損の場合には、《言論の弊害は（対抗）言論で対処すべきであり、その可能性がない場合にはじめて国家による救済が図られるべき》とする「対抗言論の法理」が妥当する、と説いています。要するに、インターネット上の名誉毀損の被害者は「対抗言論」により名誉回復が可能なので、まずはそうすべき、というわけです。

とはいえ、この法理の主唱者も、《「対抗言論」が機能するためには、(a) 両当事者が対等な言論手段を有しており、(b) 被害者に反論の負担を要求したとしても不公平とは言えない事情（たとえば、被害者が自ら討論の場に身を置いた場合等）が必要である》旨を指摘しています。それゆえ、インターネット上といえども「対抗言論の法理」の適用範囲は限定的と解すべきでしょう。

下級審判例の中には、この法理の採用を示唆するものがあります。その一例がラーメンフランチャイズ事件第1審判決（東京地判2008（平20）・2・29刑集64巻2号59頁）です。この事案では、あるラーメンフランチャイズがカルト教団と深い関係にある旨を個人のウェブページ上で掲載したことが問題となりました。そして、裁判所は、①インターネット上の名誉毀損の被害者は「対抗言論」が可能であること、②インターネット上の情報は信頼性が低いこと等を根拠に、表現者側により有利な判断枠組みを提示しました。具体的には、《「公共の利害に関する事実」についての名誉毀損の場合には、「加害者が、摘示した事実が真実でないことを知りながら発信したか、あるいは、インターネットの個人利用者に対して要求される水準を満たす調査を行わず真実かどうか確かめないで発信したといえる」ときにはじめて、加害者に名誉毀損責任を問いうる》といった判断枠組みです。

これは「現実的悪意の法理」を彷彿させる判示であり、ここでは名誉毀損の免責範囲が「相当性の理論」より明らかに拡張されています。また、この判断枠組みでは、一個人の有する真実調査能力にも関心が向けられており、「インターネットの個人利用者に対して要求される水準」での真実調査が求められているに過ぎません。この背後には、「アマチュア」たる個人に対してマス・メディアと同等の真実調査を要求することになれば、「アマチュア」の表現に著しい萎縮効果が及ぶことになる、との懸念があるものと思われます。

しかし、最高裁は、今なお「相当性の理論」を堅持しています。ラーメンフランチャイズ事件上告審（最決2010（平22）・3・15刑集64巻2号1頁）は、①個人利用者がインターネット上に掲載したものであるからといって閲覧者が信頼性の低い情報として受け取るとは限らない、②インターネット上の情報は瞬時に閲覧可能となり、名誉毀損の被害が時として深刻となりうる、③インターネット上の反論によって十分に被害の回復が図られる保証はない、といった理由を示し、インターネットの個人利用者による名誉毀損の場合であっても他の場合と同様の基準により誤信相当性判断を行うべき旨を判示しています。

もっとも、個人利用者によるブログやSNSでの書き込みの相当数は、報道記事等を引用しコメントをするというものです。それゆえ、もし最高裁が、原記事の真偽に関して独自調査するよう個人利用者に求めているのだとすれば、これは個人利用者にとってはかなり厳しい要求といえるでしょう。

（4）　意見･論評の表明による名誉毀損

名誉毀損には、事実の摘示によらず意見や論評によってなされるものもあります。この場合、刑法上の名誉毀損罪は問えませんが、民法709条の不法行為責任を問うことは可能です。

意見・論評による名誉毀損の場合には、事実の摘示による名誉毀損の場合とは異なる免責要件が妥当します。なぜなら、事実の摘示の場合にはその真偽が証拠により証明可能ですが、意見・論評の場合には、その是非自体を証拠で証明することはできないからです。また、意見・論評の是非を公権力が判断すること自体、そもそも許されることではありません。

そこで判例は、意見・論評の表明による名誉毀損の場合には、意見・論評の是非には踏み込まず、意見・論評の前提となっている事実（論評の対象となっている事実）の真実性を問うというアプローチを採っています。具体的には、①公共の利害に関する事実に係り、②その目的が専ら公益を図ることにあって、③意見・論評の前提としている事実が重要な部分について真実であることの証明があった場合、または、③'上記事実の重要な部分を真実と信ずるについて相当の理由があった場合には、④人身攻撃に及ぶなど意見ないし論評としての域を逸脱したものでない限り、免責されることになります（最判1997（平9）・9・9民集51巻8号3804頁〈ロス疑惑訴訟夕刊フジ事件〉）。これは一般に「公正な論評の法理」と呼ばれるものです。この法理による限り、たとえ辛辣な意見であっても、それが人身攻撃にわたらない公正な論評といえるならば、不法行為とはなりません（なお、事実に基づかない意見・論評の場合には絶対的保護が与えられるとの見解もありますが、名誉侵害が存在する以上、④の要件充足は必要だと思われます)。

学説の中には、事実の摘示と意見・論評との区別を疑問視するものもあります。しかし、最高裁は、問題となる表現の内容が、「証拠等をもってその成否を決することが可能」な場合には事実の摘示、「証拠等による証明になじまない物事の価値、善悪、優劣についての批評や論議など」は意見・論評の表明であるとして、両者を区別しています（最判2004（平16）・7・15民集58巻5号1615頁〈「新・ゴーマニズム宣言」事件〉)。

2　プライバシー侵害

日本において、プライバシー権は、「宴のあと」事件判決（東京地判1964（昭39)・9・28下民15巻9号2317頁）が「いわゆるプライバシー権は私生活をみだりに公開されないという法的保障ないし権利として理解される」と明言して以来、不法行為法上保護される人格的利益の一内容として理解されてきました。また憲法上でも、京都府学連事件判決（最大判1969（昭44)・12・24刑集23巻12号1625頁）が、「みだりにその容ぼう・姿態……を撮影されない自由」を憲法13条により保障される私生活上の自由の1つとして承認しており、プライバシー権は「新しい人権」の1つという理解が、学説においても定着しています。

プライバシー権をめぐる紛争は、公権力と私人の間の場合と、私人相互間の場合とで区別されます。前者では主に憲法上のプライバシー権侵害が、後者では民法上の不法行為が問題となります。また、名誉毀損の場合と異なり、プライバシー侵害を一般的に取り締まる刑罰規定はありません。問いうるのは基本的に民事責任のみです。

1　プライバシーの概念

プライバシー権がはじめて提唱されたのは、19世紀末にアメリカのウォーレンとブランダイスという2人の法律家によって執筆された論文においてでした。当時はイエロー・ジャーナリズムによる私生活の暴露報道が問題となっており、彼らはプライバシー権を「ひとりで放っておいてもらう権利」の意味で理解していました。1960年代になると、このプライバシー権は、プロッサーにより①私生活への侵入、②私事の公開、③公衆に誤認させるような公表、④氏名・肖像などの営利的利用という４つの侵害類型（プロッサーの４類型）に整理されました。もっとも、③は名誉毀損や名誉感情侵害として、④はパブリシティ権侵害として再構成しうるものであったこともあり、日本では伝統的に、プライバシー権は私事の公開や私生活への侵入からの保護を求めるものと理解されてきました。

その後、高度情報化社会の進展に伴い、個人情報の大量収集・保管が可能になると、情報の検索・結合を通じた私事の探索が現実的な脅威となりました。これによりプライバシー権の内容拡充を求める声が大きくなると、学説では、プライバシー権を「自己情報コントロール権」と捉える立場が有力となりました。この学説では、取り扱われる情報自体の私事性・秘匿性もさることながら、情報取扱いの適切性に重大な関心が払われました。そして、権利の内容としては、本人の意に反する個人情報の取得・利用・開示等の禁止といった自由権的側面だけではなく、本人による開示・訂正・抹消等の請求といった作為請求権的側面も主張されるようになりました。ただし、後者の側面は抽象的権利と解されており、その実現には法律による具体化が必要と考えられています。

近年は、プライバシーをめぐる「構造論的転回」と呼ばれる動きもあります。情報のデータベース化やネットワーク化が高度に進行している現在、多くの人は自分の情報の取り扱われ方に漠然とした不安を抱いている状況です。この不安は、表現活動をはじめ様々な行動の萎縮をもたらしうるものです。それゆえ、近年のプライバシー権論は、その権利の射程を個人の法益侵害に対する事後的な救済にとどまらず、情報システムやデータベースの構造ないしアーキテクチャ全体のコントロールにまで及ぼしつつあります。

2　プライバシー権と表現の自由との調整

プライバシー侵害に関する事案類型は多岐にわたりますが、以下では、表現行為によってプライバシー侵害が生じた事案に焦点を当て、両者の調整のあり方を見ていくことにします。

（1）　判断枠組みの概観

(イ)　プライバシー３要件　　国内ではじめてプライバシー権を承認した

「宴のあと」事件判決（前掲東京地判1964（昭39）・9・28）は、プライバシー権が今日のマスコミュニケーションの発達した社会で個人の尊厳を保ち幸福追求権を保障する上で必要不可欠であるとして、これを不法行為法上保護される人格的利益であると位置付けました。そして同判決は、公開された情報の内容が、①私生活上の事実または事実らしく受け取られるおそれがある（私事性）、②一般人の感受性を基準として公開されることを欲しない（秘匿性）、③一般の人々に未だ知られていない（非公知性）の３要件（プライバシー３要件）を充足する場合には、プライバシー侵害が認められると判示しています。

もっとも、この３要件を満たしたとしても、常に不法行為が成立するわけでありません。たとえば、当該情報が公共の利害に関する事実などの「正当な公共の関心事」に当たる場合には、表現の自由がプライバシー権に優越し、不法行為の成立が否定されます。ただし、名誉毀損の場合とは異なり、真実性ないし誤信相当性を理由とする抗弁は認められません。なぜなら、プライバシー保護の観点からすれば、私事の暴露はそれが真実であったとしても（あるいは、真実であればなおさら）許されないと考えられるからです。

(ロ)　最高裁における個別的比較衡量　もっとも、最高裁はこの３要件には依拠せず、個別的比較衡量の手法で不法行為の成否を判断しています。たとえば、少年事件の仮名報道が問題となった長良川リンチ殺人報道事件の上告審判決（最判2003（平15）・3・14民集57巻3号229頁）は、「プライバシーの侵害については、その事実を公表されない法的利益とこれを公表する理由とを比較衡量し、前者が後者に優越する場合に不法行為が成立する」と述べた上で、衡量の際の考慮事項として、少年の年齢や社会的地位、犯罪行為の内容、情報伝達の範囲、被害の程度、記事の目的・意義、公表時の社会的状況、公表の必要性等を挙げています。このように、最高裁は幅広い事項を考慮して不法行為の成否を判断するよう求めています。

個別的な衡量が必要とされる背景には、公表される個人情報の性質に応じてプライバシーの要保護性が異なるため類型的な衡量を行うことは困難、という事情があるように思われます。しかし、多様な諸要素の考慮を必要とする最高裁のアプローチに対しては、表現者側の予見可能性を奪うこととなり表現の自由に対する萎縮効果が強くなりすぎてしまう、との批判もあります。

（2）　刑事事件におけるプライバシー

（イ）　前科等　　最高裁は、前科等に関してプライバシーの概念を用いてはいません。しかし、ノンフィクション作品において実名で前科等が公表されたことが問題となったノンフィクション「逆転」事件（最判1994（平6）・2・8民集48巻2号149頁）において、最高裁は、前科等は「名誉あるいは信用に直接にかかわる」として、これが「公表されないことにつき、法的保護に値する利益を有する」と判示しています。これは、実質的には前科等にプライバシー該当性を認めたものと考えられています。

しかし他方で、最高裁は、「事件自体を公表することに歴史的又は社会的な意義が認められるような場合」には実名での前科等の公表も許されるとし、前科等を公表されない法的利益が優越する場合に限って不法行為の成立が認められる、との立場を採っています。

この事件では、有罪判決から本件著作の刊行までに12年余りの歳月が経過していたという事情（「時の経過」）が、前科等を公表されない利益の優越を根拠づける要素として強く影響し、最終的には不法行為が認定されました。この「時の経過」論は、近年、いわゆる「忘れられる権利」の問題を考える際にも重要な視点を提供するものとして、改めて注目を集めています。

（ロ）　少年の推知報道　　少年法61条は、少年事件の推知報道を禁止していますが（ただし、18歳以上の少年による重大事件では推知報道も可能）、違反に対する処罰を規定してはいません。とはいえ、同条違反は個別的比較衡量の際の考慮事項とはなり得ますので、同条は決して空文化してはいません。

長良川リンチ殺人報道事件では、少年の仮名報道が少年法61条違反となるかが問題となりました。最高裁は、不特定多数の一般人における推知可能性がないことを理由に、同条違反は認めませんでした。しかし、当該少年と面識がある者には推知可能性が認められたため、プライバシー侵害等の観点からの検討はなされました。加えて、同事件では名誉毀損も問題となりましたが、最高裁は、「被侵害利益ごとに違法性阻却事由の有無等を審理し、個別具体的に判断すべき」と述べて、名誉毀損については刑法230条の2の内容に準じた免責要件で、プライバシー侵害については個別的比較衡量で、それぞれその違法性を判断しました。そして、最終的には、不法行為責任を肯定した控訴審判決を破棄差戻しとしています（前掲最判2003（平15）・3・14）。

（3）　モデル小説

モデル小説は、ノンフィクションとは異なり、現実と虚構とが混在している点にその特徴があります。前掲「宴のあと」事件判決のプライバシー3要件では、私生活上の「事実」だけではなく「事実らしく受け取られるおそれ」が要件として挙げられていました（①）。これは、小説内で描かれているのがたとえ虚構だとしても、それが読者において事実として受け取られ、当該個人の虚像が形成されてしまうことを問題視し、このような場合にもプライバシー侵害を認めようとした趣旨だと考えられています。

また、小説のモデルが著名人ではない場合でも、本人の身近な者にとってモデルと本人とが同定可能であれば、プライバシー侵害は認められます。たとえば、「石に泳ぐ魚」事件判決（最判2002（平14）・9・24判時1802号60頁）は、顔面に大きな腫瘍を持つ女性を作品中に登場させたモデル小説について、この女性と同様の身体的特徴や経歴を有する作者の友人のプライバシー権等が侵害されたとして、出版差止めを認めています。

（4）　インターネット上のプライバシー侵害

（イ）　転載・リンク等　　転載・リンク・リツイート等に関する基本的な考え方は、名誉毀損の場合と同様です。たとえば、本人が書いた本文にはプライバシー侵害がなかったとしても、プライバシーを侵害しているリンク先の原記事の内容を自己の表現の一部として取り込んでいるとみなされる場合には、リンク貼付を行った本人にもプライバシー侵害が認められることになります。

また、投稿者の「書き込み」を見る限りでは、私事が暴露された対象者を本人だと特定しえない場合でも、リンク先等の記事と関連付けて読むことにより本人特定が可能となるときは、プライバシー侵害となりえます。同様のことは、電子掲示板での投稿について、スレッド内に散らばっている他の複数の投稿を組み合わせることで本人特定が可能となる場合にも当てはまります。なお、ここでの本人特定性の判断は「一般読者基準」で行われます。

（ロ）　忘れられる権利　　近年、インターネット上の自己情報が、適切な時を経過した後も残されている場合に、その削除を求める権利として、「忘れられる権利」が主張されることがあります。たとえば、自己の前科・逮捕歴等がウェブサイトや掲示板に掲載されているだけであれば、従来のプライバシー権でも、その掲載者自身に対して不法行為責任を問うことは可能です。しかし、検索サービスの検索結果としてこれらのサイト情報等が表示される場合に、掲載者本人ではなく検索事業者に対してこのサイト情報等の削除を求めるのであれば、別途の考慮が必要となります。日本では、主にこうした場面で「忘れられる権利」の主張が行われています。

しかし、最高裁は、「忘れられる権利」の概念を用いることには慎重な態度をとっています。検索サービスで自己の氏名と居住県等を入力して検索すると自己の逮捕事実が記載されたウェブサイトのURL、表題、スニペット（抜粋）が検索結果として表示されるため、その検索結果の削除を求めた事件において、最高裁は、「忘れられる権利」ではなく「個人のプライバシーに属する事実をみだりに公表されない利益」という従来の概念に基づいて、その請求の当否を審査しています。また、判断枠組みにおいても、「当該事実を公表されない法的利益と当該URL等情報を検索結果として提供する理由に関する諸事情を比較衡量して判断すべき」という個別的比較衡量の立場を採っており、従来のアプローチの枠内で事案の解決を図っているといえます（最決2017（平29）・1・31民集71巻1号63頁〈Google検索結果削除請求事件〉）。

(ハ)　リベンジポルノ　　近年、元交際相手や元配偶者が交際解消や離婚を逆恨みして相手方の性的画像をインターネット上に公開するいわゆるリベンジポルノが問題となっています。リベンジポルノは性的なプライバシーを侵害する行為であり、被害者に重大で回復困難な損害をもたらすものです。日本では2014年にリベンジポルノ防止法（正式名称：私事性的画像記録の提供等による被害の防止に関する法律）が制定され、被害の発生・拡大の防止が図られています。同法によれば、第三者が撮影対象者を特定できる方法で、私事性的画像のデータをメール等で不特定または多数の者に送信したり、SNS等にアップした場合には、3年以下の懲役または50万円以下の罰金となります（3条1項・2項）。

3　肖像権

（1）　肖像権の概念

肖像権とは、自分の肖像をみだりに絵画・彫刻・写真等の方法により作成・

利用・公表されない権利をいい、これは人格権の１つと考えられています。最高裁は、前掲京都府学連事件で、「肖像権と称するかどうかは別として」との留保を付きではありますが、「みだりにその容ぼう・姿態……を撮影されない自由」を憲法13条から導出しています。これは実質的には肖像権を憲法上承認したものと、一般に理解されています。

肖像権の侵害態様には、①自己の肖像の無断作成、②作成された肖像の無断公表、③自己の肖像の無断での営利利用があると考えられています。判例は、被告人を法廷内で隠し撮りした写真やそのイラスト画を写真週刊誌に掲載したことが問題となった和歌山毒物カレー事件の上告審判決（最判2005（平17）・11・10民集59巻９号2428頁）において、前掲京都府学連事件判決を参照しつつ、「みだりに自己の容ぼう等を撮影されないということについて法律上保護されるべき人格的利益」が不法行為法上も認められることを確認しています。また、同判決は「公表されない人格的利益」も同様に承認しており、①と②が肖像権侵害に当たることは判例上確立しています。

さらに①と②については、プライバシーとの密接な関連を指摘することもできます。たとえば、写真撮影は、肖像の作成であると同時に、撮影時の被写体の行為・状況の記録でもあり、場合によっては私生活上の個人情報の取得ともなりえます。また、これが公表されれば、私生活上の事実の公表にもなるでしょう。それゆえ、憲法学説では、肖像権をプライバシー権の一内容と解する立場が有力です。

他方、③は肖像が有する経済的価値に着目している点で、①や②とは性質が異なります。そこで判例は、③を「パブリシティ権」として再構成し、個別に議論を展開しています（最判2012（平24）・２・２民集66巻２号89頁〈ピンク・レディー事件〉）。

（２）　肖像権と表現の自由との調整

（イ）　判断枠組み　　報道等において、関係者の写真や映像が果たす役割は小さくありません。それゆえ、肖像権と表現の自由との調整が必要となります。下級審の裁判例の多くは、(a)　事実の公共性、(b)　目的の公益性、(c)　手段の相当性の３要件を充足する場合に、肖像権侵害の免責を認めています。たとえば和歌山毒物カレー事件の第一審判決も、この３要件アプローチを採っています（大阪地判2002（平14）・２・19民集59巻９号2445頁）。これに対して、最高裁は、この３要件アプローチではなく総合考慮型の審査を行っています。たとえば、前掲和歌山毒物カレー事件上告審判決は、「人の容ぼう等の撮影が正当な取材行為等として許されるべき場合もある」と指摘した上で、撮影行為が不法行為となるかどうかは、「被撮影者の社会的地位、撮影された被撮影者の活動内容、撮影の場所、撮影の目的、撮影の態様、撮影の必要性等を総合考慮」して、「社会生活上受忍の限度」を超えるか否かで判断すべき、としています。また、同上告審判決は、撮影（①肖像の無断作成）が違法と評価される場合には、写真の公表（②肖像の無断公表）も違法性を有すると述べ、①と②の双方とも同様の判断枠組みによるべきことを明らかにしています。

このような総合考慮型の審査は、事案に応じた柔軟な判断を可能とする一方で、結論の予見可能性を失わせる面を有します。そのため、現場からは、写真公表の可否に関する判断過程の客観化が強く求められてきました。そこで、デジタルアーカイブ学会は「肖像権ガイドライン」を策定し、2021年４月に公表しました。ここでは、各裁判例の考え方を参考にしつつ、考慮要素ごとに侵害度合いを数値化し、点数計算の方法によることで総合考慮の客観化が図られています。

（ロ）　被写体の特定　　肖像権においても、名誉毀損やプライバシー侵害の場合と同様、被写体が特定されなければ肖像権侵害とはなりません。プライバシー侵害の場合は、不特定多数の一般人ではなく、知人や面識のある者において本人特定の可能性があればその侵害が認められましたが、肖像権の場合もこれと同様と解されています。

また、SNS等に掲載した画像に他人が映り込んでいる場合には、モザイク加工等がなされていれば同定可能性は除去されます。そうでない場合には肖像権侵害の問題を惹起しますが、「社会生活上受忍の限度」を超えなければ違法とはなりません。たとえば、観光名所の歴史建造物を撮影した際の映り込み等であれば受忍限度内と評価される可能性は高いでしょう。これに対して、画像内でこの他人がアップになっているなど、画像の主内容を構成していると評価される場合には、違法となる可能性が高いでしょう。なお、モザイク加工がなされていても、併せて掲載されている記事等により本人特定が可能である場合には、別途プライバシー侵害の問題が生じえます。

(ハ)　被写体の同意　肖像の作成・公表に本人同意がある場合、基本的には肖像権侵害の問題は生じません。しかし、明示の同意がない場合でも、被写体自らが積極的に画角に入ってくるなど、撮影時の状況から黙示の承諾が認められるときは、肖像権侵害が否定されることもあります（東京地判2007（平19）・9・14判例集未登載）。また、当初は承諾を得て撮影した写真であっても、承諾なく別目的でこれを利用した場合には肖像権侵害になりえます（東京地判2006（平18）・5・23判時1961号72頁）。インターネット上に自ら顔写真を公開した場合でも、その肖像がどのように利用されるかは被撮影者の意思に委ねられるべきであるため、第三者による公開方法次第では、その公開済み写真の掲載も肖像権侵害となりえます（東京地判2019（令1）・6・26判例集未登載など）。

(ニ)　イラスト画　前掲和歌山毒物カレー事件上告審判決は、イラスト画についても写真等と同様に肖像権の成立を認めています。しかし、他方で同判決はイラスト画と写真との違いも強調しており、イラスト画は被撮影者をありのままに示す写真とは異なり、作者の主観や技術を反映したものであると指摘しています。そして、「社会生活上受忍の限度」性の判断にあたっては、同判決はこの両者の違いが参酌されなければならないと述べ、最終的には、写真掲載には不法行為を認定する一方で、イラスト画については不法行為を認定しませんでした。ただし、手錠・腰縄姿のイラスト画には不法行為を認定していますので、イラスト画の掲載であっても、不名誉な要素を含んだ表現となっている場合には、その免責は限定的なものになると解されます。

(3)　パブリシティ権

パブリシティ権とは、人の氏名や肖像を利用する際に生じうる経済的価値を利用する権利をいいます。肖像権は人格権の1つと解されますが、パブリシティ権は財産的権利の面が強いため、その位置付けには争いがあります。ただ最高裁は、肖像等が有する「顧客吸引力を排他的に利用する権利（以下「パブリシティ権」という。）は、肖像等それ自体の商業的価値に基づくものであるから、上記の人格権に由来する権利の一内容を構成する」としており、パブリシティ権を人格権に位置付けています（前掲最判2012（平24）・2・2〈ピンク・レディー事件〉）。

もっとも、顧客吸引力を有する肖像の無断使用のすべてが、パブリシティ権侵害として不法行為になるわけではありません。不法行為となるのは、「専ら肖像等の有する顧客吸引力の利用を目的とするといえる場合」に限られます。具体例としては、①肖像等それ自体を独立して鑑賞の対象となる商品等として使用する、②商品等の差別化を図る目的で肖像等を商品等に付す、③肖像等を商品等の広告として使用する、といった場面が挙げられます（前掲最判2012（平24）2・2〈ピンク・レディー事件〉）。

また、人ではなく物についてもパブリシティ権が認められるかという論点もあります。ただ判例は、法令等の根拠もなく「所有者に対し排他的な使用権等を認めることは相当ではな」いとして、物のパブリシティ権を否定しています（最判2004（平16）・2・13民集58巻2号311頁〈ギャロップレーサー事件〉）。

3　救済・予防手段

1　損害賠償

表現活動により名誉やプライバシーが侵害された場合、民法上の不法行為を理由に損害賠償を請求することができます（民709条・710条）。近年は賠償額が高額化しており、被害者救済という点では前進しています。しかし、賠償額の高額化は、マス・メディアの経済的基盤を揺るがしかねず、表現の自由に萎縮効果を生じさせる面があるので、この点には注意が必要です。

インターネット上の名誉毀損等では、加害者の特定ができず損害賠償請求自体が不可能な場合があります。そのため、プロバイダ責任制限法は、発信者情報開示請求権を創設し、《①情報の流通によって開示を請求する者の権利が侵害されたことが明らかであり、かつ、②損害賠償責任を追及するために必要であるなど正当な理由がある場合》であれば、発信者情報の開示をプロバイダ等に請求できることとしています（4条1項）。

2　訂正広告・謝罪広告・反論文の掲載

裁判所は、名誉毀損の加害者に対して、「損害賠償に代えて」または「損害賠償とともに」、名誉を回復するのに「適当な処分」を命ずることができます（民723条）。訂正広告や謝罪広告はその典型です。謝罪広告の強制は良心の自由

（憲19条）との関係で問題となりえますが、最高裁は、謝罪広告が「単に事態の真相を告白し陳謝の意を表明するに止まる程度のもの」であることを理由に、良心の自由の侵害とはならないと判示しています（最大判1956（昭31）・７・４民集10巻７号785頁〈謝罪広告事件〉）。

名誉毀損の被害者が、救済の一環として反論権を主張することもあります。反論権とは、新聞記事等によって批判・攻撃された者が、その新聞等に反論文を無料で掲載するよう求める権利をいいます。この反論権の主張は、情報の「送り手」と「受け手」の分離状況においては「受け手」に有効な反論手段がないことを根拠としますが、判例は、意に反する反論文の掲載強制は、批判的記事の掲載を躊躇させ表現の自由を間接的に侵すおそれが多分にあるとして、反論権の具体的権利性を否定しています（最判1987（昭62）・４・24民集41巻３号490頁〈サンケイ新聞事件〉）。もっとも、この判例では、「不法行為が成立する場合にその者の保護を図ることは別論として」との留保が付されていますので、民法723条に基づき裁判所が反論文掲載を命じうる可能性は、完全には否定されていません。

3　事前差止め・削除請求

問題のある表現物の発行を事前に差し止めることが可能であれば、名誉毀損やプライバシー侵害等の権利侵害をより実効的に予防することができます。この点、名誉毀損等を理由とする差止請求権を認めた明文規定はありませんが、判例上、「人格権としての名誉権」に基づき差止めを求めることが認められています（最大判1986（昭61）・６・11民集40巻４号872頁〈「北方ジャーナル」事件〉）。とはいえ、表現行為の事前差止めは、「厳格かつ明確な要件」のもとでしか許容されません。とりわけ表現内容が「公共の利害に関する事項」である場合には、事前差止めは原則許されません。この場合に例外的に差止めが許されるのは、①表現内容が真実でなく、または、それが専ら公益を図る目的のものではないことが明白であって、かつ、②被害者が重大にして著しく回復困難な損害を被るおそれがある、という実体的要件を充足し、さらに、③名誉毀損の加害者側に口頭弁論や債務者審尋の機会を与える、といった手続的要件も充足しているときに限られます。もっとも、この手続的要件は、実体的要件の充足に関して加害者側に主張立証の機会を設けるためのものなので、手続を行うまでもなく被害者側の提出資料によって実体的要件の充足が認められる場合には、裁判所は上記手続を経ずに差止めを命ずることができます（前掲最大判1986（昭61）・6・11〈「北方ジャーナル」事件〉）。

これに対して、プライバシー侵害を理由とする事前差止めの要件は、判例上明らかではありません。下級審判例の中には、名誉毀損における差止め要件を参照しつつ、これをプライバシー侵害の事案にフィットするように修正して、《本件記事が、①公共の利害に関する事項に係るものとはいえない、②専ら公益を図る目的のものでないことが明白、③被害者が重大にして著しく回復困難な損害を被るおそれがある》といった要件で判断している例もあります（東京地決2004（平16）・3・19判時1865号18頁、東京高決2004（平16）・3・31判時1865号12頁〈週刊文春事件〉）。しかし最高裁は、前掲「石に泳ぐ魚」事件判決において、その原審判決（東京高判2001（平13）・2・15判時1741号68頁）を要約的に引用し、「侵害行為の対象となった人物の社会的地位や侵害行為の性質に留意しつつ、予想される侵害行為によって受ける被害者側の不利益と侵害行為を差止めることによって受ける侵害者側の不利益とを比較衡量して決すべき」と述べるにとどまっています。これは、比較衡量のアプローチに依拠したものといえるでしょう。なお、学説の中には、プライバシーは名誉とは異なり一度侵害されると回復が困難であり、事前差止めによる救済の必要性が高いため、差止めの要件を緩和して考える必要がある、と主張するものもあります。

なお、最高裁は、プライバシー侵害を理由に検索サービスの検索結果からの削除を請求する場合にも、比較衡量のアプローチに拠っています。ただし、削除請求が認められるのは、比較衡量の結果、「当該事実を公表されない法的利益が優越することが明らかな場合」に限られます（前掲最決2017（平29）・1・31〈Google 検索結果削除請求事件〉）。ここで「明らか」であることが求められたのは、検索事業者による検索結果の提供が「現代社会においてインターネット上の情報流通の基盤として大きな役割を果たしている」ことに鑑み、検索結果が安易に削除されることのないよう配慮したため、と考えられています。

第７章　表現活動と「場」の規制
——内容中立規制

1　「場」に関する規制

1　表現活動にとっての「場」の重要性

表現活動の典型は、モノを書いたりすることですが、そのためには「紙」という媒体が必要不可欠です。同じように、たとえば聴衆に演説を聞かせたり、ビラを貼ったりするためには「場（スペース）」が必要になります。こうした表現活動と「場」をめぐる規制について、最近では、大阪のエル・おおさか（府立労働センター）で開催された「表現の不自由展」が、展示内容をめぐり施設利用の承認を取り消され、裁判所が府の判断を覆した一件があります。またこれ以外にも、「マネキン・フラッシュモブ」をめぐる海老名市自由通路に関する裁判にも注目すべきでしょう。

実は表現活動を行うための「場」には、法令により様々な制約が課せられていることが珍しくありません。たとえば、「道路」については、道路交通法と各都道府県の規則が定められていますし、私有地についてはそもそも他人の所有権や住居権等を保護するため、民法上の保護はもちろん、建造物・住居侵入が刑法で規制されています。また後述するように、近年は「ドローン」の普及により、空中からの撮影活動が容易になりましたが、実はこの空中という「場」にも規制がかけられています。

先の第５章で、表現規制の類型として表現内容中立規制の枠組みがあったと思いますが、こうした「場」に関する規制は表現内容そのものに対する規制と比較して、表現の自由の観点から規制が認められやすいと考えられています。特にこうした表現活動「場」は、他者の管理権が及ぶ場所（たとえば他人の住居スペース）であったり、もともと表現活動を目的としていない場所（たとえば公道）であったりすることです。そこでは、他人の権利（財産管理権）や、公益（安全秩序）と、表現活動・撮影活動の利益とが衝突する可能性があります。こ

【図表7-1　絶対的／相対的禁止行為】

道路使用許可と道路における禁止行為との関係

道路の本来の用途に即さない道路の特別の使用行為で、交通の
妨害となり、又は交通に危険を生じさせるおそれのあるもの。

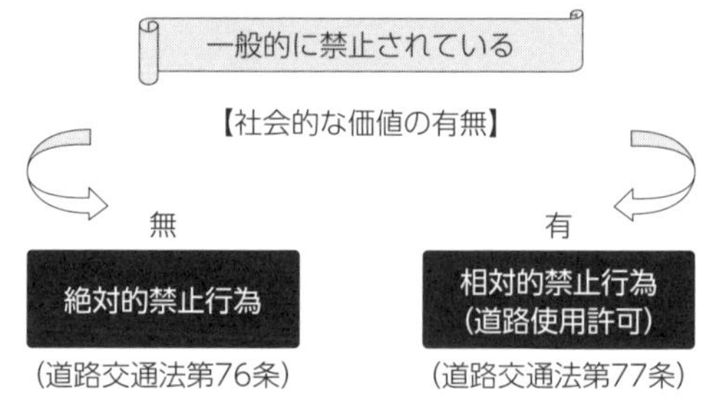

出典：警察庁ウェブサイト「道路使用許可の概要、申請手続等」
（https://www.npa.go.jp/bureau/traffic/seibi2/shinsei-todokede/dourosiyoukyoka/permission.html）

こではまず、一連の表現活動を行う「場」に対する規制にどのようなものが存在するかを学び、表現の自由の観点からその是非について考えてもらいたいと思います。

2　「道路」と表現活動

道路の利用について規制をかけている道路交通法（以下、道交法）は、道路における危険防止、交通安全などを理由に、道路の本来の目的である通行を重視し、一般交通に危険を及ぼす可能性のある活動を一律に禁止しています。ここで重要となるのは道交法76条と77条です。

まず、76条が定めている行為は道交法上、絶対的に禁止されており、ここに規定されている行為は、いかなる理由があっても行ってはならないとされています（＝例外が認められない）。以前、渋谷の交差点に撮影目的でベッドを持ち込んだ Youtuber が問題となりましたが、このような行為は、道交法は76条3項の「何人も、交通の妨害となるような方法で物件をみだりに道路に置いてはならない」という規定に違反する可能性があります。またこれ以外にも禁止されている行為の例としては、「酒に酔つて交通の妨害となるような程度にふらつく」（4項1号）や「交通の妨害となるような方法で寝そべり、すわり、しゃ

がみ、又は立ちどまつている」（４項２号）などがあります。もっとも一般的な表現活動の文脈で問題となるのは、信号機若しくは道路標識等などへの工作物又は物件の設置禁止（２項）でしょう。これは、立て看板を設置するなどが該当する場合があります（あわせて、屋外広告物法と各都道府県条例も参照）。

次に77条が定めている行為は道交法上、相対的に禁止されている行為にあたります。こちらは、事前に申請を行い、許可基準をクリアしたものに許可権者（警察署長）が「許可」を与えて、自由を回復するという仕組みになっています。例としては、道路工事（同１項１号）や露店の設置（同３号）が挙げられます。表現活動の文脈で問題となるのは、たとえば広告板を道路に設置する行為に関する規制（同２号）や、撮影活動におけるロケーション行為の規制です（同４号）。この４号許可に関しては、さらに具体例が各都道府県の道路交通規則で定められているため、表現活動・撮影活動を行う場所が、どの都道府県なのかによって微妙に規則が異なる場合があるので注意が必要です。たとえば、大阪府の道路交通規則の場合、第15条において「法第77条第１項第４号の規定により署長の許可を受けなければならないものとして定める行為」として、（２）「道路において、ロケーション、撮影会、街頭録音会又は踊りをすること」、（４）「道路に人が集まるような方法で、演説、演芸、奏楽、映写、ロケーション等をし、又は拡声器、ラジオ、テレビジョン等の放送をすること」、（７）「広告又は宣伝のため車両等に著しく人目を引くような特異な装飾その他の装いをして通行し、若しくは人が集まるような方法で車両等に備えた拡声器を用いて通行しながら広告又は宣伝をすること」、（９）「交通の頻繁な道路に広告、宣伝等の印刷物その他の物をまき、又は交通の頻繁な道路において通行する者にこれを交付すること」等が挙げられています。

ところで、アーティストが行う「ゲリラ」ライブもまた、こうした道路使用に関する事前許可が必要となります。この点、2009年に人気アーティストが、渋谷でゲリラライブを行った際、道路使用許可をとっておらず、関係者が道交法違反で書類送検されています。つまり、「ゲリラ」ライブといえど、開催を知らないのはあくまで通行人であるという点は、注意したいところです。

またこうした道路交通法に加えて、各地方における安寧秩序の維持のようなより広範な目的で、各都道府県の公安条例により、道路上で行われるデモ活動

（集団示威運動）が規制されていることがあります。徳島県公安条例をめぐる裁判では、最高裁は、デモ行進について、「表現の自由として憲法上保障されるべき要素を有する」としながら、「単なる言論、出版等によるものと異なり、多数人の身体的行動を伴うものであつて、多数人の集合体の力、つまり潜在する一種の物理的力によつて支持されていることを特徴」としているため、「地域住民又は滞在者の利益を害するばかりでなく、地域の平穏をさえ害するに至るおそれがある」と判示しました。そして、公安条例が、道路の交通秩序維持という道交法の目的と異なる「地方公共の安寧と秩序の維持という、より広はん、かつ、総合的な目的」をもっているとします。

そのうえで、この条例には、規制対象として定めた「交通秩序を維持すること」（3条3号）という文言が、どのような行為が規制対象となるのかが具体的にわからず、抽象的ではないかという問題点がありました。この点について最高裁は、刑罰法規の明確性（憲31条）の観点から「立法措置として著しく妥当を欠くものがある」としながらも、「ある刑罰法規があいまい不明確のゆえに」、憲法31条に違反するかどうかは、「通常の判断能力を有する一般人の理解において、具体的場合に当該行為がその適用を受けるものかどうかの判断を可能ならしめるような基準が読みとれるかどうかによつてこれを決定すべき」としました。そして、条例の規定を通常人が読めば、「例えば各地における道路上の集団行進等に際して往々みられるだ行進、うず巻行進、すわり込み、道路一杯を占拠するいわゆるフランスデモ等の行為が、秩序正しく平穏な集団行進等に随伴する交通秩序阻害の程度を超えて、殊更な交通秩序の阻害をもたらすような行為にあたるものと容易に想到することができる」とし、そしてこうした行為は「思想表現行為としての集団行進等に不可欠な要素ではなく、したがつて、これを禁止しても国民の憲法上の権利の正当な行使を制限することにはなら」ないとして、憲法31条に違反しないと判示しています（最大判1975（昭50）・9・10刑集29巻8号489頁）。

また暴走行為や公共の場での集会に対処するため、地域によっては暴走族追放条例が定められています。この点、広島市暴走族追放条例をめぐる裁判がありました。条例は暴走族を「暴走行為をすることを目的として結成された集団」のみならず、「公共の場所において、公衆に不安若しくは恐怖を覚えさせるような特異な服装若しくは集団名を表示した服装で、い集、集会若しくは示威行為を行う集団」と定めたうえで、16条１項１号で「公共の場所において、当該場所の所有者又は管理者の承諾又は許可を得ないで、公衆に不安又は恐怖を覚えさせるようない集又は集会を行うこと」を禁じており、17条で上記のような行為が、広島市が管理する「公共の場所において、特異な服装をし、顔面の全部若しくは一部を覆い隠し、円陣を組み、又は旗を立てる等威勢を示すことにより行われた」場合に、市長が行為の中止や場所からの退去を命令することができました（19条で違反に対する罰則が定められています）。周辺の住民などを威圧したり、危険な暴走行為を煽る暴走族の集会を「表現の自由」の範囲とすべきかは議論がありそうですが、むしろ問題は、この条例によって、暴走族ではない人々による政治的な集会（そうしたものは、時に威圧的になることがあります）までもが、「暴走族」とされて過剰に規制されてしまうのではないか、という点にあるでしょう。最高裁は、この点について、条例だけでなく、条例の施行規則などから読み取れる「暴走族」を「限定的に解釈すれば」、「その弊害を防止しようとする規制目的の正当性、弊害防止手段としての合理性、この規制により得られる利益と失われる利益との均衡の観点」から表現の自由に違反するとまではいえないと判示しています（最判2007（平19）・９・18刑集61巻６号601頁）。

もっともこうした表現活動に関係する行為を規制する法令の不明確さは、表現活動に対する萎縮効果を生む危険もあります。そのため、本来ならば、「基準の広汎、不明確の故に当該規制が本来憲法上許容されるべき表現にまで及ぼされて表現の自由が不当に制限されるという結果を招くことがないように配慮する必要」（最大判1984（昭59）・12・12民集38巻12号1308頁〈札幌税関検査事件〉）があるといえるでしょう。

3　表現活動と道路以外の規制

次に問題となるのが、屋外に広告物を掲示する場合です。この種の規制は屋外広告物法とその委任に基づいて制定された各都道府県・指定市の屋外広告物条例が適用されることになります。その主な規制目的は、美観風致の維持と公衆への危害防止と考えられます。この点、大分県の屋外広告物条例によって広告物の表示が禁止されていた街路樹の支柱に政治演説会の開催告知のメッセージが書かれたプラカード・ポスターを針金で括り付ける行為が、同条例違反を問われた事件につき、最高裁は、「国民の文化的生活の向上を目途とする憲法の下においては、都市の美観風致を維持することは、公共の福祉を保持する所以であり、右の程度の規制は、公共の福祉の止め、表現の自由に対し許された必要かつ合理的な制限と解することができる」として、憲法21条１項に違反するものでないとしています（最判1987（昭62）・３・３刑集41巻２号15頁）。

さらに、表現活動が、私人の権利利益と衝突する場合もあります。特に表現活動は一定時間、特定の場所を占拠し行われることから、そうした活動によって他人の所有権（管理権）を侵害するおそれがあります。民法206条は、財産を所有する者が、法令に反しない範囲では、自分が所有する者の自由に使用、収益及び処分をする権利を私たちに与えているのです。他方でたとえば、皆さんが苦労して購入した広い庭付きマイホームの庭に、ある日突然、何の許可もなしに演説会をするために人が押し寄せたら……という光景をイメージしてください。このように住居に関しては誰を住居に入れ、留まらせるかについて決める権利（住居権）があると考えられています。また住居は人が私生活を営む場でもあり、そうした日常生活の平穏の利益も保護する必要があるでしょう。この点、刑法130条は、建造物等・住居侵入罪を定めています。表現活動において同法が適用される典型例は、マンションの屋上に勝手に侵入して写真撮影を行ったり、ビラ配布を行ったりした場合などです。この点、問題となったのは自衛隊官舎に反戦ビラの配布を行った行為に同罪が適用された立川反戦ビラ配布事件（最判2008（平20）・４・11刑集62巻５号1217頁）があります。このような集合住宅やマンションでのビラ配布について、同罪を適用して逮捕・起訴することは内容中立規制といえますが、他方で、特定の政治的表現を狙いうちで摘発しているおそれを想定すると安易に内容中立とはいえなくなります。このように考えると、内容中立規制であるからといって安易に認めることには注意しなければなりません。

また「鉄道地」に対する規制も近年では注目されます。たとえば、珍しい列車が走る姿をカメラで撮影しようと線路内に立ち入ったりすると、鉄道営業法に違反することになります。過去に芸能人が線路内の写真をアップして書類送検されているほか、線路内に立ち入って撮影行為を行っている「撮り鉄」が摘発された事例もあります。同法35条は「鉄道係員ノ許諾ヲ受ケスシテ車内、停車場其ノ他鉄道地内ニ於テ旅客又ハ公衆ニ対シ寄附ヲ請ヒ、物品ノ購買ヲ求メ、物品ヲ配付シ其ノ他演説勧誘等ノ所為ヲ為シタル者ハ科料ニ処ス」と定めるほか、37条は「停車場其ノ他鉄道地内ニ妄ニ立入リタル者ハ十円以下ノ科料ニ処ス」とされています。35条で車内、停車場その他の鉄道地においては、演説勧誘（ビラ配布も含む）などの一部の行為が禁じられています。また37条で立ち入りが禁じられているような場所（典型例は線路内）への侵入は、処罰対象となります。ただし、後述の「パブリック・フォーラム」論からすれば、駅前広場など一定の場所には自由な表現活動が認められて然るべきと考えられるでしょう。なお、新幹線に関しては、新幹線特例法（正式名称：新幹線鉄道における列車運行の安全を妨げる行為の処罰に関する特例法）があります。新幹線は通常の列車に比べて時速200Km 以上の高速で走行するため（同法１条）、その安全確保について別途で法律が設けられているわけです。同法の３条２号は、「新幹線鉄道の線路内にみだりに立ち入つた者」について、「１年以下の懲役又は５万円以下の罰金に処する」と定めています。

4　撮影ドローンに対する規制

無人航空機ドローンを用いた撮影は、報道用のみならず、最近では個人や報道以外のメディア制作者にとっても手軽な撮影手段として用いられるようになってきました。しかしながら、こうしたドローンの墜落事故（2014年の湘南国際マラソンの事件）や、テロの可能性（2015年の官邸ドローン事件）が指摘されたことで、航空法の改正が行われることとなりました。同法の２条22項は、「無人航空機」について「航空の用に供することができる飛行機、回転翼航空機、滑空機、飛行船その他政令で定める機器であつて構造上人が乗ることができないもののうち、遠隔操作又は自動操縦（プログラムにより自動的に操縦を行うことをいう。）により飛行させることができるもの（その重量その他の事由を勘案してその飛行により航空機の航行の安全並びに地上及び水上の人及び物件の安全が損なわれるおそれがないものとして国土交通省令で定めるものを除く。）」と定めています。

同法では、「無人航空機」の運用に関して２つの規制が設けられています。１つは、「空間」に関する規制です（132条）。高高度や空港近辺といった航空

【図表７－２　ドローンの飛行空間に対する規制】

(A) (B) (C) ……航空機の航行の安全に影響をおよぼすおそれがある空域(法132条第1項第1号)
(D) ……人または家屋の密集している地域の上空(法132条第1項第2号)

※空港等の周辺、150m以上の空域、人口集中地区(DID)上空の飛行許可(包括許可含む。)があっても、緊急用務空域を飛行させることはできません。無人航空機の飛行をする前には、飛行させる空域が緊急用務空域に設定されていないことを確認してください。(令和3年6月1日施行)

出典：国交省ウェブサイト（https://www.mlit.go.jp/koku/koku_fr10_000041.html）

機の飛行の安全に支障が出る空域や人口密集地の上空などを飛行禁止区域と定め、飛行については国土交通大臣の許可制を敷いています。なお令和３年６月１日の改正航空法施行規則の施行により、警察活動や消防活動などのために緊急用務空域が設定された場合には許可があっても飛行が禁止されることになっていますので、注意が必要です。(図表７－２)。これ以外にも、国会・首相官邸や原発といった重要な施設の上空に関するドローン規制として、小型無人機等飛行禁止法（正式名称：国会議事堂、内閣総理大臣官邸その他の国の重要な施設等、外国公館等及び原子力事業所の周辺地域の上空における小型無人機等の飛行の禁止に関する法律）があります。たとえば国会議事堂や議員会館、各省庁施設に加え、防衛関係施設（自衛隊・米軍)、空港などが飛行禁止空域に指定されています。

次に飛行「方法」に関する規制があります（132条の２)。たとえば、飲酒時の飛行や危険飛行等については禁止されていますし、日出から日没までの時間帯に、常時目視で監視しながら、人や物件から適度に離れ、多数の人が集まる場所以外で飛行させなければなりません。また危険物の輸送や物の投下も禁止されており、これらいずれかに抵触する方法で飛行させる場合は、国土交通大臣の承認が必要となります（図表７－３)。

またこうしたドローン規制は、航空法のみならず、各地方自治体における公園条例等でも規制されている場合が多くあります。撮影などでドローンを飛行

【図表７－３　承認を必要とするドローンの飛行方法】

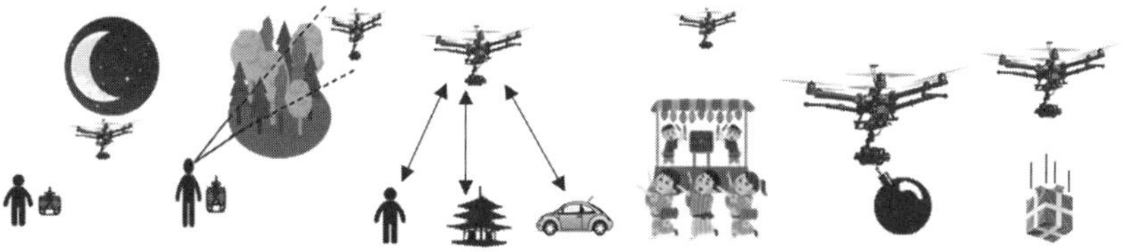

（夜間飛行）　（目視外飛行）　（30m未満の飛行）　（イベント上空飛行）　（危険物輸送）　（物件投下）

出典：国交省ウェブサイト（https://www.mlit.go.jp/koku/koku_fr10_000041.html）

させる場合には、航空法はもちろんのこと、当該地域の地方自治体の条例にも気を配る必要があるでしょう。

なお以上のような、ドローンの飛行空域および方法の規制は主に安全面（公衆に対する危険防止）から設けられていますが、これらをクリアしたとしても、プライバシー・肖像権などの問題が別途発生しうる点に注意が必要です。「上空」からの撮影は、他人の所有する敷地内というプライベートスペースを撮影することが可能な他、他人の無防備な姿を撮影することもできます。なお露天風呂・脱衣所などの「のぞき」行為は軽犯罪法１条23号による処罰対象ともなりうるので注意しなければいけません。この点については、総務省の「『ドローン』による撮影映像等のインターネット上での取扱いに係るガイドライン」（平成27年９月）をぜひ参照してください。

なお普段はあまり意識されていませんが、民法207条は「土地の所有権は、法令の制限内において、その土地の上下に及ぶ」と定めているため、「空」にも民法上の所有権が発生すると考えることもできます。主に航空法81条１項にいう最低安全高度以下の「空」は、地上の土地を所有している者の所有権が及ぶ場合があるということになるかもしれません。もっとも、そこをドローンが飛行したことで所有権に対する何らかの「損害」が発生するとは考えにくいのではないか（実際上は問題ないのではないか）と思われます。

2　パブリック・フォーラムと表現の自由

1　内容中立規制と適用違憲

ここまでは「場」に関する各種の規制（のほんの一部）をみてきましたが、

表現の自由との観点からすると、こうした内容中立規制に該当する規制は、内容規制に比べて規制が憲法上も認められやすい傾向があります（第5章参照）が、そうした規制についても実は慎重に考える必要があると思われます。この点について、大分県屋外広告物条例事件の伊藤正己裁判官による補足意見が注目されます。それによれば、この事例は、条例を適用して「政治的な情報の伝達の自由という憲法の保障する表現の自由の核心を占めるものに対し、軽微であるとはいえ刑事罰をもつて抑制を加えることにかかわる事案であつて、極めて重要な問題を含む」とされます。というのも、条例による規制には政治的意見表明の広告物も含まれ、「これらのものを公衆の眼にふれやすい場所、物件に掲出することは、極めて容易に意見や情報を他人に伝達する効果をあげうる方法であり、さらに街頭等におけるビラ配布のような方法に比して、永続的に広範囲の人に伝えることのできる点では有効性にまさり、かつそのための費用が低廉であつて、とくに経済的に恵まれない者にとつて簡便で効果的な表現伝達方法である」ためです。そのうえで、「本条例の適用にあたつては憲法の趣旨に即して慎重な態度をとるべきことを要求するものであり、場合によつては適用違憲の事態を生ずることをみのがしてはならない」とし、「それぞれの事案の具体的な事情に照らし、……総合的に考慮し、その地域の美観風致の侵害の程度と掲出された広告物にあらわれた表現のもつ価値とを比較衡量した結果、表現の価値の有する利益が美観風致の維持の利益に優越すると判断されるときに、本条例の定める刑事罰を科することは、適用において違憲となるのを免れない」と判示しています。

また、法令の目的上は内容中立規制であっても、そのルールが、内容規制的に適用・運用される可能性も常に考えておく必要があります。立川反戦ビラ事件や大分県屋外広告物条例違反事件のような事例を例にとれば、それが反戦運動や特定の政党による政権批判を中立的な規制を「隠れ蓑」にして狙い撃ちしたものではないのか、ということです。法令自体は内容中立的で合憲であっても、その具体的な事情に照らした場合、適用違憲として救済される可能性があるといえるでしょう。そのためには法令の適用実態がどのようなものであったかという事実が重要になると考えられます。

２　自由に使える「場」とは――パブリック・フォーラム論

そして、こうした「場」を利用した表現活動における規制を検討するうえで注目されるのが、パブリック・フォーラム論です。これはもともと、アメリカの最高裁判決で形成された判例法理ですが、日本では伊藤正己裁判官が判決の中で言及し、有名になりました。本家アメリカでは以下の３つに分けられ、それぞれの性質に応じて許される規制の度合いが異なります。❶まず第一に伝統的パブリック・フォーラムは、道路、公園、裁判所前広場といった記憶にないほど昔から自由に言論活動に使われてきた「場」を指します。ここでは、政府がその場の管理権を理由に言論活動の規制（特に見解差別）を行ってはならず、基本的に誰もがアクセスでき、（危険防止などの内容中立的な理由を除き）自由に使わせなければならないとされます。❷次に指定的パブリック・フォーラムは、公会堂や国立劇場といった政府の管理下にあるが、言論活動を主な目的として設置された「場」です。設置するかどうか、または維持し続けるかどうかは政府の裁量ですが、設置し、維持している以上は、❶と同様に政府が管理権を理由に原則として言論活動の規制（見解差別）を行ってはなりません。そして最後に❸非パブリック・フォーラムがあり、これは軍事施設や刑務所といった政府の管理下にあり、なおかつ言論活動を行うことを想定せずに設置された「場」を指します。ここでは、見解規制を除き、合理的な言論規制ならば認められることになり、政府の裁量が非常に広く認められると考えられています。これ以外にも、公立学校など特定の目的のために開かれるフォーラムは限定的パブリック・フォーラムと呼ばれています。

このようなパブリック・フォーラム論は、市民が表現活動に用いる「場」について、政府の管理権限を制限する理論といえるでしょう。ただし注意が必要なのは、少なくともアメリカにおいて同法理は、あくまで政府によって所有または管理されている場に適用されてきたという点です。つまり、単なる私有地には原則として適用されないのです。

日本においては、吉祥寺駅構内ビラ配布事件（最判1984（昭59）・12・18刑集38巻12号3026頁）において、伊藤正己裁判官が補足意見で次のように述べています。「ある主張や意見を社会に伝達する自由を保障する場合に、その表現の場を確保することが重要な意味をもっている。特に表現の自由の行使が行動を伴うときには表現のための物理的な場所が必要となってくる」。そのため「この場所が提供されないときには、多くの意見は受け手に伝達することができないといってもよい」と伊藤は指摘します。そして「一般公衆が自由に出入りできる場所は、それぞれその本来の利用目的を備えているが、それは同時に、表現のための場として役立つことが少なくない。道路、公園、広場などは、その例である。これを『パブリック・フォーラム』と呼ぶことができ」るとしたうえで、「このパブリック・フォーラムが表現の場所として用いられるときには、所有権や、本来の利用目的のための管理権に基づく制約を受けざるをえないとしても、その機能にかんがみ、表現の自由の保障を可能な限り配慮する必要がある」と判示しています。この伊藤裁判官の法理は、アメリカと異なり、私鉄所有地である駅前広場等についてもパブリック・フォーラムとして扱うことがありうるとしている点に特徴があります。また同裁判官は、パブリック・フォーラムとしての性質をどの程度有するかに焦点を当てたうえで、その性質の程度を利益衡量の要素として用いているようです。

加えて、日本においては地方自治法で「公の施設」(244条) は、「住民の福祉を増進する目的をもつてその利用に供するための施設」(同１項) であり、当然、表現活動を行うための施設と定められています。そしてこの施設の利用は、「正当な理由がない限り、住民が公の施設を利用することを拒んではならない」(同２項) し、「不当な差別的取扱いをしてはならない」(同３項) とされているのです。この地方自治法の解釈に、上記のパブリック・フォーラムの考え方を読み込むことは可能でしょう。他方で、こうした施設を利用した表現活動に対する反対者 (敵対者) が施設に中止を迫って様々な妨害手段を講じてきた際、そうした反対者の妨害によって生じる「危険」を理由に公の施設を利用拒否できるかが問題となります。

実際、こうした問題に向き合った泉佐野市民会館事件 (最判1995 (平７)・３・７民集49巻３号687頁) で最高裁は、拒否が認められるためには、「単に危険な事態を生ずる蓋然性があるというだけでは足りず、明らかな差し迫った危険の発生が具体的に予見されることが必要であると解するのが相当」としています。続く上尾市福祉会館事件 (最判1996 (平８)・３・15民集50巻３号549頁) でも最高裁は、「主催者が集会を平穏に行おうとしているのに、その集会の目的や主催者の思想、信条等に反対する者らが、これを実力で阻止し、妨害しようとして紛争を起こすおそれがあることを理由に公の施設の利用を拒むことができるのは、前示のような公の施設の利用関係の性質に照らせば、警察の警備等によってもなお混乱を防止することができないなど特別な事情がある場合に限られるものというべき」としています。これらの判決を踏まえるなら、「公の施設」に関しては、単に「危ないかもしれない」で施設利用を行政は拒否してはならず、行政が警察力の動員など相応のコストを払って「場」の安全を確保するということが大前提になります。

それでは、なぜここまで行政（政府）がコストを払い、表現活動の場として「公の施設」を万人に利用させなければならないのでしょうか。さらにいえば、一定の「場」を「パブリック・フォーラム」として、あらゆる表現者の見解に開いておくことにはどのような意味があるのでしょうか。これについては、いろいろな説明ができると思いますが、表現の自由の背景にある民主政システムとそれを支える「多様」な情報流通の視点が重要です。民主政治の維持には、多種多様な情報に人々が接触する必要がありますが、単に「国家からの自由」（＝国家が法律などによって表現活動を規制しない）だけを実現すればよいわけではありません。場合によっては、流通する情報の多様性を維持するため、国家による助成（支援）が必要となる場合があります。「パブリック・フォーラム」と呼ばれる「場」は、まさに様々な意見・コンテンツが飛び交い、たまたまそこを訪れた人に「異見（特に unpopular な意見）」と向き合わせる効果がある（＝多様な情報に接触する機会を作ることになる）と考えられます。それゆえに、政府・自治体は、それを設置・維持する義務まではないが、設置・維持している以上は、あらゆる利用者に差別なく、可能な限りのコストを払ってでも利用させなければならないのです。

なお最近のアメリカでは、大統領をはじめとする公職者の SNS アカウントの「相互交流的」な部分について、「パブリック・フォーラム」論を適用して、公職者側が、自身に批判的・敵対的なアカウントを「ブロック」（＝排除）することを修正一条違反と判示するものがある点が注目に値します。

第8章　報道の自由・取材の自由とは何か？
——デジタル革命以後を踏まえて

1　国民の「知る権利」という名のマジックワードを解体する

1 「送り手の自由」としての表現の自由？

憲法が保障する表現の自由は、文字通り捉えれば、「送り手の自由」、すなわち情報を発信する自由のみを意味するようにみえます。後述する通り、確かにわが国でも当初重視されたのはあくまで「送り手」にとっての表現の自由でした。しかしいくら発信の自由が保障されようとも、発信された表現がきちんと「受け手（他者）」に伝わらなければ、自己実現の価値も自己統治の価値も促進されない極めて空虚な言論活動ということになります。先述した思想の自由市場論も、表現の自由のコミュニケーション（情報流通）の自由としての性質を前提にしているのです。

他方で、情報流通のあり方は、20世紀に入ると変貌を遂げます。そこでは、情報の伝達手段（メディア）としての印刷機（新聞・雑誌）と電波（ラジオ・テレビ）は、事実上、マスメディアに独占される状態が続きました。そうしたマスメディアにアクセスできない多くの一般国民は、マスメディアが一方的に流す情報に依存するしかなかったのです（マスメディア＝「情報の送り手」／国民＝「情報の受け手」）。ここで注意しなければならないのは、マスメディアの営利企業たる側面です。憲法学者の長谷部恭男は、著書『テレビの憲法理論——多メディア・多チャンネル時代の放送法制』の中で、「マスメディアが独占的な情報供給者として機能しうるのは、個人や小規模のメディアとは比較にならないほど、巨額の資金を調達し、膨大な情報の収集・処理および伝達の機構を維持する能力を備えている」ことを指摘し、そのためマスメディアの報道の自由は、「実は巨大な財産権が姿を変えたもの」と喝破しています（36頁）。このマスメディアの資力を支えているのは、広告主＝スポンサーの資力であるともいえます。そうした広告主に左右されるマスメディアに、情報発信を無制約に認めてしまうと、少数意見（特に unpopular な意見）の流通を妨げる等、民主政に資する自由で公正な言論空間を歪めてしまう危険が付きまとうと考えられました。

2　「国民の知る権利」の諸相

そこで、このようなマスメディアの巨大化・独占化によって歪められた言論空間ないし思想の自由市場を適正化するため、表現の「受け手の権利」から「報道の自由」を捉え直す必要性が説かれるようになりました。そこでいう「受け手の権利」こそが、「国民の『知る権利』」です。著名な博多駅テレビフィルム提出命令事件決定（最大決1969（昭44）・11・26刑集23巻11号1490頁）において、最高裁は、「報道機関の報道は、民主主義社会において、国民が国政に関与するにつき、重要な判断の資料を提供し、国民の『知る権利』に奉仕するものである。したがって、思想の表明の自由とならんで、事実の報道の自由は、表現の自由を規定した憲法21条の保障のもとにあることはいうまでもない」と判示し、報道機関によるの報道の自由が、国民の知る権利に奉仕するという機能のために憲法上認められたものであることを明らかにします。

もっともここでいう「受け手」の利益としての「知る権利」という概念は、法学においても非常に多義的であり、様々な「顔」を有することに注意が必要です。そのため、時にこの言葉は、マスメディアが、必要以上に他者のプライバシーなどを暴き立てるような報道を自己正当化するための言葉としても使われてきましたし、逆に報道の受け手たる国民側が、または批判を受けた権力者側が自身にとって都合が悪いまたは気に入らない報道を批判するための文句としても用いられます。

しかし、博多駅事件で用いられた「知る権利」は、誰か特定の個人の「知りたい」情報を請求する具体的権利の意味で使われたわけではありません。むしろここでの「知る権利」は、民主政の担い手たる総体としての「国民」にとって「知る必要がある」情報を提供するといった報道機関が本来果たすべき憲法上の「機能」（後述）を表し、「報道（取材）の自由」の特権性を基礎づける指導原理（理念）と捉えることができます。この機能に基づき、報道機関は、政府から各種の特権を付与されたり、逆に特別な規制を加えられることで、受け手の利益（国民の「知る権利」）の最大化が試みられてきたといえます。まさに、マスメディアに対する法理としての「プロの法」と、通常の国民一般に対する「アマチュアの法」の両立が目指されたわけです。この意味での「国民の『知る権利』」は、たとえば新聞倫理綱領でも次のように用いられています。

> 「国民の『知る権利』は民主主義社会をささえる普遍の原理である。この権利は、言論・表現の自由のもと、高い倫理意識を備え、あらゆる権力から独立したメディアが存在して初めて保障される。新聞はそれにもっともふさわしい担い手であり続けたい。」

他方で、「知る権利」には、プロのジャーナリスト（報道機関）ではない通常人の情報受領のための法的権利としての「顔」も存在します。この意味での「知る権利」はたとえば、未決勾留者に対する監獄内での新聞閲読の制限（監獄法31条２項等）の憲法適合性を争ったよど号ハイジャック記事抹消事件（最大判1983（昭58）・６・22民集37巻５号793頁）の中に登場します。判決の中で最高裁は「およそ各人が、自由に、さまざまな意見、知識、情報に接し、これを摂取する機会をもつこと」が自己の人格形成や民主主義の発展に必要であることから、「これらの意見、知識、情報の伝達の媒体である新聞紙、図書等の閲読の自由が憲法上保障されるべきことは、思想及び良心の自由の不可侵を定めた憲法19条の規定や、表現の自由を保障した憲法21条の規定の趣旨、目的から、いわばその派生原理として当然に導かれる」としています。この権利は「知る自由」と呼ばれることもあるように、政府により個人の情報受領を妨害しようとする政府の試みを排除するものであり、「消極的な知る権利」ともいえそうです。最高裁は、こうした自由の制限には、「規律及び秩序が害される一般的、抽象的なおそれがあるというだけでは足りず」、「具体的事情のもとにおいて、その閲読を許すことにより監獄内の規律及び秩序の維持上放置することのできない程度の障害が生ずる相当の蓋然性があると認められることが必要であり、かつ、その場合においても、右の制限の程度は、右の障害発生の防止のために必要かつ合理的な範囲にとどまるべきものと解するのが相当である」としているところです。

さらに政府は、単に個々人の情報受領を妨害すべきではないのと同時に、民主政システムの維持のため、国民に政府が保有する情報をできうる限り公開しておく責務があるとも考えられます（政府による国民への説明責任）。こうした点から、情報受領の法的権利としての「知る権利」には、政府が公開していない情報に対しより積極的に情報の開示を求める権利（情報開示請求権＝積極的な知る権利）が含まれています。もっともこの積極的権利を実際に活用するためには、具体的な手続きや要件が必要となりますが、憲法からはそれを読み取ることは困難であるため、より具体的な詳細を定めた法律が必要となります。こうして作られたのが「行政機関の保有する情報の公開に関する法律」（平成11年法律第42号）です（→第３章）。

加えて、法的権利としての「知る権利」の別の顔として、媒体を独占しているマスメディアに対し、国民が自身の意見を表明するために、マスメディアを利用する（アクセスする）法的権利としてアクセス権（反論権）が唱えられることがあります。確かにマスメディアが報じた内容によって不利益を受ける（たとえば風評被害、事実誤認）人々が出現する一方で、そうした人々は必ずしもマスメディアにアクセスしうる立ち位置にいない場合があり、対抗言論を十分に行えないという側面があります。しかしながら、これを法的権利として認めた場合には、逆にマスメディアに対する情報選択の強制（＝編集権への介入）となってしまうことに注意を払う必要があります。この点についてのリーディングケースが、サンケイ新聞事件（最判1987（昭62）・４・24民集41巻３号490頁）です。最高裁は、「私人間において、当事者の一方が情報の収集、管理、処理につき強い影響力をもつ日刊新聞紙を全国的に発行・発売する者である場合でも、憲法21条の規定から直接に、所論のような反論文掲載の請求権が他方の当事者に生ずるものでないことは明らか」としたうえで、反論権制度が認められた場合に、その負担から新聞社等が「批判的記事、ことに公的事項に関する批判的記事の掲載をちゆうちよさせ、憲法の保障する表現の自由を間接的に侵す危険につながるおそれも多分に存する」ため、「具体的な成文法がないのに、反論権を認めるに等しい上告人主張のような反論文掲載請求権をたやすく認めることはできないものといわなければならない」と結論付けています。この判決では、こうした権利を安易に認めてしまうと、反論掲載の請求の負担を恐れたマスメディアが、論争的な意見については取り扱わないようになる（＝自主規制の強化）ことが危惧されていることが分かります。また憲法上の権利は本来、対国家権力用であるため、対マスメディア（私人）用の権利を認めるためには、やはり具体的な法律が必要となるでしょう。ただし、この判決は「具体的な成文法がないのに」としていることからも、そうした制度があればこうした権利も認められる可能性があります。実際、「反論権」の制度とは異なるものですが、放送法上は「訂正放送請求制度」が設けられています。

2　国民の「知る権利」と報道機関

1　報道機関の「特権」としての「取材活動の自由」

マスメディアの活動は、完成した表現物を公刊する「報道」だけで完結するわけではありません。そうした表現物を完成させる前提として、情報収集活動である取材が必要不可欠です。報道の自由が十分に保障されるために、取材活動の自由もまた保障されていなければならず、さらに情報収集活動そのもののみならず、それに関連・付随する活動の利益にも保護を及ぼす必要があります（後述・取材源秘匿権）。そのため、この文脈で、先述したような報道機関の「特権」的な取り扱いが表出することが多くあります。もっとも、わが国の最高裁は、こうした意味での「特権」性を認めることに、当初は消極的な姿勢をみせていました。石井記者事件（最大判1952（昭27）・8・6刑集6巻8号974頁）では、記者の刑事裁判における「証言拒絶権」（後述）が主張されたのですが、最高裁は「憲法の右規定は一般人に対し平等に表現の自由を保障したものであつて、新聞記者に特種の保障を与えたものではない」と断じ、さらに「憲法の右規定の保障は、公の福祉に反しない限り、いいたいことはいわせなければならないということである」と判示しました。「未だいいたいことの内容も定まらず、これからその内容を作り出すための取材に関しその取材源について、公の福祉のため最も重大な司法権の公正な発動につき必要欠くべからざる証言の義務をも犠牲にして、証言拒絶の権利までも保障したものとは到底解することができない」。つまり、この時点では、表現の自由および報道の自由は未だ「送り手の自由」に留まり、情報の収集活動にまで範囲を広げておらず、さらに報道機関に通常人に認められていない憲法上の特権は与えられていないと理解されていたわけです。しかしながら、先の博多駅テレビフィルム提出命令事件最高裁決定でその風向きが変化します。最高裁は、前記の通り、「国民の

『知る権利』に奉仕する」機能を有した報道機関の「報道の自由」に、表現の自由と同等の憲法上の保護を与え、そのうえで取材の自由についても「このような報道機関の報道が正しい内容をもつためには、報道の自由とともに、報道のための取材の自由も、憲法21条の精神に照らし、十分尊重に値いするものといわなければならない」と判示しました。そのうえで、本件で最高裁は、取材の自由という憲法上の利益を認め、公正な裁判の実現という利益との間で比較衡量するという基準を提示しています。これは、取材の自由の利益を一切認めなかった先の石井記者事件判決からの格段の「進歩」といえるでしょう。

ところで、博多駅決定以後認められた報道機関の「取材の自由」については、報道の自由（＝発信の自由）と比べて保護の程度が弱いと考えられます。それは、最高裁が「事実の報道の自由」については、はっきりと「憲法21条の保障のもとにある」と明示した一方で、取材の自由については「憲法21条の精神に照らし、十分尊重に値いする」として「保障する」という明示を避けていることからも明らかです。おそらく最高裁は、発信の自由よりも、取材という情報収集行為の自由を幾段か低い利益とみなしているのでしょう。これに加えて、ジャーナリストでない通常人の情報収集の自由との間にも格差があります。法廷内での一般傍聴人（弁護士）のメモ採取の禁止が争われたレペタ事件（最大判1989（平１）・３・８民集43巻２号89頁）において、最高裁は「さまざまな意見、知識、情報に接し、これを摂取することを補助するものとしてなされる限り、筆記行為の自由は、憲法21条１項の規定の精神に照らして尊重されるべきであるといわなければならない」と説示しています。ここで注目すべきは、報道機関の取材の自由については、「十分尊重に値する」という評価が与えられたのに対し、通常人の情報収集（メモ採取）の自由については単に「尊重させるべきである」という評価に留まっている点です。これは、報道機関の取材の自由よりも、通常人の情報収集の自由をさらに低い利益とみなしている可能性を示唆しています。実際、レペタ訴訟では、法廷でのメモ採取が、司法記者クラブに属する記者には認められており、それ以外の通常人には禁じられている点が憲法14条１項の平等権を侵害するとして争われましたが、最高裁は、博多駅事件決定の「十分尊重に値する」を繰り返したうえで、そうした区別は「裁判の報道の重要性に照らせば当然であり、報道の公共性、ひいては報道のための取材の自由に対する配慮に基づき、司法記者クラブ所属の報道機関の記者に対してのみ法廷においてメモを取ることを許可することも、合理性を欠く措置ということはできない」と判示しているのです。

このように発信の自由と情報収集の自由についての保護の程度について整理をすると、下記のようになると考えられます。

一般公衆の表現の自由＝（事実の）報道の自由＞ジャーナリストの取材の自由＞一般公衆の情報収集の自由

そしてこうした区別こそが、「プロの法」と「アマチュアの法」の区別であり、報道機関の特権性が顕わになった部分ともいえるでしょう。

2　インターネット時代と報道機関の特権的地位

こうした報道機関の特権的地位についての理由付けには様々なものがありえます。たとえば、マスメディアは「現代社会におけるほとんど独占的な情報の送り手である」という前提を踏まえ、「国民の知る権利に奉仕し、その帰結として民主的政治過程の維持や受け手となる個人の自律的な生を支える基本的情報の提供」を行うという情報の受け手の利益を根拠として、個人には与えられない特権や特別な規制が認められることになるとする説があります（長谷部 2018：219）。しかしながら、報道機関と個人との間に取り扱いの差を設けることを良しとしない学説も存在します。マスメディアの権利は憲法が認める表現目的の結社の側面から保護されることになるとし、「マス・メディア自身の表現したいという意欲のゆえに保護されるべき」として上記の説を批判します（松井 2013：23）。そもそもこの説の立場からすれば、民主的政治過程の維持という役割において個人もマスメディアも違いはなく、マスメディアは、（実質的な平等を実現するための一部の例外を除いて）個人と同等の表現の自由の権利を有しているにすぎないということになります。つまり、マスメディアに認められる権利は個人にも認められるし、個人に認められない権利はマスメディアにも認められない、というわけです。

そして問題は、こうした議論が、インターネットが普及し、誰もが「ジャーナリストのように」ふるまえる現代において、ますます有力な見方となりうるということでしょう。なぜ情報媒体が多くの人に行きわたっている（＝媒体によるマスメディアの優位性が消失している）中で、一部の機関に属する人にのみ、憲法上の特権を認めるべきなのでしょうか。もし報道機関が、ネットが普及した現代においても、個人とは異なる特権的な地位を憲法上占めるとするならば、どのような理由がありうるのでしょうか。有力な説明の１つは、報道機関が、ジャーナリストの「エトス（使命）」を共有した職能を有する個人の集合体によって成り立っているという点に着目した学説です。この学説は、報道機関の特権的地位が、「国民の代行者・奉仕者たり得るのであって、保有媒体の優位性はその地位の本質ではない」としています（駒村 2001：104）。つまり、一般人には代替不能なジャーナリストの「プロフェッショナル（専門職）」性を通じて、報道機関の活動には、その他の個人と同等の表現の自由が保障されるほか、場合によっては特別な地位を認めることもできるのではないかということになります。しかしここでいくつか疑問もわきます。なぜジャーナリストという「職能」が憲法上、特別扱いされるのでしょうか。またインターネットを駆使し、個々人レベルでジャーナリズム活動が行えるようになった現在において、特権を付与する「ジャーナリスト」をどのように判別するのでしょうか。そのような判別ができないのであれば、ジャーナリストに特権を与え続けることは絵に描いた餅になりかねません。

そこで筆者は、ジャーナリズムの規範的な「機能」面を重視することを考えています。１つは監視者（番犬）機能、もう１つは解釈者（教育）機能です。前者が、取材力を駆使して政府・権力の行動を評価するために十分な情報を得て果たされるのに対して、後者は、数多の情報の中から報道価値があると判断したものを編集したうえで公衆に向けて発信することで達成されるものになります。この２つの「機能」は、憲法が定める民主政システムの維持・発展にとって不可欠なものといえますが、先述のような「エトス」に尽くすことが求められる以上、単に情報発信のツールを手に入れただけでは遂行できません。そのため、報道機関の特権的地位を維持しなければ、こうした機能はますます弱体化していくことでしょう。むしろ現代においてジャーナリスト集団（＝報道機関）は、こうした機能遂行に一般市民よりも自らの時間等を捧げている「プロフェッショナル」である点にこそ、特異性が見いだされるべきでしょう。その特異さのために、誰しもが発信媒体を利用できる現代、そして将来においても、その特権的地位を維持すべきなのです。

そしてこのアプローチは、個々のジャーナリストが、この機能の遂行を行っているかを様々な要素から立証していくアプローチでもあります。そのため、必ずしも既存のマスメディア企業に所属しているかどうかだけで特権を付与するかの判断を下すわけではありません。逆にインターネットを利用するフリージャーナリストであっても特権が認められる場合もあり得ます。加えて、こうした民主政社会に不可欠な機能遂行を担う職能集団には、通常人よりも専門性に満ちた高い倫理性が求められます。いわゆる、ジャーナリズム倫理・報道倫理と呼ばれるものがそれにあたります。こうした倫理面に準拠しているかどうかが、与えられた特権の濫用の防止につながることになるでしょう。デジタルメディア革命以後の社会におけるジャーナリストは、誰もがジャーナリスト「のように」ふるまえる時代だからこそ、それと区別しうる要素に注力する必要があるといえます。

3　特権としての取材の自由

1　国家秘密と報道機関のかかわり

ではここからは実際に判例法理などで認められている報道機関の特権を、主として取材の自由との関係からみていくことにしましょう。まず報道機関の活動は、時に「国民の知る権利」に応えるために、国家秘密との関係で規範衝突を生じさせます。ここでいう国家秘密とは、法律によって公開することを禁じられた国家の内部情報を指します。わが国の法令上は、国家公務員法100条1項で定める「職務上知ることのできた秘密」がそれにあたるほか、それ以外に特定秘密保護法3条1項で定められた「当該行政機関の所掌事務に係る別表に掲げる事項に関する情報であって、公になっていないもののうち、その漏えいが我が国の安全保障に著しい支障を与えるおそれがあるため、特に秘匿することが必要であるもの」として行政機関の長が指定する特定秘密（後述）も存在します。

ここで想定しうる「規範衝突」は次の2つです。まず第1に、公務員から漏洩された機密情報を新聞・テレビなどの媒体を通じて公表する際に、政府が国益上の損害を理由に公表の事前差止めを行う場合です。この典型例が、アメリカのペンタゴン・ペーパーズ事件です。新聞社による機密文書公表の差止めの是非が争われたNew York Times v. United States, 403 U.S. 713 (1971) 連邦最高裁判決では、９名の裁判官の内、６名が修正一条に基づき違憲、３名が合憲と結論付けています。

第２に、記者が公務員から機密情報を入手した際に、記者への漏洩を行った公務員自身に加えて、機密情報を入手した記者に対しても法的な制裁（ex. 刑事罰）を加える場合が想定されます。この点についてのリーディングケースとして、外務省秘密電文漏洩事件（最決1978（昭53）・５・31刑集32巻３号457頁）が挙げられます。この事件では、毎日新聞の記者が、取材目的で外務省の職員との男女関係を利用し、沖縄返還交渉に関する秘密文書を入手したことについて、当該記者が国家公務員法の秘密漏示そそのかし罪で罰せられることが憲法上許されるかが問題となりました。最高裁は、まず国家公務員法111条の「そそのかし」を広く解釈しつつ（構成要件該当性）、博多駅事件決定で示された取材の自由の意義を引用し、記者の行為について、違法性が阻却される場合があることを判示しました。最高裁曰く、「報道機関の国政に関する取材行為は、国家秘密の探知という点で公務員の守秘義務と対立拮抗するものであり、時としては誘導・唆誘的性質を伴うもの」であり、そのため報道機関が公務員を「そそのかし」た場合でも、「報道機関が公務員に対し根気強く執拗に説得ないし要請を続けることは、それが真に報道の目的からでたものであり、その手段・方法が法秩序全体の精神に照らし相当なものとして社会観念上是認されるものである限りは、実質的に違法性を欠き正当な業務行為というべきである」と判示しました。このように、本決定は、通常の取材活動は違法性阻却事由のうちの正当な業務行為として許容するとの原則を明らかにしつつ、例外的に規制を受ける行為の態様を明らかにしたものといえるでしょう。しかしながら、最高裁は、「報道機関といえども、取材に関し他人の権利・自由を不当に侵害することのできる特権を有するものでないことはいうまでもなく、取材の手段・方法が贈賄、脅迫、強要等の一般の刑罰法令に触れる行為を伴う場合は勿論、その手段・方法が一般の刑罰法令に触れないものであっても、取材対象者の個人としての人格の尊厳を著しく蹂躙する等法秩序全体の精神に照らし社会観念上是認することのできない態様のものである場合にも、正当な取材活動の範囲を逸脱し違法性を帯びるものといわなければならない」とし、男女関係を利用した当該記者の行為について手段・方法として相当でないとして有罪としました。

本決定が、番犬機能を果たす報道機関が時に相対する国家権力との間の緊張関係を調整するための枠組みを編み出したことは、一定程度評価することができますが、他方で違法性阻却のための要素として、「手段・方法が法秩序全体の精神に照らし相当なもの」かどうかが重視されすぎているようにも思われます。むしろ報道の自由の機能面からは、その取材活動が真に報道の目的からでたものかどうかという点こそが重要だったのではないでしょうか。そこでは、むしろ記者が取材後に取材内容をどのように扱ったかどうか（たとえば他のことに流用せず、きちんとニュースとして報じたかどうか）こそが問われるべきだったと考えられます。加えて、取材手段・方法の相当性についても、単に社会観念上の道徳的な倫理を基準にすべきではないでしょう。権力と対峙するような場合に、記者は、機能遂行のために時として道徳に反するような手段を用いることが認められなければなりません。むしろ重要なのは、専門職倫理、すなわちジャーナリズム倫理に反するかどうかであり、取材手段・方法の相当性もこの観点から判断されるべきだったと考えられます。

なお、2013年12月に成立した「特定秘密の保護に関する法律」（平成25年12月13日法律第108号）、いわゆる特定秘密保護法は、「特定秘密」を取り扱う者が、それを漏洩した場合や、それを共謀・教唆・煽動した者に対して罰則を定めています。しかし同時に、同法は「知る権利の保障に資する報道又は取材の自由に十分に配慮しなければならない」（22条１項）と定めたうえで、「出版又は報道の業務に従事する者の取材行為については、専ら公益を図る目的を有し、かつ、法令違反又は著しく不当な方法によるものと認められない限り」、正当業務行為とする旨を定めています（同２項）。この条文の解釈についても、上記の外務省秘密電文漏洩事件を参考に、報道機関の民主的機能が阻害されることのないよう、慎重に検討されるべきでしょう。

2　取材テープの提出命令および取材源秘匿権

取材の自由は、取材行為そのもののみならず、取材終了後においても問題となり得ます。１つは、公的機関（裁判所や捜査機関）からの取材資料の提出命令の文脈、もう１つは取材源秘匿権の文脈です。前者についてのリーディングケースが、先述した博多駅テレビフィルム提出命令事件です。この事件は、米海軍の原子力空母の佐世保港への寄港に対する反対運動に参加する学生と機動隊との間で起こった博多駅内での衝突に端を発します。衝突に際し、機動隊員から学生への特別公務員暴行陵虐罪などが争われた付審判請求事件をめぐり、現場を中立的立場から撮影していた放送局に対して裁判所から出された取材テープ提出命令が、憲法21条により保障される報道の自由を侵害するかが争われました。先に見た通り、最高裁は、取材の自由を「憲法21条の精神に照らし、十分尊重に値いするもの」と位置付け、「審判の対象とされている犯罪の性質、態様、軽重および取材したものの証拠としての価値、ひいては、公正な刑事裁判を実現するにあたっての必要性の有無を考慮するとともに、他面において、取材したものを証拠として提出させられることによって報道機関の取材の自由が妨げられる程度およびこれが報道の自由に及ぼす影響の度合その他諸般の事情を比較衡量して決せられるべき」と判示しました。

もっとも、本決定での比較衡量に際して、最高裁は取材テープの証拠としての価値（公正な裁判を実現するに当たっての必要性）を「きわめて重要な価値」、「ほとんど必須のもの」と認定した一方で、報道機関が蒙る不利益については、報道の自由そのものではなく、「将来の取材の自由が妨げられるおそれがあるというにとどまる」として、本件提出命令を合憲としています。このように報道機関が取材フィルムを提出することで取材対象者の信頼を失うといった不利益を非常に軽くみている点で、この決定には問題点が見出せるでしょう。最高裁は、本件フィルムについて「すでに放映されたものを含む放映のために準備されたもの」としていますが、未放映分については特に報道の自由に対する不利益の点でより慎重かつ具体的な考慮を行う必要があったのではないかと考えられます。加えて注意すべき点として、裁判所による提出命令と捜査機関による押収との区別があります。最高裁は、後に捜査機関による取材テープの押収にまで本決定の判断枠組みを拡張させています（たとえば最決1989（平１）・１・30刑集43巻１号19頁〈日本テレビビデオテープ押収事件〉）が、司法機関たる裁判所からの提出命令と行政・執行機関たる警察・検察の押収とを同様に扱うことには問題が多いといわざるを得ないでしょう。

次に後者の取材源秘匿についてみていきましょう。取材活動において、取材する情報の内容が前述のような機密情報や内部告発の場合、取材対象者は、組織等からの報復を回避するため身元を伏せて記者と接触することが多くあります。記者と取材源との間の信頼関係を維持し、円滑な取材活動を継続していくために、場合によっては取材源を隠し通すことはジャーナリズム倫理の最たるものといえます。たとえば、当時のニクソン大統領を退陣にまで追い込んだウォーターゲート事件に関する報道では、ワシントン・ポスト社の記者の「ディープスロート」と呼ばれる政府内部情報提供者が誰なのかについて、事件から33年たった2005年に当時のFBI副長官マーク・フェルトであったことが本人の証言で明らかになるまで秘密のままでした。

しかしながら問題は、法廷で記者が取材源について証言を求められた場合、これを拒絶すると法的な制裁が科せられる可能性があることです。そこで、これを単なる専門職倫理にとどまらず、法的な権利として昇華し、保障しようとしたものが取材源秘匿権であるといえます。この点、民事訴訟における記者に対する証人尋問が問題となった事例（先の石井記者事件は刑事訴訟）として、NHK記者事件（最決2006（平18）・10・3民集60巻8号2647頁）があります。民事訴訟法197条は、証人が証言を拒むことのできる場合として、「医師、歯科医師、薬剤師、医薬品販売業者、助産師、弁護士（外国法事務弁護士を含む。）、弁理士、弁護人、公証人、宗教、祈祷若しくは祭祀の職にある者又はこれらの職にあった者が職務上知り得た事実で黙秘すべきものについて尋問を受ける場合」（2号）と並び、「技術又は職業の秘密に関する事項について尋問を受ける場合」（3号）を挙げていました。

この決定で最高裁は、マスメディアの取材源秘匿はこの「職業の秘密」にあたるとしたうえで、保護に値する秘密かどうかは①秘密の公表によって生ずる不利益（報道の自由への悪影響等）と、②証言拒絶によって犠牲になる真実発見および裁判の公正との比較衡量により決する、という立場をとりました。本件では、結果として①の不利益が、②を上回ると考えられたため、取材源の秘匿が認められることとなったのです。この決定の意義は、まず取材の自由の萎縮効果を防ぐために報道関係者の証言拒絶を原則とする基準を立てられたという点や、報道機関が蒙る不利益を最高裁が重く受け止めている点が挙げられるでしょう。何より、この特権が認められた枠組みの背景には、取材の自由も「憲法21条の精神に照らし十分尊重に値いする」と位置付けた博多駅事件決定の存在があることはいうまでもありません。

3　記者クラブ

最後に、取材のための重要な制度として「記者クラブ」の存在が見出せます。記者クラブは、それを通じて記者会見を集団で開催することによって、情報開示に消極的な公的機関から、より多くの情報を迅速に引き出す（情報公開）ことに貢献している部分があります。また公的機関は、記者クラブを通じて自らの見解を記者という専門技能を持った者たちの厳しい目線の前で述べることにより、恣意的な発表を防ぐことも可能になるといえます。しかしながら、こうしたメリットに比して、現在の記者クラブの仕組みはデメリットも多く見受けられます。たとえば記者クラブ加入と記者会見への参加に対する閉鎖性・排他性があるとよく指摘されますし、記者クラブが公的機関から様々な便宜供与を受け、公的機関側との癒着が進んでいることも示唆されます。

報道機関の憲法的機能という面からみて、特に後者の弊害は大きいといわざるを得ません。記者クラブに対する便宜供与は様々なものがあります。たとえば、記者室は記者クラブと別個のものとしながら、記者クラブ所属の記者たちは公的機関から提供された記者室を優先的に利用していることが挙げられます。また記者室で使用した電話代なども公的機関が支出している場合もあったといわれており、さらに記者クラブ所属の記者と所属外の記者（多くはフリージャーナリスト）との間で、議会傍聴その他にアクセスの差が認められている場合もあります。実際、京都府政記者クラブ事件（京都地判1992（平４）・２・10判タ781号153頁）では、京都府が府政記者クラブに京都府庁舎の一室を記者室として無償提供し、電話代・ファックス代・NHK受信料、さらに専属の女性職員の給与などを公金から支出したことが違法であるとして争われました。原告側は、こうした公金の支出による公的機関との間のなれあいによって、「報道機関の府政監視機能の喪失に基づく知る権利の侵害」と「報道機関の自主性阻害に基づく知る権利の侵害」を主張しました。しかしながら、裁判所は「記者室は、記者クラブ加盟記者が独占的に使用しているとは言えないが、記者クラブ加盟記者が事実上多くの便宜を受けていることが認められる」としつつ、認定した事実から「記者クラブは任意の私的親睦団体であって、京都府はその運営に何ら関与しておらず、さらに、本件全証拠をもってしても、府政担当者と記者クラブ加盟記者との間に全く緊張関係が失われ、報道機関が府政の監視者としての機能を果していないという事実を認めるに足る的確な証拠がない」とし、また「本件全証拠をもってしても、記者が発表記事を鵜呑みにし、これを自主的に検討し、独自に調査して報道する姿勢を失ったこと及び京都府が情報操作を行なった事実を認めるに足る的確な証拠がない」と判示しています。そのうえで、「本件記者室の供用は、京都府の公用に供するもので、行政財産の目的内の使用である」ため、職員の給与支出や賃料の支出は違法ではないと結論付けています。

他方で、大阪市政記者クラブ事件（大阪地判2007（平19）・2・16判時1986号91頁）では、主に①地方議会の傍聴に関して一般市民に比して報道機関が優遇されている点と、②報道機関の中でもさらに市政記者クラブに所属する記者のみが傍聴を認められている点について、憲法14条１項の平等権侵害（と憲法21条１項違反）が争われました。①について裁判所が、「報道機関による委員会の傍聴は、報道機関が会議を見聞し、その事実を報道することによって、住民が地方議会の活動状況や議員の行動等を知ることを可能にし、それによって民意の形成に寄与し、ひいては民意に基づく議会の審議が可能になり、民主的基盤に立脚した地方公共団体の行政の健全な運営に資するという機能を有するもの」と位置付けている点は注目に値します。そして国会・裁判所も含めた多くの政府・自治体の傍聴設備にはキャパシティがあり、傍聴を望むすべての者を受け入れることは困難です。この点、裁判所が、「報道機関の報道の有する機能、公共性」に着眼し、住民に優先して報道機関を取り扱うことの合理性を認めた点は評価できるでしょう。他方、②については、「委員会の会議に係る事実の報道の重要性、公共性、誤った事実又は不正確な事実の報道が地方行政にもたらす弊害の大きさ等にかんがみると、本件条例12条１項に基づく委員長の委員会傍聴の許否についての判断に当たり、委員会の会議に係る事実を正確に報道することのできる能力、資質を備えた報道機関に限って委員会の傍聴を認める取扱いをすることは、その必要性及び合理性を十分肯定することができる」としつつ、大阪市政記者クラブに属する「報道機関ないしその記者の間における相互規制等を通じて報道に係る一定の行為規範、価値基準が共有され、それによって事実の正確な報道が担保され、しかも、その存在意義について相当数の国民（住民）から支持されていると推認され、報道分野において重要な役割を果たしているということができる」ことから、記者クラブ所属の記者には、必要な能力や資質が備わっていると判断できると判示しています。報道機関の機能的特権の観点からすると、「委員会の会議に係る事実を正確に報道することのできる能力、資質を備えた」者を優先するという点は理解できますが、他方で報道機関として優遇的に取り扱われる基準には一考の余地があるように思われます。裁判所は記者クラブに所属しているという基準について、記者クラブ内のスクリーニングにより、所属記者には「一定の行為規範、価値基準が共有され、それによって事実の正確な報道が担保され」ていると推認しているようですが、前記のような記者クラブの実態（閉鎖性・癒着体質）を踏まえるなら、そこまで記者クラブの判断を信頼（敬譲）してよいのかが問われることになるでしょう。むしろ、個々のジャーナリストが報道機関としての機能遂行を果たしうるものかどうかを判別する諸要素・基準を設定する必要があったように思われます。インターネットが普及し、ジャーナリストが既存のマスメディア企業に所属する必然性が薄れている現代だからこそ、記者クラブや企業体への所属といった制度的な側面のみならず、その実体的側面に目を向ける必要があるといえるでしょう。

◀コラム：「知りたい」ことと「知っておくべき」こと▶

第８章では、報道機関の「報道の自由」を指導する原理としての「知る権利」について学びました。このあとの第11章では、オンライン・プラットフォーム事業者が果たす「インターネット上の情報流通の基盤」という「場の形成・管理者」としての側面について学んでいきます。ところで、こうした報道機関とプラットフォーム事業者が情報流通において果たしている機能上の違いについては、どのように考えていくべきでしょうか。この点では、次の２つの言葉が、その違いを分かりやすく描き出しているといえそうです。ひとつは「印刷に値するあらゆるニュースを」、もうひとつは、「アフリカで死んでいる人々よりも、あなたの家の前庭で死んでいるリスの方が、今現在のあなたの関心事に関連しているかもしれません」です。

前者は、アドルフ・シモン・オックスが新たな経営者となったのち、ニューヨーク・タイムズ紙に掲げられているスローガンです。「報道価値」判断という言葉からもわかる通り、報道機関の編集作業は、プロの記者集団により、国民が「知りたいこと」というよりも、私たちの社会や政治にとって必要と考えられる国民が「知っておくべきこと」を重視して行われてきました。報道機関が「奉仕」する「国民の『知る権利』」とは、まさにそのような意味を念頭に置いているといえるでしょう。後者は、Facebook（現 Meta）の CEO であるマーク・ザッカーバーグがかつて同僚たちに語った言葉とされています。この言葉通り、検索エンジンやソーシャルメディアの事業者は、ユーザーである「あなた」の関心事に焦点を当て、コンテンツに対するユーザーの反応を測る「エンゲージメント」をもっとも重視します。そのため、プラットフォーム事業者は、たとえば個々のユーザーの「知りたい」という欲求を「クリック」等を通じて反映し、より「あなた」好みにカスタマイズしていく推薦アルゴリズムを実装しています。こうして、ユーザーとしての私たちは、情報過多の世界において自分の「知りたい」（と予測された）情報をより容易に入手することが可能となったわけです。このように、プラットフォーム事業者は、報道機関が仕える「知る権利」とは異なる、個々のユーザーの欲求（知りたい）に応える機能を果たしているといえそうです。

他方でイーライ・パリサーは、上記のようなプラットフォーム事業者が実装するパーソナライズ・フィルターにより「我々はひとりずつ、自分だけの情報宇宙に包まれることになる」ことを「フィルターバブル」と評し、問題視しました。こうしたフィルターバブルは、エコーチェンバーを形成して、自身の考えをより強固にしていき、「集団分極化」につながっていくとも考えられますが、実際にどれだけ影響を与えるのかはいまだ議論が絶えません。ただ、憲法学者のサンスティーンが、民主政の維持のために異質な他者の意見との予期せぬ出会いが必要と考え、そのための「場」として「パブリック・フォーラム」論（→第７章参照）を強調する意味を私たちは改めて考える必要がありそうです。

なお、プラットフォーム事業者が上記のようなフィルターを実装する背景には、「アテンション・エコノミー」と呼ばれるビジネスモデルが関連しています。広告収入をベースとするインターネットの世界において、情報過多により稀少となりつつある私たちの「注目」をいかに引きつけ、長く滞留させ、繰り返し利用させるか（「粘着性」）が、ウェブサイトにとって生き残りのための生命線となっています。

そこではコンテンツの正確性や真実性をはじめ、これまでジャーナリズムで重要視されていた価値は二の次になり、PV やクリック数等といった価値が最も重視され、結果として私たちが脊椎反射的に反応しやすい「刺激」を与えるコンテンツが流通しやすくなります。また近代以降、前提とされてきた「個人」の合理性は、一定の限界があり、脆弱な部分をもつことが分かっています。ここからビッグデータ・AI 時代において特に懸念されるのは、私たちの感情や心理といった脆弱な部分が高度に分析・予測され、「刺激」のために利用されうるという点です（例：政治的マイクロターゲティング）。今後、ソーシャルメディア上では、ますます政治目的を達成するための、ユーザーの感情の争奪戦が行われていくことになるでしょう。

より深刻なのは、いまでは「知るべきこと」を供給してくれるはずの「報道」コンテンツも、プラットフォーム上で流通していることです。新聞記者がコツコツと取材を重ね、コストを負担して生成した調査報道のニュースと、「刺激」的ではあるが不正確で安価に生成されたコンテンツが雑多に流通しているわけです。そして、ただでさえ自らを経済的に成り立たせていた広告収入をプラットフォーム事業者等に奪われつつある報道機関は、そうしたアテンション・エコノミーの世界での「生存戦略」として、自らのコンテンツを「刺激」的なものに「適応」させていくことが考えられます（例：コストのかかる調査報道を取りやめる、科学的な議論を党派的な問題にすり替えて読者を刺激する等）。それは、「番犬」や「解釈者」といった報道機関の機能不全を招き、ひいては、私たちの民主政システムをより弱体化させていくことでしょう。こうした点に対応し、報道機関の機能を底支えするために、調査報道のような「知っておくべきこと」を供給してくれるコンテンツにも、適正な対価が配分されるような仕組みを生み出す必要があるといえます。この点については、参考文献の公正取引委員会の報告書や、Yahoo ニュースの「記事リアクションボタン」の試みなどをぜひ参照してみてください。

同時に、私たちの情報環境をより民主政に親和的なものとするために、関与するアクターそれぞれの役割を見直すことも重要でしょう。近時の試みとしては「デジタル・ダイエット宣言」が挙げられます。この共同提言では、上記のような「アテンション・エコノミー」のもとで、企業の経済的利益追求のために私たちが情報の「偏食」に追いやられつつあることを危惧し、「情報的健康」を確保するための諸原則を、プラットフォーム事業者、マスメディア、政府、そして私たちユーザー自身に提言しています。ここでいう「情報的健康」とは、「多様な情報摂取のバランスをとることを通じて、フェイクニュース等に対して一定の「免疫」（批判的能力）を獲得している状態」のことを指しています。こうした「情報的健康」を実現するために、提言では「コンテンツ・カテゴリー」(栄養素) の表示や、「情報ドック」、「デジタル・ダイエット」などが提案され、さらには「アテンション・エコノミーに代わる経済構造の模索・探究」が掲げられています。もちろん、この提言自体はいまだ発展途上のものであり、「情報的健康」とは (または「不健康」とは) どういう状態を指すのか、健康に必要な「栄養素」とは何かといった点を解明していく必要があるでしょう。また情報的に健康であることを法律などで強制する (「情報健康ファシズム」) ということがないように気を付けなければなりません。提言でも政府による法律などを通じた直接規制について、「ハード・ローによるアプローチは、デジタル技術の発展の源泉であるイノベーションを阻害しうるだけでなく、国家による『検閲』や思想誘導につながるおそれもあり、現段階で最も適切な考え方であるとはいえない」と注意を促しています。ただいずれにせよ、私たちが、私たちの民主政システムを維持・発展させていくためには、情報環境の「デザイン」という広い視野をもったアプローチを模索していく必要があるといえるでしょう。

第９章　報道機関の編集権と内部的自由

1　問題の所在

1　市民の知る権利

本章は報道機関の編集権と内部的自由を扱います。まず、編集権を検討する前提として、憲法21条の保障する表現の自由を確認することにします。

憲法21条は、送り手の表現の自由だけでなく、受け手の知る権利をも保障しています。こうした理解は現代のマスメディアの展開を踏まえたものです。表現の担い手は、マスメディアの登場に伴い、送り手と受け手に分裂しました。しかも、報道機関は表現の伝達を独占するのに対して、一般市民は表現の受領に限定されています。もっとも、インターネットの発達により、一般市民も容易に表現を伝達することが可能となりました。しかし、今日でも、一般市民による表現行為は、報道機関によるほどの社会的影響力を有してはいません。

こうした状況を踏まえ、報道機関は、表現の自由を行使するだけでなく、市民の知る権利にも奉仕しなければならないと理解されるようになりました。そのため、報道機関には、多様な表現を報道することによって、公衆の意見を形成することが求められています。実際に、最高裁判所も、博多駅事件決定において、「報道機関の報道は、民主主義社会において、国民が国政に関与するにつき、重要な判断の資料を提供し、国民の『知る権利』に奉仕するものである」と述べています（最大決1969（昭44）・11・26刑集23巻11号1490頁〈博多駅テレビフィルム提出命令事件〉）。

2　報道機関における分業体制

報道機関が、市民の知る権利に奉仕するためには、どのような内部編成を取る必要があるのでしょうか。

新聞が登場した当時は、少人数かつ小規模で運営されていたため、経営と編集は分離していませんでした。しかし、現在の新聞は、大人数かつ大規模で運営されています。そのため、新聞社は、下請け会社や外部執筆者と協力するだけでなく、新聞社内部においても、経営者と労働者が協業しています。こうしたことは、新聞社だけでなく、放送局においても妥当しています。

しかし、報道機関において分業体制が成立し、経営と編集が分離していれば、経営と編集の関係について、経営者と労働者が対立することもあります。特に経営者が一方的に政治的傾向を変更し、経済的利益を追求する場合には、労働者による編集行為は大きく制約されます。こうしたことは、報道内容にも大きな影響を与えることになります。そのため、報道機関において、経営と編集がどのように編成されているのかは、市民の知る権利にとって重要な問題となります。

報道機関には、市民の知る権利に奉仕するため、報道の自由だけでなく、取材の自由が保障されてきました。しかし、良質な報道が成立するためには、ジャーナリストが様々な事実を自由に取材するだけでなく、事実の解釈と報道の立論を自律的に行う必要があります。こうした編集行為については、政治的傾向や経済的利益を追求する経営者ではなく、専門的知識に基づき実際の取材に従事する多数のジャーナリストに対して、広い自律性を認めるべきであるように思われます。

それでは、実際には、報道機関における編集行為は、どのように理解されてきたのでしょうか。このことを検討することにします。

2　編集権の成立と拡大

1　読売争議

今日まで報道機関の編集行為を規定してきたのは、日本新聞協会理事会が1948年３月16日に公表した「新聞編集権の確保に関する声明」（編集権声明）になります。まず、編集権声明を検討する前提として、戦後直後に行われた読売争議を確認することにします。

多くの新聞社は、第二次世界大戦中に、大本営発表を追随し、戦争遂行に加担していました。そのため、戦後直後には、経営者の戦争責任を追及し、新聞社の民主化を図る運動が展開されました。しかも、このことは、GHQ の新聞政策によって支持されていました。GHQは、1945年９月19日に発した「日本に与える新聞遵則に関する覚書」（プレス・コード）に基づき、新聞界から軍国主義の排除を図ろうとしていたからです。

このことを背景にして、第１次読売争議が行われました。当時の読売新聞では、正力松太郎社長のもと、重役陣は警視庁出身者で占められ、最小限の人員で最大限の効率が追求されていました。そこで、中堅社員は、1945年９月、正力社長に対して、社内の民主化、編集第一主義の確立、戦時期の編集長の更迭などを要求する意見書を提出しました。しかし、正力社長は、これに応じなかったため、10月社員大会が開かれ、社長以下主要幹部の即時退陣が決議されました。会社側は、決議を拒否し、決議を主導した社員の解雇を主張しました。これに対して、社員側は、生産管理戦術で対抗し、紙面制作の中枢機能を占拠し、民主主義に基づく紙面刷新を図ろうとしました。

しかし、正力は12月、戦争犯罪人の容疑で逮捕されました。このことを契機にして、正力は社長を辞任すること、争議を理由とする社員の解雇は撤回すること、編集と業務に関する重要事項は社長と社員代表で協議することについて、会社側と社員側は合意に達しました。このことにより、第１次読売争議は終結しました。その結果として、経営協議会が設置され、社長一人と社員代表数名は、編集と一般事項について協議することになりました。

しかし、GHQは、東西冷戦の激化を背景にして、従来の新聞政策を転換し、新聞界から共産主義の排除を図ろうとしました。読売新聞は、大衆運動を擁護し、吉田内閣の退陣を要求するだけでなく、労働組合に依拠する生産管理を実施していました。そのため、GHQのインボデン新聞課長は、1946年６月、読売報知の記事がプレス・コードに違反していることを指摘し、執筆者や責任者の処分を要求しました。

このことを契機にして、馬場恒吾社長は、編集・労組幹部６名の解雇を主張しました。これに対して、組合側は、第２次読売争議を開始しました。組合側はストライキを展開しましたが、会社側は編集局に警察官を投入し、組合も分裂させました。産業別組合である日本新聞通信放送労働組合（新聞単一）は、読売争議を支持するための新聞ゼネストを呼びかけましたが、朝日新聞や毎日新聞などの大手労組は参加しませんでした。そのため、第２次読売争議は、編集・労組幹部6名の退社によって終結しました。

会社側は、第2次読売争議のなかで、新聞の経営者は、編集方針を決定する権限と、編集方針を実施するための人事権を有すると主張していました。さらに、GHQ経済科学局労働課は、1948年3月3日、「日本の新聞労働関係に対する新聞準則（プレス・コード）の適用に関する声明」を公表しています。この声明は、新聞の編集方針、編集内容、記事内容の決定について、経営者が単独で全責任を負うと述べていました。もっとも、経営者は、編集方針に対する不当な干渉を口実にして、労働者を差別的に取扱ってはならないとも述べています。

2　編集権声明

このことを背景にして、新聞の経営者団体である日本新聞協会は、編集権声明を公表しました。次に、この内容を検討することにします。

まず、編集権声明は、「新聞の自由は憲法により保障された権利であり、法律により禁じられている場合を除き一切の問題に関し公正な評論、事実に即する報道を行う自由である」としたうえで、「この自由はあらゆる自由権の基礎であり民主社会の維持発展に欠くことが出来ぬものである。またこの自由が確保されて初めて責任ある新聞が出来るものであるから、これを確立維持することは新聞人に課せられた重大な責任である。編集権はこうした責任を遂行する必要上何人によっても認められるべき特殊な権能である」としています。

これに続いて、編集権声明は、編集権の内容・行使者・確保を定義しています。まず、編集権声明は、「編集権とは新聞の編集方針を決定施行し報道の真実、評論の公正並びに公表方法の適正を維持するなど新聞編集に必要な一切の管理を行う権能である」としました。なお、「編集方針とは基本的な編集綱領の外に随時発生するニュースの取扱いに関する個別的具体的方針を含む」とし、「報道の真実、評論の公正、公表方法の適正の基準は日本新聞協会の定めた新聞倫理綱領による」としています。

さらに、編集権声明は、「編集内容に対する最終的責任は経営、編集管理者に帰せられるものであるから、編集権を行使するものは経営管理者およびその委託を受けた編集管理者に限られる」としています。なお、「新聞企業が法人組織の場合には取締役会、理事会などが経営管理者として編集権行使の主体となる」としました。

最後に、編集権声明は、「新聞の経営、編集管理者は常時編集権確保に必要な手段を講ずると共に個人たると、団体たると、外部たると、内部たるとを問わずあらゆるものに対し編集権を守る義務がある」とし、「外部からの侵害に対してはあくまでこれを拒否する。また内部においても故意に報道、評論の真実公正および公表方法の適正を害しあるいは定められた編集方針に従わぬものは何人といえども編集権を侵害したものとしてこれを排除する」としました。特に「編集内容を理由として印刷、配布を妨害する行為は編集権の侵害である」としています。

3　編集権の拡大

編集権声明は、経営者は新聞編集に必要な一切の管理権能を掌握するから、外部だけでなく内部からの干渉も排除することができるとしています。しかも、編集権声明には「解説」が付されていました。「解説」は、「編集権は所有権、経営権に由来するものである」とし、「編集権に参与することを目的とする団体交渉や争議行為は認められない」としています。そのため、編集権とは、新聞社の所有権を根拠として、経営者が労働基本権を広範に制約することを正当化するものであったということができます。

しかし、編集権は、新聞社だけでなく、NHK にも拡大されました。NHK は、すでに日本新聞協会に加盟していましたが、1970年には「表現の自由と経営権・編集権」という内部資料を作成しています。この資料は、「会長は、協会を代表し、経営委員会の定めるところに従い、その業務を総理する」と定める放送法26条１項（現51条１項）を根拠として、NHK の編集権は会長に専属するとしています。そのうえで、「単位番組の企画から個別番組の制作・送出にいたる編集・放送のすべての段階において、一般職員の業務は、すべて就業規則による業務遂行上の義務であって、編集に参加する権利が一般職員に与えられているものではない」としています。

たしかに、新聞社の経営者は、所有権に基づき、一定の権限を有していますが、所有権は、絶対無制約なものではなく、多くの制約を受けています。憲法

22条１項は、職業選択の自由について、憲法29条２項は、財産権について、公共の福祉による制約を明記しています。さらに、憲法28条は、団結権、団交権、争議権からなる労働基本権を保障しています。そのため、所有権を根拠に編集権を主張することによって、労働基本権を制約することの根拠は、それほど明確ではありません。さらに、放送局は、新聞社とは異なり、放送免許を受け、電波を使用しています。しかも、NHK は、放送法に基づき設立され、受信料に基づき運営されています。そのため、放送については、所有権を援用することはできません。むしろ、放送に対し編集権を拡大することは、編集権概念に内在的整合性がないことを示しています。

3　判例における編集権の位置づけ

1　山陽新聞社事件

それでは、裁判所は、編集権をどのように位置づけてきたのでしょうか。ここでは、山陽新聞社事件と NHK 番組改編事件を取り上げることにします。まず、山陽新聞社事件を検討します。

山陽新聞社は、岡山県を中心に山陽新聞を発行し、1957年に「大岡山市の設計図」を連載して、市町村合併を主張していました。その後、三木行治岡山県知事は、岡山市と倉敷市を中核に市町村を合併する岡山県南百万都市計画を提唱しました。そこで、山陽新聞は、百万都市計画を推進するキャンペーンを大々的に展開しました。

しかし、百万都市計画には、岡山県が民主的手続を経ず一方的に推進している、地域住民の生活基盤よりも独占資本の産業基盤を重視している、新市の規模が広大であるため地方自治に反している、新市の担う財政負担によって住民サービスの低下が懸念されるといった様々な批判が寄せられました。このことを背景にして、百万都市計画は挫折しています。

山陽新聞労働組合は、山陽新聞社が百万都市計画を推進することを批判するビラを一般市民に配布しました。そのため、山陽新聞社は、本件ビラ配布は就業規則所定の懲戒事由に該当すると主張し、山陽労組役員を懲戒解雇しました。それに対して、当該役員は、本件解雇は無効であると主張し、従業員としての地位保全を求める仮処分を申請しました。

岡山地方裁判所は、「報道事業を営むものは他の企業と比較するときその社会的使命は一段と重大であり他の何ものにも拘束されることなく報道批判するとともに、自らも他から十分な批判を受けそれに堪えるものでなければならない」としたうえで、「組合が会社の方針を批判することにより会社が不利益を受けるような場合もそれが真実に合致している場合は正当な批判として就業規則違反の責は生じない」としています（岡山地判1963（昭38）・12・10労民14巻6号1466頁）。

さらに、広島高等裁判所は、「民主的平和国家建設にあたり新聞が公衆に与える影響は多大であり、その果す役割りは重大である」としたうえで、「報道にあっては私見をさしはさむことなく事件の真相を正確忠実に伝え、評論にあっては世におもねらず所信は大胆に表明されなければならない」とともに、「その営業方針は直接・間接に国民生活に影響を与えるものであり、その企業内事情を暴露することは公益に関する行為として、それが真実に基くかぎり企業はこれを受任すべきである」としました（広島高岡山支判1968（昭43）・5・31労民19巻3号755頁）。

岡山地裁と広島高裁は、本件ビラは真実の内容を記載しているので、本件解雇は無効であると判断しています。編集権は、経営者の編集方針に反する労働者を排除するものでした。本件でも、山陽新聞社は、百万都市計画推進キャンペーンに反対する山陽労組役員を解雇しています。そのため、裁判所は、新聞の公共的性格に基づき、編集権を統制しようとしたと考えることができます。

2　NHK番組改編事件

次に、NHK番組改編事件を検討します。NHKは、2001年1月30日、NHK教育テレビ「ETV2001シリーズ　戦争をどう裁くか」第2回「問われる戦時性暴力」を放映しました。本件番組は、2000年12月、市民団体「『戦争と女性への暴力』日本ネットワーク」（バウネット・ジャパン）が主催した民衆法廷「日本軍性奴隷制を裁く女性国際戦犯法廷」を取り扱っていました。しかし、番組内容については、放映前から右翼団体や政治家から激しい批判が寄せられていました。そのため、放映直前まで、編集作業が繰り返し行われました。特にNHKの国会対策幹部は、事前に番組内容を国会議員に説明したうえで、国会議員の意向に沿うよう、番組内容の大幅な改編を指示しています。その結果として、実際に放映された番組は、本来の放映時間よりも短く、当初の番組趣旨にも反するものとなりました。

そこで、バウネット・ジャパンは、放映された番組は、取材依頼時の説明で抱いた期待や信頼を侵害すると主張し、NHK、NHKから番組制作を委託されたNHKエンタープライズ21（NEP)、NEPから番組制作を再委託されたドキュメンタリー・ジャパン（DJ）に対し損害賠償を請求しました。東京地方裁判所は、DJに対する請求を認容しましたが（東京地判2004（平16)・3・24民集62巻6号1777頁)、東京高等裁判所は、NEPとNHKに対する請求も認容しています（東京高判2007（平19)・1・29民集62巻6号1837頁)。東京高裁は、「取材の経過等を検討し、取材者と取材対象者の関係を全体的に考慮して、取材者の言動等により取材対象者がそのような期待を抱くのもやむを得ない特段の事情が認められるときは、番組制作者の編集の自由もそれに応じて一定の制約を受け、取材対象者の番組内容に対する期待と信頼が法的に保護される」としたうえで、NHKは「国会議員等の意図を忖度してできるだけ当たり障りのないように番組を改編した」ため、「憲法で尊重され保障された編集の権限を濫用し、又は逸脱した」から、「放送事業者に保障された放送番組編集の自由の範囲内のものであると主張することは到底できない」としています。

しかし、最高裁判所は、すべての請求を棄却しました（最判2008（平20)・6・12民集62巻6号1656頁)。最高裁は、「どのように番組の編集をするかは、表現の自由の保障の下、公共の福祉の適合性に配慮した放送事業者の自律的判断にゆだねられている」としたうえで、「取材対象者が、取材担当者の言動等によって、当該取材で得られた素材が一定の内容、方法により放送に使用されるものと期待し、あるいは信頼したとしても、その期待や信頼は原則として法的保護の対象とはならない」としています。もっとも、最高裁も、「当該取材に応ずることにより必然的に取材対象者に格段の負担が生ずる場合において、取材担当者が、そのことを認識した上で、取材対象者に対し、取材で得た素材について、必ず一定の内容、方法により番組中で取り上げる旨説明し、その説明が客観的に見ても取材対象者に取材に応ずるという意思決定をさせる原因となるようなものであったときは」、取材対象者の期待や信頼は、法的に保護されるとしつつも、本件では、そうした事情は存在しないとしています。

本件では取材対象者の期待や信頼が直接の争点となりました。東京高裁は、取材対象者の期待や信頼が保護される要件として、取材対象者が期待や信頼を抱く特段の事情があることを求めたのに対して、最高裁は、取材対象者に格段の負担が生じ、取材担当者が必ず一定の方法と内容で放映すると説明していることを求めています。しかし、本件では、放送事業者の幹部が、国会議員の意向を付度し、現場の番組制作者に改編を指示したことも問題となっていました。東京高裁は、放送事業者は、編集の自由を逸脱濫用したとするのに対して、最高裁は、番組編集は、放送事業者の自律的判断に委ねられるとしています。最高裁は、取材対象者の期待や信頼を保護する要件を狭く解しつつ、放送事業者の自律的判断を強調することによって、現場の番組制作者に対する改編指示を容認しています。ここでは編集権を統制する視点は存在しません。編集権は、外部からの干渉を排除することを含んでいましたが、本件では、外部からの干渉を内部に対し貫徹することを正当化したということができます。

4　内部的自由

1　内部的自由の構造

BPO 放送倫理検証委員会は、2009年、「NHK 教育テレビ『ETV2001シリーズ戦争をどう裁くか』第２回「問われる戦時性暴力」に関する意見」を公表しました。この意見書は、NHK に対して、放送倫理上の問題を指摘し、国会対策部門と放送制作部門の分離を提唱したうえで、内部的自由について問題提起を行っています。内部的自由は、ジャーナリストの権利を保障するものであるため、経営者の編集権に対抗するうえで、非常に重要なものとなります。そこで、最後に、内部的自由を検討することにします。はじめに、内部的自由がどのような構造を取っているのかを概観します。

内部的自由は、編集に関する権限について、編集に関わる主体が分担することを求める分離型と、共有することを求める参加型に分けることができます。ここでは、編集に関する権限とは何か、および編集に関わる主体とは誰かが問題となります。編集権声明は、新聞社の所有者、経営者、編集者に対して、新聞編集に必要な一切の管理権能を与えていました。しかし、編集に関わる主体には、現場のジャーナリストも含まれ、編集に関する権限も、より細かく分けることができます。編集権限については、紙面を作成する権限を中核とし、その周辺に、編集に関わる人事や予算を決定する権限を位置づけることができます。さらに、紙面作成権についても、新聞社の基本的な編集上の立場を示す基本方針、長期的問題に対する編集上の対応を示す長期方針、日々の具体的な紙面作成の方針を示す個別紙面方針を決定する編集方針決定権を中核とし、その周辺に、個別の記事の紙面掲載を決定する個別記事取扱決定権や、個々の広告の紙面掲載を決定する広告取扱決定権を位置づけることができます。こうした区別は、新聞だけでなく、放送についてもあてはまります。

そのうえで、編集主体が編集権限を分担する分離型についていえば、第1に、所有と経営を分離することによって、所有者の意向が経営者の判断に干渉することを排除することができます。第2に、経営と編集を分離することによって、経営者の判断が編集上の決定に介入することを阻止することができます。第3に、ジャーナリストに対して良心条項を設けることによって、政治的信条を理由として記事の執筆を拒否することを認めることができます。さらに、編集主体が編集権限を分担する参加型についていえば、第1に、従業員持株制を採用し、従業員を株主とすることによって、経営に参加することを認めることができます。第2に、ジャーナリストに対して、編集方針決定に参加する権利を保障することができます。第3に、ジャーナリストに対して、編集に関わる人事の決定に参加する権利を保障することができます。

2　日本における内部的自由の保障

それでは、日本において、内部的自由は、どれほど保障されているのでしょうか。日本では編集権が確固として存在しているため、内部的自由を完全に保障することはできません。しかし、編集権を前提としつつ、編集権を修正する制度も考案されてきました。そのうちのいくつかをみることにします。

まず、1977年、経営危機に直面した毎日新聞社が策定した「毎日新聞社編集綱領」は、「社の内外を問わず、あらゆる不当な干渉を排して編集の独立を守る。この編集の独立は、全社員の自覚と努力によって確保される」（編集の独立）とし、「毎日新聞の記者は、編集方針にのっとって取材、執筆、紙面制作にあたり、何人からも、編集方針に反することを強制されない」(記者の良心)としたうえで、「毎日新聞に編集綱領委員会（……）を置く。委員会は、編集を直接担当する社員若干名で構成し、編集の基本にかかわることを取り扱う」としています。

次に、2007年、「発掘！あるある大事典II」の番組捏造に対処するため、関西テレビが設置した「活性化委員会」(現オンブズ・カンテレ委員会）は、「当社の番組制作に携わる者が、放送番組基準に沿わない、良心に反する業務を命じられた場合など、事実関係を調査し、当社に対し注意喚起・改善などを求めます」としています。

最後に、2015年、慰安婦報道の検証に対する経営幹部の介入を契機にして、朝日新聞社が設置した「編集権に関する審議会」は、「編集権は本来、取締役会にありますが、当社取締役会は編集の独立を尊重して日々の編集権の行使は編集部門に委ね、原則介入しません。経営に重大な影響を及ぼす事態で記事内容に関与する必要があると判断した場合に審議会を招集。その助言を踏まえ、改めて取締役会で議論します。必要に応じ、編集部門が審議会の招集を求めることもできます」としています。

3　ドイツにおける内部的自由の保障

今みたように、日本でも内部的自由の保障が試みられてきました。しかし、日本における内部的自由の保障は、編集権の存在を前提としているため、非常に不十分なものに止まっています。しかし、報道機関が市民の知る権利に奉仕するためには、経営者に対するジャーナリストの権利を保障する必要があります。こうした観点から、内部的自由の保障を徹底したものとして、ドイツにおける報道機関を挙げることができます。ドイツでは、新聞社については、独占の進行に対処するため、公共放送においては、政党の支配に対抗するため、内部的自由が保障されてきました。新聞社での内部的自由は、労使協定によって保障されています。それに対して、公共放送での内部的自由は、法律に基づき保障される場合があります。ここでは、特に西部ドイツ放送協会（WDR）を取り上げることにします。WDRでは、内部的自由を定める編集者綱領が、1969年の編集者代表会によって承認され、1985年のWDR法改正によって法律上の位置づけが与えられました。この法改正を受け、1987年には編集者綱領の改訂が行われています。以下では、1987年改訂のWDR編集者綱領が、内部的自由をどのように保障しているのかをみることにします。

まず、WDR編集者綱領は、WDRは、憲法の保障する放送の自由およびWDR法に基づいて自身の任務を遂行し、自由な意見形成の媒体および要因として公衆に帰属するとしています。そのうえで、番組制作者は編集者総会を組織し、編集者総会を代表する７人の委員を選出することによって、編集者代表会を組織するとしています。編集者総会は、放送協会長との間で、放送の自由を維持し、あらゆる介入から保護することは、民主主義社会において極めて重要であるとの合意のもと、編集者綱領を作成します。

次に、WDR編集者綱領は、番組制作者は、協会の任務遂行に協力するとしつつ、任務を遂行する際には、自己のジャーナリズム上の責任に依拠するとしています。そのうえで、番組制作者の良心を保護する規定を設けています。番組制作者は、記事を執筆し、番組を制作する際には、自己の信条に反する意見や芸術上の見解の表明を強制されません。さらに、自己の情報に反する報告の遂行や、真実で公共的な情報に関する報告や意見の抑制も強制されません。

さらに、WDR編集者綱領は、番組に関する紛争は、編集者代表会が中心となって対処するとしています。番組制作者は、ジャーナリズム上または芸術上の制作の自由が侵害された場合には、編集者代表会に訴えることができます。編集者代表会は事実を速やかに調査し、番組制作者の訴えに根拠がある場合には、関係者とともに救済を図るための協議を行います。しかし、協議が不調に終わった場合には、放送協会長と協議を行います。両者が紛争を解決することができない場合には、仲裁委員会を召集することができます。仲裁委員会は放送協会長に勧告を行い、放送協会長は、勧告に従わない場合には、仲裁委員会に文書で説明し、編集者代表会にも理由を説明しなければなりません。

最後に、それ以外の問題について、WDR編集者綱領がどのような定めを置いているのかを確認します。まず、放送予定の番組が中止され、番組の内容や意味が大幅に変更された場合には、責任者は番組制作者に対し理由の説明を行わなければなりません。次に、番組や番組制作者の編集作業に重大な影響を与える措置が講じられる場合には、編集者代表会は、十分な情報が提供され、意見を表明する機会が確保されなければなりません。さらに、編集者代表会は、番組制作局の管理職任用基準に関する協議に参加し、編集者総会は、協会の広報室を通して、重要な問題に関する決議と意見を表明することができます。

このように、WDR編集者綱領は、番組制作者の内部的自由を保障しています。もっとも、近年では、ドイツにおける報道機関についても、若年層のメディア離れが深刻化し、激しいメディア間競争に晒されるなかで、内部的自由を十分に保障することが困難となっています。さらに、報道機関の内部編成について、国家が法律に基づいて定めることは、表現の自由を侵害する危険性もあります。しかし、報道機関による報道については、報道を行う報道機関だけでなく、報道を受け取る市民の存在も重要となり、報道機関のなかでは、経営者だけでなく、ジャーナリストも活動しています。そのため、報道の自由においては、報道機関と市民の関係、および経営者とジャーナリストの関係を適切に整序する必要があります。報道機関が市民の知る権利に奉仕するため、経営者に対するジャーナリストの権利を保障することは、そのうちの重要な選択肢として位置づけることができ、こうしたことを労使協定だけでなく法律によって定めることは、報道の自由を規制するものではなく、報道の自由を保障するものとして評価することができます。さらに、内部的自由を保障することによって、ジャーナリストは、専門的知識を駆使して、良質な報道を行うことができます。このことは、近年のインターネットメディアとは異なる既存のマスメディアの存在意義を明確化することにもなります。したがって、編集権を超克し、内部的自由を保障することの意義は、今日においても失われていません。

第10章　放送の自由と通信の秘密
——放送・通信融合の時代を踏まえて

1　通信の秘密

1　表現と通信

（1）表　現

本章は放送の自由と通信の秘密を扱います。まず憲法の規定を確認することにします。憲法21条１項は、集会の自由、結社の自由、表現の自由を保障し、２項前段は、検閲を禁止しています。しかも、表現の自由については、言論の自由、出版の自由、その他一切の表現の自由を明記しています。言論の自由は、口頭による表現、出版の自由は、印刷による表現、その他一切の表現の自由は、それ以外の手段による表現を保護しています。放送による表現は、その他一切の表現の自由により保護されます。

（2）通　信

さらに、憲法21条２項後段は、通信の秘密を保障しています。このように、憲法21条は、表現（１項・２項前段）と通信（２項後段）を区別しています。表現は、特定人が不特定人へ情報を伝達すること、通信は、特定人が特定人に情報を送信することを意味しています。もっとも、インターネットの発達により、電子掲示板やウェブサイトが使用されるようになりました。これらは、電気通信技術を使用しつつ、不特定人へ情報を伝達することを意図しています。こうした公然性を有する通信については、個々のサービスの性質に基づき、表現にあたるか、通信にあたるかを判断することになります。たとえば、電子掲示板への書き込みは、利用者と管理者の間の通信であるのに対して、電子掲示板による情報伝達は、利用者の不特定人への表現であると考えることができます。以下では、表現と通信の区別を前提として、通信の秘密を概観したうえで、放送の自由を検討することにします。

2　通信の秘密

（1）　通信の秘密

まず、通信の秘密の根拠をみたうえで、通信の秘密の内容をみることにします。通信の秘密は、憲法21条２項後段により規定されているため、表現の自由の一部として保障されていると考えることができます。しかし、通信は、特定人の間の情報送信であるため、私的な内容を多く含んでいます。そのため、通信の秘密は、憲法13条の保障するプライバシー権の一環として保障されていると考えることもできます。現在では、根拠条文よりも保障内容を重視して、通信の秘密はプライバシー保護のために保障されていると考えられています。

通信の秘密は、通話の内容、手紙の本文、メールの本文といった通信の内容だけでなく、送受信者の氏名、住所、電話番号、メールアドレス、送受信の日時や回数といった通信の外形的事項も保護しています。通信の外形的事項は、通信の内容ではありませんが、通信の内容を推知させるものとなるからです。そのため、国家が通信の内容や外形的事項を知得し漏洩することは、禁止されています。もっとも、通信の秘密については、検閲の絶対的禁止とは異なり、必要最小限度の制約を行うことが認められています。

（2）　電気通信事業法

憲法の保障する通信の秘密は、国家と私人の関係を対象としています。しかし、通信の秘密と大きく関わる電気通信事業は、憲法制定当時の1946年には国営となっていましたが、1985年には民営化されました。そのため、私人と私人の関係で通信の秘密を保障するため、1984年に電気通信事業法が制定されています。

電気通信事業法２条は、電気通信を、有線や無線などの電磁的方式により、符号、音響、影像を送り、伝え、受けることをいうとしたうえで、電気通信を行うための電気的設備を電気通信設備、電気通信設備を他人の通信の用に供することを電気通信役務、電気通信役務を他人の需要に応ずるために提供する事業を電気通信事業、電気通信事業を営むことについて登録や届出を行った者を電気通信事業者、電気通信事業者の行う電気通信役務の提供業務を電気通信業務としています。以下では、電気通信事業者に関する通信の秘密をみておきます。

（3）　電気通信事業者と通信の秘密

電気通信事業法は、電気通信事業者の取扱中に係る通信について、検閲を禁止し（3条）、秘密を保護しています（4条）。さらに、通信の秘密を侵害した者には、2年以下の懲役または100万円以下の罰金を科しています（179条）。

電気通信事業者の取扱中とは、発信者の発信から受信者の受信に至るまで電気通信事業者の支配管理下にあることを意味し、通信の秘密の侵害とは、通信の内容や外形的事項について、知得や漏洩だけでなく、窃用を行うことを意味しています。窃用とは、本人の意思に反し自己または他人の利益のために利用することをいいます。窃用が禁止されるのは、電気通信事業者は、通信の秘密を業務上正当に知る場合がありますので、正当な業務範囲を超えて使用することを禁止する必要があるためです。

さらに、通信の秘密の侵害に対する法定刑は、信書の開封に科される1年以下の懲役または20万円以下の罰金（刑133条）や、秘密の漏示に科される6月以下の懲役または10万円以下の罰金（刑134条）よりも重くなっています。このことは、電気通信事業法が、プライバシーだけでなく、電気通信事業の適正かつ合理的な運用に対する社会的信頼を保護していることを示しています。

2　放送の自由

1　放送の定義

（1）　放　送

次に放送の自由を検討することにします。放送の自由は、1対1の局面を対象とする通信の秘密とは異なり、1対多の局面を対象としています。それでは、そもそも放送とは、どのようなことを意味しているのでしょうか。放送の定義は、放送に使用する技術の発展に伴い拡大してきました。このことを踏まえ、現在の放送法上の定義を確認することにします。

放送法2条1号は、放送を、公衆が直接受信することを目的として、電気通信を送信することをいうとしています。電気通信の送信は、有線による場合も無線による場合もありますので（電気通信事業法2条1号）、放送にも、有線通信によるもの（IPTVやCATV）と、無線通信によるもの（地上波放送や衛星放送）があります。なお、ビデオ・オン・デマンドは、特定人による受信を目的としているため、放送には含まれません。

（２）　基幹放送と一般放送

そのうえで、放送は、基幹放送と一般放送に区別されます。基幹放送は、電波法の規定により、放送を行う無線局に専らまたは優先的に割り当てられる周波数の電波を使用する放送をいい（放送法２条２号）、具体的には、衛星基幹放送（同条13号）、移動受信用地上基幹放送（同条14号）、地上基幹放送（同条15号）を指します。衛星基幹放送は、人工衛星の放送局を用いて行う基幹放送（BS放送、東経110度CS放送）、移動受信用地上基幹放送は、陸上を移動するものに設置して使用する受信設備または携帯して使用する受信設備により受信されることを目的とする基幹放送（V-High帯マルチメディア放送、V-Low帯マルチメディア放送）、地上基幹放送は、衛星基幹放送と移動受信用地上基幹放送を除く基幹放送（地上波のテレビ・ラジオ放送）を意味します。それに対して、一般放送は、基幹放送以外の放送をいいます（同条３号）（東経110度以外のCS放送、CATV、有線ラジオ放送、エリア放送）。

（３）　認定基幹放送事業者と基幹放送局提供事業者

基幹放送と一般放送は、民主主義の健全な発達に寄与し、基本的情報の共有を促進するなど、放送の社会的役割の実現を目的としています。しかし、両者の相違に着目して、放送の社会的役割の実現は、基幹放送は適正確実に確保する必要があるのに対して、一般放送は適正確実に確保する必要はないと考えられています。そのため、一般放送には、厳しい規制は課されないのに対して、基幹放送には、厳しい規制が課されることになります。以下では基幹放送についてみておきます。

基幹放送については、基幹放送の業務を行う者と、基幹放送の設備を持つ者の分離が原則となります（ハードとソフトの分離）。前者は、認定基幹放送事業者といい（放送法２条21号）、放送業務を行うため、総務大臣から認定を受ける必要があります（同法93条１項）。それに対して、後者は、基幹放送局提供事業者といい（同法２条24号）、放送設備を持つため、総務大臣から免許を受ける必要があります（電波法４条）。基幹放送局提供事業者は、認定基幹放送事業者に対して、設備を提供する義務を負います（放送法117条）。

（4）　特定地上基幹放送事業者

BS放送や東経110度CS放送については、放送分野への新規参入を促すため、原則通りハードとソフトの分離が採用されました。それに対して、地上波のテレビ・ラジオ放送については、従来からの運営形態を引き継いで、例外的にハードとソフトの一致が採用されています。そのため、地上基幹放送については、放送設備の免許を受けた者は、新たに認定を受けることなく、放送業務を行うことができます。これを特定地上基幹放送事業者といいます（放送法2条22号）。

2　番組編集準則

（1）　放送法の目的

それでは、基幹放送は、なぜ免許や認定を受ける必要があるのでしょうか。さらに、どのように放送の社会的役割を実現するのでしょうか。これらのことを、放送法の目的を手がかりに、より詳しくみていくことにします。

放送は、即時かつ同時に、広範かつ直接に、映像と音声を通して、強い刺激を与えることができるため、大きな社会的影響力を有しています。放送法は、このことを前提として、放送が公共の福祉に適合することを求めています（1条）。ここでの公共の福祉とは、放送が最大限普及することや、民主主義が健全に発達することを意味しています（同条1号・3号）。この観点から、公序良俗、政治的公平性、報道の正確性、論点の多角的解明からなる番組編集準則が法定されています（4条1項）。

その一方で、放送法は、放送による表現の自由の確保を明示したうえで（1条2号）、番組編集の自由を保障し、放送番組に対する干渉や規律を禁止しています（3条）。さらに、放送に携わる者の職責に言及したうえで、放送事業者に対して、放送番組編集基準の策定（5条1項）と放送番組審議機関の設置（6条1項）を義務づけています。このように、放送法は、放送の社会的影響力を適正に行使することと、放送による表現の自由を保障することを調整していると考えることができます。

（2）　番組編集準則の内容

しかし、その調整とは、具体的に、どのようなものなのでしょうか。このことを、番組編集準則に焦点を当てて考えてみます。

まず番組編集準則の位置づけを確認しておきます。番組編集準則は、番組編集の自由を前提としています。放送は電波を利用する場合が多いため、無線局の免許制のもとで、国家による介入を防ぐ必要があるからです。放送が公共の福祉に適合するよう、国家が規律を行う際には、法律に基づかなければなりません。さらに、番組編集準則は、番組基準の策定を前提としています。番組編集準則は大綱的基準にとどまるため、詳細な基準は番組基準に委ねられることになります。実際に、各放送事業者は、番組基準を定めるだけでなく、より詳細な放送ガイドラインも定めています。さらに、民放に共通する基準として、民放連放送基準が定められ、NHK と民放に共通する基準として、放送倫理基本綱領が定められています。

番組編集準則は、大きく消極的規定と積極的規定に分かれます。一方で、放送は、公安と善良な風俗を害してはなりません（放送法４条１項１号）。他方で、放送には、消極的に公序良俗を尊重するだけでなく、積極的に公共の福祉を達成することが求められます。すなわち、①事実を正確に報道すること（同項３号）（報道の正確性）、②社会的問題について、意見対立がある場合には、対立する意見を十分かつ公平に報道すること（同項４号）（論点の多角的解明）、③政治的問題について、意見対立がある場合にも、対立する意見を十分かつ公平に報道すること（同項２号）（政治的公平性）です。なお、政治的公平性の意味については、NHK が選挙報道で特定の有力候補者のみを取り上げたことが、政治的公平性に反するかが問われた事件において、政治的公平性は、選挙に関する報道や評論について、政見放送や経歴放送と同程度の形式的な平等取扱いを求めるものではないとした裁判例があります（東京高判1986（昭61）・２・12判時1184号70頁）。

（３） 番組編集準則の法的拘束力

それでは、放送事業者が番組編集準則に違反した場合には、何らかの制裁が課されるのでしょうか。現在の放送法制では、放送事業者が「放送法」に違反した場合には、総務大臣は一定の処分を行うことができます。すなわち、特定地上基幹放送事業者については、放送局の運用停止や免許取消（電波法76条１項・４項３号）、それ以外の放送事業者については、業務停止（放送法174条）を命じることができます。そのため、ここでの「放送法」の中に番組編集準則が含まれるとすれば、番組編集準則違反には制裁を課すことができるのに対して、含まれないとすれば、制裁を課すことはできません。

このことについては、番組編集準則は、倫理規定であるので、「放送法」には含まれないとする見解と、法的規定であるので、「放送法」には含まれるとする見解が対立してきました。戦後当初の放送法制は、放送の有する社会的影響力に着目した放送法と、放送に用いる電波の稀少性に着目した電波法と、内閣から独立した電波監理委員会設置法により構成されていました。電波監理委員会が設置されたのは、電波管理と放送規制の公平性のため、特定の勢力から支配されることなく、電波政策や放送政策を長く安定的に行う必要があったからです。このことは、戦前から戦中にみられた放送の国家統制を繰り返さないとの思想に基づいていました。

もっとも、電波監理委員会は、1952年に廃止されたため、電波管理と放送規制は、郵政省（現総務省）に委ねられることになりました。しかし、内閣の指揮監督に服する行政庁が、番組編集準則違反を理由に、放送事業者に処分を下すことは、国家が表現内容を規制することを禁止する表現の自由とは両立しません。そのため、番組編集準則は、倫理規定にとどまるとの見解が通説となりました。この場合には、番組編集準則は、番組基準や番組審議会を前提としつつ、放送事業者が自らの職責に基づき解釈するものとなります。

行政庁も、長らく番組編集準則を倫理規定と解釈してきましたが、1993年の椿事件を契機として、法的規定と解釈するに至りました。椿事件とは、テレビ朝日の報道局長であった椿貞良が、民放連の会合にて、同年の衆院総選挙に関する報道では、非自民政権の誕生を意図して報道するよう指示したと発言したものです。後に椿は衆院に証人喚問され、テレビ朝日は郵政省から厳重注意の行政処分を受けました。この時点から、放送事業者に対して、運用停止や業務停止の事前措置として、行政処分が多用されるようになりました。行政処分は、責任主体が各総合通信局長、放送行政担当の政策統括官・局長、大臣の順に、さらに処分内容が口頭注意、注意、厳重注意、警告の順に重くなっていきます。2007年の「発掘！あるある大事典Ⅱ」事件では、番組でのデータ捏造などを理由に、総務大臣が関西テレビに対して警告を行っています。このように、番組編集準則の法的拘束力を前提に行政処分を多用することは、放送による表現の自由の保障との関係で重大な問題を投げかけています。

3　放送の秩序

1　NHK

（1）　二元秩序

放送の自由は、憲法21条の保障する表現の自由を踏まえ、国民の知る権利を実質的に充足し、健全な民主主義の発達に寄与するものです。放送法は、放送の自由を実現するため、NHK と民間放送からなる二元秩序を採用しました。ここでは、受信料に基づく NHK がすべての国民の要望を満たし、広告料に基づく民間放送が個人の創意と工夫を活かすことで、両者が相互に長所を発揮し、お互いを啓蒙し合い、相互の欠点を補うことが期待されています。以下では NHK と民間放送についてみていくことにします。

（2）　NHKの目的

放送法は、NHK の目的として、①公共の福祉のため、あまねく日本全国で受信できるようにすること、②豊かで良い放送番組による国内基幹放送を行うこと、③放送と受信の進歩発達に必要な業務を行うこと、④国際放送と協会国際衛星放送を行うことを挙げています（15条）。さらに、番組編集準則の特例として、①公衆の要望を満たし、文化水準の向上に寄与するよう最大の努力を払うこと、②全国向けの番組だけでなく、地方向けの番組も放送すること、③過去の優れた文化を保存し、新たな文化を育成し普及することに役立つことを掲げています（81条1項）。

（3）　NHKの業務

放送法は、NHK の業務として、必須業務、任意業務、目的外法定業務を定めています（20条）。法定業務以外の業務は禁止され、違反した役員には100万円以下の罰金が課されます（181条1号）。営利目的の業務遂行も禁止されています（20条4項）。

必須業務とは、NHK が必ず行わなければならないものをいいます（20条1項各号）。具体的には、①国内基幹放送（中波放送によるものとして、ラジオ第1放送、ラジオ第2放送、超短波放送によるものとして、FM、テレビジョン放送によるものとして、総合テレビ、Eテレ)、②衛星によるテレビジョン放送(BS1、BSプレミアム、BS4K、BS8K)、③放送と受信の進歩発達に必要な調査研究(技術面に関する調査研究を行うものとして、放送技術研究所、文化面に関する調査研究を行うものとして、放送文化研究所)、④邦人・外国人向けの国際放送(日本語と外国語によるNHK ワールド・ラジオ日本)、⑤協会国際衛星放送(邦人向けのものとして、NHK ワールド・プレミアム、外国人向けのものとして、NHK ワールド TV)があります。

任意業務とは、行うかどうかがNHK に委ねられているものをいいます(20条2項各号)。具体的には、①中継国際放送、②放送番組を電気通信回線により視聴者へ提供すること、③放送番組を電気通信回線により番組提供事業者へ提供すること、④放送番組を外国放送事業者に提供すること、⑤外国人向けの協会国際衛星放送の放送番組を放送事業者に提供すること、⑥付帯業務、⑦多重放送を行う者に放送設備を賃貸すること、⑧放送と受信の進歩発達を目的とした調査研究、技術援助、放送従事者養成、⑨特任業務があります。

目的外法定業務とは、上記業務に支障のない範囲で行うものをいいます(20条3項各号)。①施設や設備を一般の利用に供し、または賃貸すること、②設備や技術を活用して行うのが適切と認められるものがあります。

(4) NHKの組織

放送法は、NHK の組織として、経営委員会(28条)、監査委員会(42条)、役員(49条)を置いています。

経営委員会は、法定の議決事項の議決と役員の職務執行の監督を行い(29条1項)、委員12名から組織されます(30条)。委員は、公共の福祉を公正に判断し、広い経験と知識をもつ者の中から、衆参の同意を得て、内閣総理大臣が任命します。その際には、教育、文化、科学、産業などの各分野と、全国各地方を公平に代表するよう配慮する必要があります(同条1項)。委員長は、委員の互選により任命されます(同条2項)。

監査委員会は、経営委員の中から経営委員会が任命する3名以上の監査委員から組織され(42条2項)、役員の職務執行を監査し(43条1条)、役員や職員に職務執行に関する事項の報告を要求し、NHK の業務や財産の状況を調査することができます(44条1項)。さらに、役員による不正行為や、法令や定款に違反する行為については、遅滞なく経営委員会に報告し(45条)、法令や定款に違反する行為により、著しい損害が生ずるおそれがある場合には、当該役員の行為を差し止めることができます（46条）。なお、監査委員のうち、少なくとも１名以上は、常勤でなければなりません（42条３項）。

役員は、会長１名、副会長１名、７名から10名の理事から組織され（49条）、会長、副会長、理事は理事会を構成し、重要業務の執行を審議します（50条）。会長は、経営委員会が委員９名以上の多数の議決により任命し、副会長と理事は、経営委員会の同意を得て、会長が任命します（52条）。会長は、NHK を代表し、経営委員会の定めに従い、業務を総理し、副会長と理事は、会長の定めに従い、NHK を代表し、会長を補佐し、業務を掌理します（51条）。

（５） NHKの財源

NHK は事業年度ごとに収支予算、事業計画、資金計画を作成し、総務大臣に提出します。総務大臣は、検討のうえ意見を付し内閣を経て国会に提出し、国会の承認を受けます（70条）。さらに、NHK は、事業年度経過後３か月以内に、財務諸表を作成し、監査委員会と会計監査人の意見書を添え、総務大臣に提出します。総務大臣は内閣に提出し、内閣は会計検査院の検査を経て国会に提出します（74条）。

NHK の財源の大部分は受信料収入からなります。放送受信設備を設置した者は、NHK との間で受信契約を締結し（64条１項）、受信料を支払わなければなりません（日本放送協会放送受信規約５条）。受信料は、特殊な負担金と解されてきました。負担金とは、特定事業に必要な経費を受益者が負担することをいい、特殊性とは、受信料については受益の程度が明確でないことをいいます。

最高裁は、受信料制度は、特定の個人、団体、国家機関から財政面での支配や影響が及ばないよう、NHK が放送受信設備設置者全体の公平な負担により支えられていることを示しているとしました。さらに、NHK の財政的基盤を確保するため、受信契約の締結は強制することができ、契約の申込みを承諾しない場合でも、承諾の意思表示を命じる判決の確定により受信契約は成立するとしています。最後に、受信料制度は、国民の知る権利を実質的に充足する合理的手段であること、受信契約は、NHK に放送受信設備設置者から理解を得るよう促すものであること、受信契約の内容は適正公平なものであることを根拠に、受信契約の締結強制は憲法に違反しないとしました（最大判2017（平29）・12・6民集71巻10号1817頁）。

2　民間放送

（1）　放送免許制度

民間放送は、受信料に基づき全国放送を担うNHKとは異なり、広告料に基づき圏域放送を担っています。もっとも民間放送も全国的ネットワークを発達させてきました。今日では、在京キー局や在阪・在名準キー局から、全国の系列局に番組が供給されています。民間放送については、放送免許制度と、マスメディア集中排除原則が重要となります。以下では、それぞれについて検討することにします。

放送に使用する電波の周波数は限られていますので、複数人が同一または近接周波数を利用することから生じる混信を防止するため、電波利用の申請者間で優劣を付ける必要があります。そのため、放送に使用する電波を送信する施設を対象として、電波法に基づき放送免許制度が設けられました。しかし、電波法上の免許基準の中に、放送法上の番組基準が位置づけられたため、電波管理を介して放送規制が行われています。このことを、特定地上基幹放送事業者に即して、みておくことにします。

特定地上基幹放送事業者は、放送施設の免許を得ることで、放送業務の認定を得ることができます。電波法７条２項は、放送施設の免許基準について、①工事設計と電気通信設備の技術適格性（１号）、②周波数の割当可能性（２号）、③経理的基礎と技術的能力（３号）、④基幹放送の業務に係る表現の自由享有基準との適合性（４号）、⑤基幹放送局の開設の根本的基準との適合性（７号）を定めています。そのうえで、同項４号ハは、免許付与が放送の普及と健全な発達に適切であること、電波法関係審査基準３条⑿イは、当該審査は放送法関係審査基準２章によること、当該基準２章３条⑾は、別紙１に記載した基準に合致することとしています。そして、別紙１の１は、放送番組が番組編集準則と番組調和原則に適合することを求めています。

（2）　マスメディア集中排除原則

次にマスメディア集中排除原則についてみておきます。放送法は、基幹放送の計画的普及と健全な発達を図るため、総務大臣に対し、基幹放送普及計画を定め（91条1項）、基幹放送による表現の自由をできるだけ多くの者に享有させるための指針を設けることを求めています（91条2項1号）。この指針をマスメディア集中排除原則といい、民間放送の多元性と多様性と地域性を実現するため、複数局支配と三事業支配の禁止を内容としています。

まず、マスメディア集中排除原則は、複数局支配の禁止として、一の基幹放送事業者について、2局以上の基幹放送を兼営することを禁止するとともに、支配関係者を通じてグループ全体として2局以上の基幹放送を支配することを禁止しています。さらに、三事業支配の禁止として、同一の放送対象区域において、地上基幹放送事業者がテレビとラジオを放送している場合には、新聞社を経営することを禁止しています。

もっとも、放送法は、マスメディア集中排除原則の重大な例外として、認定放送持株会社制度を定めています（158条以下）。認定放送持株会社は、総務大臣から認定を受けることで、持株会社を通したグループ経営を行うことができます。認定放送持株会社には、外資規制が適用され、複数の地上基幹放送事業者を傘下に置くことが認められ、議決権保有は原則3分の1以下に制限されます。

（3）　放送規制の根拠と課題

以上では放送の自由と放送の秩序についてみてきました。それでは、放送については、なぜ様々な規制が設けられているのでしょうか。最後に、このことについて振り返っておきます。

従来から、放送規制の根拠として、周波数の稀少性と放送の社会的影響力が挙げられてきました。これらの根拠によれば、複数人が同一または近接周波数を利用すれば、混信が生じ、電波を正常に受信することが困難となります。さらに、放送は視覚と聴覚に訴えかけ、番組を即時かつ同時に広範な地域に放送し、子供を含む家族のお茶の間に侵入することができます。そのため、国家が周波数の独占利用権を設定し、番組に関する基準を踏まえつつ免許人を選別し、事後的に規制を行うことが必要となりました。

もっとも、放送に使用する技術の発達により、電波を利用しない有線放送が普及してきました。さらに、電波を利用する放送についても、衛星放送やデジタル放送の出現により、チャンネル数が増加しています。そもそも放送の社会的影響力は、厳密に証明されたわけではありません。たとえ放送が社会的影響力を有しているとしても、放送と新聞を比較した場合に、放送の社会的影響力は新聞よりも強いと断言することは困難です。放送と新聞が同等の社会的影響力を有しているとすれば、新聞には特別な規制を課さないのに対して、放送には特別な規制を課していることは、合理的ではないようにも思われます。以上のような理由から、従来の規制根拠はもはや妥当しないため、放送規制は憲法21条に違反しているとの見解も提示されています。

しかし、周波数の稀少性や放送の社会的影響力は、本来の規制根拠だったのでしょうか。放送の自由は、国民の知る権利を実質的に充足し、健全な民主主義の発達に寄与することを意味しています。このことを確保するためには、放送を通して多様な情報が流通していることが重要となります。こうした放送の自由の内容を踏まえれば、放送規制の根拠とは、多様な情報流通の確保にあったと考えるべきです。周波数の稀少性や放送の社会的影響力は、多様な情報流通を確保するための手段でしかなかったということになります。たしかに、放送技術が発達し、放送環境が変容している今日では、多様な放送形態に対応して、多様な規制内容を考案する必要があります。しかし、とりわけ地上波放送においては、少数の放送事業者が多様な情報流通を独占するリスクが存在しています。多様な情報流通の確保が必要である以上、放送に対する規制は今後も重要であり続けるということができます。

もっとも、このように考える場合でも、なぜ放送に対する規制と新聞に対する規制を区別するのかという問題は残ります。このことについては、部分規制論が有力に主張されてきました。この考え方によれば、新聞と放送は同等の社会的影響力を有しているけれども、規制のあるメディアと規制のないメディアを併存させることによって、多様な情報流通を確保することができるということになります。特に国家が放送を過剰に規制する場合には、新聞からの批判が行われ、逆に国家が新たに新聞を規制する場合には、放送からの批判が行われることを期待することができます。もっとも、以上のような想定が成り立つためには、新聞と放送の経営が分離している必要があります。さらに、新聞と放送が同等の社会的影響力を有しているのであれば、現在の規制内容とは異なり、放送を規制せず、新聞を規制することも可能ではないかという批判も想定することができます。こうした批判に対して、部分規制論を主張する論者は、そのような規制内容の変更は、理論上は可能だが、実際上は困難であると応答しています。

◀コラム：NHK のインターネット活用業務▶

NHK は、従来から、ウエブサイトやアプリケーションを通じて、様々なインターネット上の活動を展開してきました。その例として、「NHK オンライン」、「NHK オンデマンド」、「らじる★らじる」、「NHK ニュース・防災」を挙げることができます。しかし、NHK は、2020年４月から、「NHK プラス」を通して、放送番組をインターネット上で常時同時配信することを開始しています。こうしたことは、どのような制度に基づき、どのような問題を孕んでいるのでしょうか。

NHK が放送番組を電気通信回線により視聴者や番組提供事業者へ提供することをインターネット活用業務といいます。NHK のインターネット活用業務は拡大の一途を辿ってきました。2009年改正放送法は、インターネット活用業務の対象について、放送した番組（既放送番組）と、放送した番組の編集に必要な資料を定めていました。しかし、2014年改正放送法は、放送する番組（放送前番組と放送中番組）と、放送番組の理解増進に資する資料を付け加えています。もっとも、すべての放送番組を放送と同時にインターネット上で配信することは認められていませんでした。

2019年改正放送法は、こうした限定を撤廃した点において、大きな意義を有しています。近年では、ブロードバンド化の進展のもと、スマートフォンやタブレットが普及し、様々な動画配信サービスが提供されています。しかし、若年層を中心にテレビ離れが深刻化するなかで、テレビを保有しない者や視聴しない者が増加してきました。しかも、インターネット上では、多数のフェイクニュースが流通しているため、真実で多様な情報を確保することが重要な課題となっています。NHK がインターネット上で放送番組を常時同時配信することは、こうした状況に対処するものであるということができます。

しかし、このことによって、NHK をめぐる競争関係は、大きく変わることになります。従来 NHK は民間放送と競争してきました。しかし、インターネット上では、民間放送だけでなく、新聞社や出版社、さらには、インターネット事業者が様々な情報を発信しています。そのため、NHK は、こうした私的主体とも競争関係に立つことになります。しかもNHKは受信料収入により運営されているため、NHKが受信料収入に基づき放送番組を常時同時配信することによって、インターネット上の公正な競争が阻害される危険性があります。

もっとも、NHKのインターネット活用業務については、総務大臣の認可制が取られています。NHKは、インターネット実施基準を策定し、インターネット活用業務の種類・内容・実施方法、および実施費用や提供条件などを定めなければなりません。そのうえで、総務大臣は、NHKの策定したインターネット実施基準を認可することになります。その際には、インターネット活用業務がNHKの目的達成に資すること、種類・内容・実施方法が適正かつ明確に定められていること、種類・内容・実施方法および提供条件が受信料制度に照らし不適切でないこと、業務の実施費用が過大でないことなどが要件とされています。

そのため、こうした審査によって、NHKの肥大化を阻止することができます。しかし、NHKは放送の自由を享有するため、行政機関が過剰に介入することは適切ではありません。そもそも放送法は、インターネット活用業務を、NHKが必ず行わなければならない必須業務ではなく、行うかどうかがNHKに委ねられる任意業務に位置づけています。しかし、NHKは、インターネット活用業務を拡大するため、インターネット活用業務は受信料収入の2.5%を上限とするとした条件を撤廃することや、BS放送チャンネルを4から3へ、ラジオ放送チャンネルを3から2へ削減することを主張しています。もっとも、こうしたことによって、NHKがどのような公共メディア像を追求しようとしているのかは、必ずしも明らかではありません。NHKとしての明確な理念を提示することなく、ひたすら業務の拡大を追求することは、NHKに対する過剰な行政介入を招くだけでなく、言論空間全体における公正な競争を妨げる点において、重大な問題を孕んでいます。

第III部

情報法概論
プラットフォーム事業者のための法知識

第11章　情報法におけるプラットフォームの位置づけ
——媒介者としての責任

1　新たな媒介者の存在とその機能

1　情報環境の変化とオンライン・プラットフォームの台頭

インターネットが万人に普及する以前の世界においては、情報発信のための「媒体」を独占したマスメディアが情報流通における中間項として、その社会的影響力を有していました。この時点では、(新聞にせよ、テレビにせよ) マスメディアこそが、情報環境において流通する情報の取捨選択権を持ち、非常に大きな「権力」を有していたといえます。

他方で現代の私たちは、多くの場合、新聞やテレビ (または紙の書籍) から情報 (ニュースにせよ、広告にせよ) を得るのではなく、スマートフォンやＰＣを介し、SNS、検索エンジン、ニュースポータルサイトなどを通じて得ることが増えています。さらに情報発信に際しても、マスメディアにアクセスすることなく、自己の意見をSNSやウェブ掲示板などを通じて、容易に不特定多数の他者に伝達することが可能となりました。これは一見すると自由かつ多様な情報流通にとってプラスの側面しかないように思えます。そうすると、インターネットの普及は、マスメディアのような情報発信者と受領者間における媒介的存在を喪失させたようにみえ、中間団体としてマスメディアの解体していく方向にみえるでしょう。

しかし、情報環境にそもそも本当に「媒介者」がまったく存在しなくなったかといえばそうではありません。それが、「オンライン (デジタル)・プラットフォーム」の存在です。ひとくちにオンライン・プラットフォームといっても、その業態は様々です。たとえば、①オンライン・ショッピング・モール、②インターネットオークション、③オンライン・フリーマーケット、④アプリケーション・マーケット、⑤コンテンツ (映像、動画、音楽、電子書籍等) 配信サービス、⑥予約サービス、⑦シェアリングエコノミー・プラットフォーム、

⑧ソーシャル・ネットワーキング・システムサービス、⑨動画共有サービス、⑩電子決済サービスなどが挙げられます。

こうしたオンライン・プラットフォームによるビジネスの特性として、よく指摘されるのが、①二面（多面）市場性と②ネットワーク効果です。①については、たとえば検索エンジン事業者やSNSは、一面として、私たち一般ユーザーに検索エンジンの利用サービスを展開していますが、他方でユーザーから収集・集積したデータをもとに広告主に対して広告枠を販売してもいます。さらに、②は、その場への利用者・参加者が増えれば増えるほど、その場が利用者・参加者にとってより魅力的な存在へと強化されていく効果を指しています。こうしたネットワーク効果には、直接ネットワーク効果と間接ネットワーク効果があるとされています。

これに加え、経済産業省・公正取引委員会・総務省による「プラットフォーマー型ビジネスの台頭に対応したルール整備の基本原則」では、「オンライン（デジタル）・プラットフォーム」は、ⅰ「社会経済に不可欠な基盤を提供していること」、ⅱ「多数の消費者（個人）や事業者が参加する場そのものを、設計し運営・管理する存在であること」、ⅲ「そのような場は、本質的に操作性や技術的不透明性があること」という３つの特性を有している（可能性が高い）ことが指摘されています。たとえば、TwitterやGoogleといった企業は、単に情報発信者と情報受領者の間の情報を、そのままの状態で流通させる導管的役割を果たしているわけではありません。これら企業は、ユーザーインターフェースで表示されるデザインを決定し、さらに情報表示の優先度をあらかじめアルゴリズムによって決定しています。

そこで本書においては、現代において多数のユーザーが参加する、情報（や商品）の流通のために設計・運営・管理されているオンライン情報環境上の「場」を「（オンライン・）プラットフォーム」と呼び、その設計・運営・管理者たる企業を「プラットフォーム事業者」と呼ぶことにしましょう。

2　プラットフォームの憲法的機能

こうしたプラットフォームのうち、特にSNSをはじめとするソーシャルメディアについて、アメリカの連邦最高裁は、「時事問題を知り、求人広告をチェックし、現代のパブリック・スクエア（the modern public square）で話したり聞いたりし、人間の思想や知識の広大な領域を探索するための主要な情報源」であると指摘し、そうした「場」へのアクセスを憲法（修正一条）上保障することを判示しています（Packingham v. North Carolina, 137 S.Ct. 1730 (2017).）。

かたや日本の最高裁は、検索エンジンの検索結果提供について、「この情報の収集、整理及び提供はプログラムにより自動的に行われるものの、同プログラムは検索結果の提供に関する検索事業者の方針に沿った結果を得ることができるように作成されたものであるから、検索結果の提供は検索事業者自身による表現行為という側面を有する」としつつ、「検索事業者による検索結果の提供は、公衆が、インターネット上に情報を発信したり、インターネット上の膨大な量の情報の中から必要なものを入手したりすることを支援するものであり、現代社会においてインターネット上の情報流通の基盤として大きな役割を果たしている」（最決2017（平29）・1・31民集71巻1号63頁〈Google 検索結果削除請求事件〉）と位置づけています。

この判示は、前記の通りマスメディア（報道機関）が「国民の『知る権利』に奉仕する」ものと位置付けられていることと比較して対照的なものといえます。まずこの判示からは、前記の「基本原則」で示されたⓘ・ⓘⓘ・ⓘⓘⓘの特性を読み取ることができます。特に、SNS をはじめとするプラットフォーム事業者は、国家機関でないにもかかわらず、自社が形成し、管理する「場」において、いまや国家に匹敵する（場合によってはそれ以上に）強力な「情報流通の『場』の形成、管理、運営を行う能力」を有しています。この力のことを、「情報環境形成力」と呼ぶことにしましょう。そして、オンライン情報環境において「ユーザー」という地位に置かれている私たち「個人」（の情報流通の自由）にとって、もはやこの「力」は無視できないものになりつつあります。

たとえば、Facebook をはじめとする SNS を運営するプラットフォーム事業者は、自社の「場」についての利用ポリシー（ルール）を定め、それらに違反するコンテンツに対するモデレーションを行っています。ケイト・クロニックによれば、こうしたプラットフォーム事業者によるコンテンツ・モデレーションの仕組みは、中央集権的な組織と確立された詳細なルールおよびその人員に対するトレーニング、三層からなる人間のモデレーターによるモデレーション、外的影響による政策やルールの更新などといった性質を有しているとされます。そして彼女は、こうした性質を踏まえ、プラットフォーム事業者を「オンライン言論の新たな統治者（the New Governors）」と位置付けています（本章コラム参照）。さらに現代においては、アルゴリズムまたはAIの力も見過ごせないでしょう。日本においてはYahooニュースがコメント欄に対して健全化AIを実装している点が有名ですし、単にポリシー違反やユーザーにとって不快なコンテンツを削除するためだけでなく、コンテンツの表示を個々の「ユーザー好み」にするためのパーソナライズ・フィルターが実装されています。

このように現代においてプラットフォームとその事業者は、ユーザーのオンライン体験に対して非常に大きな力を有しており、それによって私たちユーザーの情報流通に対する「自由」を枠づけている（=「掌の上の自由」）ことを意識する必要があるといえます。

3　政府―プラットフォーム事業者―ユーザーの関係性

プラットフォーム事業者が有する情報環境形成力は、私たちを政府が「統治」するのに用いられることがあります。政府からすれば、プラットフォームという「場」を制する情報環境形成力をうまく駆使すれば、情報流通に対する「規制」をより効率的に行えます。たとえば政府が、ある違法・有害な情報の流通やその受領について規制を行う場面で、これまでは政府が法律により、当該情報を発信・受領する人にサンクション（刑事罰など）を課して規制することが主流でしたが、これからは政府がプラットフォーム事業者に自主規制を促したり、彼らに法的義務を課すことによって、政府にとって好ましいプラットフォームのデザイン（たとえば、誹謗中傷を検知するAIの導入など）を事業者に実装してもらい、違法・有害な情報が流通しないよう操作してもらうことが考えられるのです。しかしながら、同じ場面をユーザー側から見返してみると、違法・有害な情報がAIなどによって検知され、自動的に削除等をされることになると、検索エンジンやSNSなどでそうした情報は“見えなく”なってしまうため、情報収集の権利（知る自由）を制約される危険性があります。これは、思想の自由市場論にとっての天敵ともいえる検閲に“近い”効果をもたらしうるものですし、アーキテクチャの特徴である意識不要性・執行機関不要性等の問題も顕在化するでしょう（→第４章参照）。

またプラットフォーム事業者と政府とが、データ共有などの面で手を結ぶ（協力関係）こともあり得ます。たとえばプラットフォーム事業者が有する膨大なデータが、警察など国家にシームレスに提供されるとしたら、どうなるでしょうか。日本では、検察当局が刑事訴訟法上の捜査事項照会手続きを使い、裁判所の令状なしに顧客のポイントカードの情報を企業などから入手していた問題が指摘されています。むろん逆に、プラットフォーム事業者が、政府とユーザーの間に立ち、「防壁」として抵抗をしてくれる場合もあります。Apple 社と FBI の対立は有名で、銃乱射犯の iPhone のロック解除をめぐって法廷闘争まで発展しました。

このように、プラットフォーム事業者は、時にユーザーの立場にある私たちの活動をコントロールする場合もあれば、政府と私たちの間に入って、私たちの利益を最大化してくれる場面もあります。こうしたプラットフォーム事業者の立ち位置を捉え、近時、憲法学者の山本龍彦が、プラットフォーム事業者を「国家というより、中世封建制の時代に君主から自立しながら特定の「場」を支配し、統治していた荘園（manor）に近い」（山本 2020）と評している点は示唆的でしょう。また同じく憲法学者である曽我部真裕が、「ネット上の表現の自由が民間事業者の運営するプラットフォーム上で行われるという特徴により、従前の公権力対個人という二面関係ではなく、公権力・プラットフォーム事業者・個人という三面関係で捉える必要性が出てきた」と指摘している点は重要です（曽我部 2017：156）。

上記のように統治の一アクターとしてプラットフォーム事業者を捉えるならば、私たちにとって必要なのは彼らがもたらす負の側面を過度に恐れることではなく、彼らに新しい法的・社会的な役割（機能）を与え、権限と責任を配分し、「法」に基づいてコントロールしていくという発想なのです。その際の機能は、私たちエンド・ユーザー（個人）をはじめとする利用者の利益（たとえば、ユーザーの表現の自由）を中心に考える必要があり、場合によっては政府を介した法的な統制を検討する必要もあるかもしれません。

4　プラットフォーム事業者の透明性確保

こうしたプラットフォーム事業者の社会的役割と統制（ガバナンス）という点からみれば、その事業プロセスの透明性についてしばしば問題視されることがあります。

この点、日本においてはオンライン上の商品等の取引に関する透明性の確保に関して「特定デジタルプラットフォームの透明性及び公正性の向上に関する法律」（令和２年法律第38号）が、2020年に成立しています。同法は、「デジタルプラットフォーム提供者の自主性及び自律性に配慮しつつ、商品等提供利用者等の利益の保護を図ることが課題となっている状況に鑑み」、「特定デジタルプラットフォームの透明性及び公正性の向上を図り、もって特定デジタルプラットフォームに関する公正かつ自由な競争の促進を通じて、国民生活の向上及び国民経済の健全な発展に寄与する」ために設けられました（同法１条）。

もっとも同法は、原則としてプラットフォーム上で商品やサービスを提供する者（２条３項「商品等提供利用者」）と、プラットフォーム事業者（２条５項「特定デジタルプラットフォーム提供者」）の間の取引関係を規律するものであり、一部の例外を除き、プラットフォーム事業者と一般利用者（２条４項）との間の関係を規律したものではありません。しかしながら、プラットフォーム事業者（の一部）に対して、透明性確保に関する様々な義務を課し、場合によっては罰金を科すことができるこの仕組みは画期的なものといえます。

同法は、経済産業大臣により指定された「特定デジタルプラットフォーム提供者」に対し、透明性確保のための様々な義務を課しています。まず第一に、商品等提供利用者または一般利用者に対する提供条件等の開示（５条）が義務付けられており、義務違反には、経産大臣から勧告、措置命令が出され（６条）、最悪の場合には罰金が科せられます（23条）。また商品等提供利用者との「取引関係における相互理解の促進を図るために必要な措置」の整備（７条）についても定められ、こちらの義務違反には勧告の対象となりますが、措置命令や罰金の対象ではありません（８条）。そして、事業者の取り組みを監督・評価するための仕組みとして、経済産業大臣への報告書提出義務が規定されており（９条）、義務違反には罰金が科せられることになっています（24条２号）。

もっとも、同法の対象となる「特定デジタル・プラットフォーム提供者」

は、すべてのプラットフォーム事業者が含まれるわけではなく、2条1項1号および2号の定義によって定められた「デジタルプラットフォーム」のうち、政令で定めた事業区分や規模に該当し、経済産業大臣からの指定を受けたものに限られます。まずこの法律でいう「デジタルプラットフォーム」は、「多数の者が利用することを予定して電子計算機を用いた情報処理により構築した場」で、「商品、役務又は権利」を提供しようとする者の「商品等に係る情報を表示することを常態とするもの」で、放送法上の放送に用いられるものを除いた「多数の者にインターネットその他の高度情報通信ネットワーク」を利用している役務のうち、同項1号および2号に該当する関係性を有する事業者に限定されています（2条1項）。1号は、主にオンラインモールやアプリストアのように、一般利用者の増加が商品等提供利用者にとっても魅力的になる関係が対象となります。他方、2号は、主にSNSや検索エンジンのように、広告収入モデルを前提とした関係が対象となっています。

上記の定義を充たしたうえで、「特定デジタルプラットフォームの透明性及び公正性の向上に関する法律第四条第一項の事業の区分及び規模を定める政令」（令和3年政令第17号）で「事業の区分」ごとに、「デジタルプラットフォームにおける商品等の売上額の総額、利用者の数その他の当該事業の規模を示す指標」が定められ、これに該当する者の中から、経済産業大臣が「透明性及び公正性の自主的な向上に努めることが特に必要な者」を「特定プラットフォーム提供者」として指定することになっています（4条）。現行の政令で指定されている事業区分は、「オンラインモール」と「アプリストア」に関するものだけであり、前者の事業規模（国内売上額）は3000億円以上、後者は2000億円以上と定められています。

2　情報の媒介者としてのプラットフォーム事業者と法的責任

1　情報の媒介者と刑事責任

それではプラットフォーム事業者の社会的役割に関連して、その情報の媒介者としての側面に関する法的責任は、どのように考えるべきでしょうか。法的責任は、ひとまず大きく分けると刑事責任と民事責任に分けられます。より詳細にいえば、❶刑事法上の責任（共犯・正犯責任）、❷民事責任（不法行為責任、債務不履行責任)、❸民事手続き上の責任（訴訟のための発信者の特定）に分けられます（これに加えて刑事手続き上の責任（刑事訴訟法上の責任）もありますが、紙幅の関係から省略させてください)。

まず❶の刑事責任についてとりあげてみましょう。実際に犯罪行為を実行した者を「正犯」と呼びますが、その正犯の犯罪実行行為に対して、何らかの形で加担行為を行った者は、「共犯」と呼ばれ、刑法上の罪に問える場合があります。ここから、たとえばインターネット上において、刑法上の犯罪行為に該当する情報の発信者（＝正犯）と、媒介者（共犯？）による作為的行為（情報流通サービスの提供）の関係はどう考えるべきでしょうか。重要となるのは「故意」性の要件です。刑法には、過失犯は不処罰とする原則（38条1項）があります。基本的に、情報の媒介者は、自社が媒介する情報の内容について違法かどうかを、サービスを提供する段階においては認識しているわけではありません。そのため原則としては、媒介者が、作為的に違法な情報を媒介したとしても、作為による共犯責任を問うことはできないと考えられます。

では、たとえば違法な情報が自社のサービス上で流通していることを関知しながら、削除等の措置を行わず、放置している場合（不作為行為と呼ぶ）に、情報の媒介者は罪に問われるでしょうか。こちらも原則として、問われないと考えるべきです。もっともこの点、違法な猥褻画像の掲示板への投稿を呼び掛けた管理人がわいせつ物陳列の罪に問われた事案（最決2001（平13）・7・16刑集55巻5号317頁〈アルファネット事件〉）があり、また最近ではウェブサイトの運営者が違法な猥褻情報のライブ配信を放置していたことが、公然わいせつ罪の共謀共同正犯であるとされた事件もあります。

しかしながら、情報の媒介者としてのプラットフォーム事業者が刑事責任を問われるのは、違法な情報流通に積極的な関与を行うような場合に限定されるべきです。さもなくば、刑事処罰を恐れた事業者による、過剰な対応、いわゆるオーバーブロッキング（違法かどうかわからない疑わしい情報なども含めて片っ端から削除する）を招きかねず、結果的にそれは、プラットフォーム上で活動する私たちユーザーの表現の自由や知る権利にとって重大な不利益につながることになるでしょう。

2　古典的な媒介者の位置づけ

次に情報の媒介者の❷民事責任について考えてみましょう。Aさんにより Bに対する不法行為（名誉毀損等）が行われた場合に、その発信者たるAと受信者たるBの間で情報を「媒介」していたCに対して、法的責任を問うことは認められるのでしょうか。

この点については、古典的（つまりデジタルメディア革命以前）には、次の3類型が考えられてきました。まず、郵便・信書・電話等といった①コモン・キャリア（common carrier）に該当する事業者は、通信分野の事業者が対象となります。これらの事業者は、自社の事業が媒介する情報に対して、自社は関知することができないため、むしろ発信者から受信者に対して、情報を加工・編集することなく、そのままの形で伝達することが求められます（加えて、これらの事業者は「通信の秘密」を保護する責任が課せられているため、媒介する情報を関知すべきでもありません）。たとえば、AさんからBさんに「電報」で脅迫文が送り付けられた場合を考えてみましょう。この場合、電報という形で脅迫の内容を持つ情報を「媒介」する通信会社（日本だと国内ならNTT、国際電報はKDDI）に、その電報の配達を差し止める義務がある（それを怠った場合にはBさんに対して損害賠償責任を負う）といえないことになります（例：大阪高判2005（平17）・6・3判例集未搭載）。次に書店や図書館といった分野の②頒布者（distributer）に該当する事業者には主として、自社の事業の上で流通する情報の内容を関知することはできますが、その情報内容の加工・編集までは行うことができません。そのため、この事業形態の場合は、自社の事業上における情報流通について、その情報が「違法」であることを知っていた場合にのみ法的責任を負うことになります。最後に、典型的に新聞社や雑誌社といった分野の③出版者（publisher）に該当する事業者は、自社の事業の上で、情報を媒介するのみならず、情報内容の作成・加工・編集・伝達にいたるプロセスに関与しています。そのため、この事業形態の場合は、自社の事業上における情報流通について、原則として法的責任を負うことになります。

以上のような分類からすると、プラットフォーム事業者が民事上の責任を負うかどうかは、流通する情報の内容をそもそも事業者が知りうるかどうか、そしてその内容に対して加工や編集といった行為を行えるかどうかがポイントになりそうです。なおアメリカにおいてはこの点について通信品位法（CDA）230条が、日本においてはプロバイダ責任制限法が定めていますが、これについては次項で詳しく紹介します。

3　ニュースポータルサイトと「配信サービスの抗弁」

また近年においては、新聞記事をはじめとしたニュースを、私たちはニュースポータルサイトを経由して読むことが増えています。では、もしサイトで配信されている元記事の内容に、虚偽の内容で他者の名誉を毀損する情報が含まれていた場合、サイト運営者は、権利を侵害された者に対し、どこまで法的責任（民事上の損害賠償責任）を負うべきでしょうか。この問題を考えるうえで参考になると思われるのが「配信サービスの抗弁」と呼ばれる法理です。この法理は、日本の最高裁判例の中では「報道機関が定評ある通信社から配信された記事を実質的な変更を加えずに掲載した場合に、その掲載記事が他人の名誉を毀損するものであったとしても、配信記事の文面上一見してその内容が真実でないと分かる場合や掲載紙自身が誤報であることを知っている等の事情がある場合を除き、当該他人に対する損害賠償義務を負わないとする法理」と説明されています（最判2002（平14）・1・29民集56巻1号185頁〈ロス疑惑記事配信事件〉）。わが国ではこの抗弁を直接的に認めた明示的な法令は現在のところ存在せず、また判例上もはっきりと認められたわけではありません。しかしながら全国区で取材をする能力をもたない地方新聞社が、通信社の記事をそのまま掲載することは多々あり、通信社の配信した記事に虚偽が含まれていた場合に、記事を裏付け取材なくそのまま掲載した新聞社の誤信（真実）相当性が満たされるかどうかが問題となり得ます。

当初、最高裁は、配信サービスの抗弁の法理については、「社会の関心と興味をひく私人の犯罪行為やスキャンダルないしこれに関連する事実を内容とする分野における報道については」、「報道が加熱する余り、取材に慎重さを欠いた真実でない内容の報道がまま見られる」ため、「我が国においては当該配信記事に摘示された事実の真実性について高い信頼性が確立している」とはいえないことを理由に消極的な姿勢を示していました。もっとも、この判決では、報道が過熱するスキャンダラスな分野以外の報道については認める余地があるように読める点に注意が必要でしょう。

その後、某大学病院内で行われた手術に際して、人工心肺装置の操作を誤った結果、患者を死亡させてしまったとする記事を通信社が配信し、その記事を新聞社が裏付け取材なく掲載し、名誉毀損に問われた事件（最判2011（平23）・4・28民集65巻3号1499頁）で、最高裁は、新聞社と通信社から成る報道システムについて、「国民の知る権利に奉仕するという重要な社会的意義を有し、現代における報道システムの一態様として、広く社会的に認知されている」と評価し、同システムにおいて新聞社が裏付け取材をすることの困難性を認め、「記事を作成した通信社が当該記事に摘示された事実を真実と信ずるについて相当の理由があるため不法行為責任を負わない場合であっても、当該通信社から当該記事の配信を受け、これをそのまま自己の発行する新聞に掲載した新聞社のみが不法行為責任を負うこととなるとしたならば、上記システムの下における報道が萎縮し、結果的に国民の知る権利が損なわれるおそれのあることを否定することができない」としています。そのうえで、「当該通信社と当該新聞社とが、記事の取材、作成、配信及び掲載という一連の過程において、報道主体としての一体性を有すると評価することができるときは、当該新聞社は、当該通信社を取材機関として利用し、取材を代行させたものとして、当該通信社の取材を当該新聞社の取材と同視することが相当」であると判示しました。

この判決は、「配信サービスの抗弁」の法理を正面切って認めたわけではなさそうですが、その一方で、通信社が取材を行って記事を生成し、新聞社が当該記事を裏付け取材なくそのまま掲載するシステムを、「国民の知る権利に奉仕する」という報道機関の機能面から評価したうえで、掲載する新聞社に過度な責任を負わせることが、報道に対する「萎縮」効果に配慮した点で、記事の信頼性に対する評価を理由に配信サービスの抗弁を認めなかったロス疑惑事件の判決から進歩を遂げているといえるでしょう。

もっとも、この判決における誤信相当性の判断において重要視されるのが、通信社と新聞社の間にある「報道主体としての一体性」です。この「一体性」を有するかはどのように判断されるのでしょうか。最高裁は、一体性を有するかどうかの判断は、「通信社と新聞社との関係、通信社から新聞社への記事配信の仕組み、新聞社による記事の内容の実質的変更の可否等の事情を総合考慮して判断する」としており、①当該通信社が「加盟社等に記事を配信することを目的として取材を行い、記事を作成している」こと、②「加盟社は、Z通信社から配信される記事を自己の発行する新聞に掲載するに当たっては、当該配信記事を原則としてそのまま掲載することとされている」こと、③「被上告人らのような加盟社の発行する新聞に掲載される記事のうち相当多くの部分はZ通信社からの配信に基づいている」こと、④そして、通信社から「加盟社に配信される記事は1日当たり約1500本という膨大な数に達する上、被上告人らのような加盟社は、自社の新聞の発行地域外においてほとんど取材拠点等を有しておらず、その全てについて裏付け取材を行うことは不可能に近いこと」などを挙げており、ここから問題となった通信社と同社の加盟社に報道主体としての一体性を認めています。

もっともニュースポータルサイトと媒体社の関係に以上のような判例法理が適合するかは、以下の諸点について考慮する必要があるでしょう。まず第一に、ニュースポータルサイトの運営者は、媒体社と契約の上で配信するニュースをトップページのトピックに掲載したり、ユーザーにレコメンド（おすすめ）をしたりといった「編集」やそれに類似するコンテンツ管理を行っています。第二にニュースポータルサイトは、新聞社と違いニュースを自ら生成しておらず、媒体社が配信する記事の内容が真実かどうかを独自調査するための十分な取材能力を有しません。また第三にニュースポータルサイトの媒体社すべてが、既存の通信社のように高い取材能力を有し、必ずしも一定の信頼性を有する記事を生成しているような者ばかりで構成されているわけではありません（こたつ記事やセンセーショナルなイエロージャーナリズムの問題）。このように考えた場合、上記関係に既存の判例法理をそのまま当てはめることは困難なように思えますが、他方でニュースポータルサイトと報道機関の関係は、今後も「国民の『知る権利』に奉仕する」報道機関の憲法上の機能にとっても代え難いものになることは明白だと考えられます。そのため、ニュースポータルサイトに対する「萎縮」効果を鑑み、この法理をベースに、ニュースポータルサイト用の法理を新たに構築する必要があるといえそうです。

3　プロバイダ責任制限法の構造

1　オンライン・プラットフォーム事業者の民事責任

プラットフォーム事業者の❷民事責任と❸民事手続き上の責任の範囲をより詳しく考えるために、ここでまず次のような仮想事例を思い浮かべてください。まずＡさんに関する誹謗中傷（＝名誉毀損）の内容が、Ｂさんによって、Ｃの管理するインターネット上の匿名掲示板に書き込まれました。それによってＡさんの社会的評価が低下することになりました。このように情報の流通によって個人の権利利益の侵害が発生した場合、民事上の救済手段として、①不法行為（民709条以下）に基づいて、損害を被った権利利益を回復するための損害賠償請求を行う、または②権利利益の侵害行為を停止させるまたは予防するための措置を請求する差止請求を行うことが考えられます（ネット上の情報の削除等も含む）。また、Ｃにとっては、Ｂは顧客であるため、ＣはＢに対して契約上、債務を履行する義務を負います。Ｃがこれを果たさなかった場合は、Ｂは、Ｃに対して債務不履行による損害賠償請求を行う可能性が考えられるでしょう。加えて、ＢからすればＣに表現の自由の利益を制約された形になるため、Ｃに対して不法行為に基づく損害賠償請求を行うことも考えられます（ただし、民法90条は、公序良俗違反の法律行為を無効にすると定めているため、そもそも他者の権利利益の侵害を行う違法な情報の場合は、削除を行ったとしても契約上の義務違反は生じないとも考えられます）。

こうした民事責任と民事手続き上の責任の文脈では、次の３点が問題となります。

問題１：Ｂによる投稿の内容がネットに残り続けるのは困るため、Ａからすれば掲示板から削除してほしいということになるのだが、掲示板の管理者ＣがＡからの削除の要求に応じない（不作為行為）場合、Ｃに対して損害賠償請求を行えるだろうか？

問題２：他方で、発信者Ｂの発信した情報を、結果的に“違法ではないにもかかわらず”ＣがＡの請求に応じて削除してしまった場合、Ｂが、Ｃに対して債務不履行や不法行為等に基づく損害賠償請求を行えるだろうか？

問題3：そもそも、Aが、発信者（B）に対して、不法行為（名誉毀損）を理由とする損害賠償請求を行いたくとも、相手が「匿名」なため、どこの誰なのかわからない。裁判を起こすためには、相手を突き止める必要があるが、その場合、AはC（+ α）に対してどのような法的措置がとれるだろうか？

このように媒介者（プロバイダ）が置かれている「板挟み状態」を解消し、その自主対応を促進するため、プロバイダが損害賠償責任を負う範囲を明確に定める必要があります。アメリカにおいては問題1の点で、インターネット事業者が前記の③出版者に該当するのかが議論となりました。いくつかの判例が出された後、1996年通信品位法が制定され、同法230条は、名誉毀損をはじめとする違法情報に関し、「対話型コンピューターサービスのプロバイダ又はユーザー」は、第三者から提供された情報の内容について責任を負わない（=出版者として扱われない）という免責を与えています。さらに問題2について同法は、同時に自身のサービス上で流通している違法情報について、善意かつ自発的に削除等の措置を行った場合に限り、責任を負わないという免責も与えています（善きサマリア人規定）。

他方でわが国において問題1～3に対応する法律が「プロバイダ責任制限法」になります。

2　プロバイダ責任制限法の概要

ところで、プロバイダ責任制限法（正式名称：特定電気通信役務提供者の損害賠償責任の制限及び発信者情報の開示に関する法律〔以下、プロ責法〕）は、近時、発信者情報開示の部分について大規模な改正が行われ、改正法（令和3年法律第27号）が令和3年4月28日に公布されています。改正プロ責法の施行日は、公布から「一年六月を超えない範囲内において政令で定める日」（改正法附則1条）とされており、遅くとも2022年9月か10月あたりには施行される予定です。

この改正では、上記の問題3の部分と絡む発信者情報開示の仕組みについて、❶「新たな裁判手続き」の創設が行われ、これに加えて、❷SNSなどのログイン型サービスに対応し、開示請求できる情報の範囲が拡大されることになりました。そこで、本章では、現行法（と改正後も変わらない部分）については、単に「○○条」と書き、改正後の部分に触れる場合は「改正○○条」と書くことにします。

まずプロ責法が対象としているのは「特定電気通信」を通じた情報流通です。これは、「不特定の者によって受信されることを目的とする電気通信」の送信行為（2条1号）を指しており、ここには、オンライン掲示板はもちろんのこと、SNSやブログなども含まれることになります。他方で、電子メールのように一対一で行われる通信等はこれに該当しませんし、「放送」（放送法2条1号）も含まれません。そして、同法が民事上の免責の対象とし、かつ発信者情報開示請求権の名宛人としている「特定電気通信役務提供者」は、営利・非営利は関係なく、「特定電気通信設備を用いて他人の通信を媒介し、その他特定電気通信設備を他人の通信の用に供する者」（2条3号）を指しています。ここでいう特定電気通信設備とは、「特定電気通信の用に供される電気通信設備」（2条2号）であり、典型的にはウェブサーバが該当します。

その範囲は基本的に「プロバイダ」と一般的に呼ばれている事業者ですが、その事業形態には様々なものがあります。第一に、ホスティングサービスプロバイダと呼ばれるオンライン上のサーバー機能をユーザーに利活用させている事業者がこれに該当します。たとえば、SNS運営者、レンタルサーバー事業者、オンライン掲示板管理者などが含まれます。これに加えて、ニュースポータルサイト運営者などデジタル情報の提供者であるコンテンツプロバイダ（CP）がいますが、この事業者は、自ら発信した情報が問題の対象となった場合には、「発信者」として扱われ、免責を主張することはでません。しかし、自ら「特定電気通信設備」を運用しているような場合には、「特定電気通信役務提供者」に該当することになります。そして、最後にインターネット接続サービスの提供者であるアクセス（経由）プロバイダ（AP）と呼ばれる事業者も対象となります。一般的にインターネット・サービス・プロバイダ（ISP）と呼ばれる事業者が含まれており、発信者情報開示に際して、IPアドレス等、発信者の特定にとって必要不可欠な名前や住所といった情報を提供できる者であるため、判例上、「特定電気通信役務提供者」として扱われています（最判2010（平22）・4・8民集64巻3号676頁）。他方で、この事業者は、送信防止措置のような対応がとれる事業者ではないため、民事責任の対象とはなりません。

3　プロバイダの「責任」を「制限」する法律

プロ責法の骨格の１つは、プロバイダに対する「責任」を「制限する」規定になります。まず前記の**問題１**の場面で、Ａさんに対する権利侵害情報をプロバイダが削除せず、放置（不作為）していた場合に、プロバイダが情報流通による権利侵害を受けた者に対する損害賠償責任を負いうる場合の要件を定めた規定があります（３条１項「不作為責任の制限」）。それによれば、a)「送信防止措置を講じることが技術的に可能」（柱書）であり、なおかつ、b-１）情報流通により他者の権利侵害を起こしていることを「知っていたとき」、または、b-２）他者の権利侵害を起こしていることを「知ることができたと認めるに足りる相当の理由」があった時とされています。つまり、要件 a and 要件 b-1 or b-２を満たした場合にはじめて、プロバイダは損害賠償責任を負う可能性が生じてくると考えられます（もっともこの要件を満たしてもそれだけで即座に損害賠償責任は成立しない点にも注意が必要です）。

ここでいう送信防止措置とは、権利侵害を防止するために、問題となった情報の削除等を行うことが該当します。また「技術的に可能」とは、たとえば、問題となった情報の送信を停止するために関係のない他の情報の送信も大量に停止しなければならないといったような場合は該当しないとされています。

次に、**問題２**の場面において、プロバイダが、送信防止措置を行ったことによる発信者に対する損害賠償責任を免責される要件を定めた規定があります（３条２項「作為責任の制限」）。それによれば、c) 送信防止措置が「必要な限度」にとどまっており、d-１）権利侵害が発生していると「信じるに足りる相当の理由」があるとき、または、d-２）発信者に同措置について同意するかどうかの照会が行われ、７日以内に同意しないという回答がなかったときとされています。つまり要件 c and 要件 d-1 or d-２を満たした場合に、債務不履行などに基づく損害賠償請求の要件を満たしていたとしても、プロバイダは損害賠償責任を免責されることになります。

これに加えて、インターネット選挙運動を解禁した公職選挙法の改正に伴い、特定電気通信による「選挙運動のために使用し、又は当選を得させないための活動に使用する文書図画」（＝「特定文書図画」）の流通で、「自己の名誉を侵害されたとする公職の候補者等」から申し出があった場合に、送信防止措置

等をプロバイダが採った際に、発信者に対する損害賠償責任の免責要件を緩和する規定が設けられています（3条の2→改正4条）

4　発信者情報開示請求権

次に**問題3**の場面を想定し、プロ責法は、権利侵害を受けた被害者が、自身の権利利益の救済（＝権利侵害情報の発信者に対する損害賠償請求）を裁判所に訴えるために必要な権利も規定しています。多くの場合インターネット上の表現は「匿名（偽名・仮名も含む）」であるため、被害者が加害者に対して損害賠償請求を行おうにも、加害者が特定できずに、泣き寝入りすることになってしまいます。そこでプロ責法は、発信者の情報を開示することをプロバイダに請求する権利を規定しました。

もっとも発信者情報が簡単に開示されてしまった場合、インターネットの利点である匿名性が喪失してしまいます。場合によっては、発信者のプライバシー権や通信の秘密にとって看過できない侵害となりえます。そこで、同法は発信者情報の開示が認められる「要件」について規定しているのです（4条1項→改正5条）。それによれば、プロバイダに対する発信者情報の開示が認められる場合は、e-1）開示請求者の権利侵害が明らかであるときで、かつe-2）発信者情報開示を受けるべき正当な理由があるときとされています。つまり、要件e-1）and e-2）を満たしてはじめて、発信者情報開示請求が認められることになります。「プロバイダ責任制限法 発信者情報開示関係ガイドライン〔第7版〕」によれば、e-1）の「明らか」には、「不法行為等の成立を阻却する事由の存在をうかがわせるような事情が存在しない」ことが含まれるとされています。他方、e-2）の「正当な理由」には①「損害賠償請求権の行使のためである場合」、②「謝罪広告等名誉回復措置の要請のため必要である場合」、③「発信者への削除要請等、差止請求権の行使のため必要である場合」が挙げられています。

ここで開示請求が認められて開示の対象となる情報は、「特定電気通信役務提供者の損害賠償責任の制限及び発信者情報の開示に関する法律第四条第一項の発信者情報を定める省令」（総務省令平成14年政令第57号）で具体的に定められています。大きく分けると❶直接発信者を特定するための情報（発信者の氏名

（1号）、住所（2号）、電話番号（3号）、メールアドレス（4号））と、❷発信者特定の手がかりになる情報（IPアドレス等（5号）、（携帯電話端末等からの）インターネット接続サービス利用者識別符号（6号）、（携帯電話端末等における）SIMカード識別番号の一部（7号）、タイムスタンプ（8号））の2種類が挙げられています。

またプロ責法は、発信者情報開示請求を受けたプロバイダに対して、連絡を取ることができないなどの特別な事情の場合を除き、発信者側の意見を聴取する発信者意見聴取義務について定めています（4条2項→改正6条1項)。この他にも、発信者情報の開示を受けた開示請求者が、発信者情報を濫用しないよう設けられた注意規定（4条3項→改正7条）や、プロバイダが、たとえば確定判決後も開示請求に応じない等の故意または重大な過失がある場合を除き、任意の発信者情報開示請求に応じなかったことで開示請求を行った者（被害者）に生じた損害の賠償責任を免責されることを定めた規定（4条4項→改正6条4項）も定められています。

なおプロ責法の解釈において、プロバイダ側の行動指針となるように策定された4つのプロバイダ責任制限法ガイドライン（名誉毀損・プライバシー侵害、著作権、商標権、発信者情報開示）も重要な参考軸になりえます。これら「ガイドライン」は法的拘束力を有するものではなく、あくまで実務上の指針ではありますが、この指針に自主的にプロバイダが従うことで、裁判実務の中でプロバイダ側の有利に働く効果が期待されています。加えて最近では、総務省の発信者情報開示の在り方に関する研究会の「最終とりまとめ」を受けて、発信者情報開示の要件である権利侵害の明白性について、インターネットセーファー協会が「権利侵害の明白性ガイドライン（初版）」（令和3年4月）を策定しています。こちらも合わせて参照してください。

5　発信者情報開示の問題点

前記のような現行の発信者情報開示の仕組みでは、被害者が権利救済を行うために、①CP等へのIPアドレスなどの情報開示請求、②それをもとにしたAPへの氏名や住所などの情報開示請求、③氏名や住所開示後に不法行為に基づく損害賠償請求という3つの段階を経なければなりません。CP等やAPなどのプロバイダが発信者情報の開示に任意に応じてくれればよいのですが、そうでなければそれぞれに対して裁判を起こす必要が出てきます。加えていうと、こうしたプロバイダの任意開示は、実際にはあまり行われておらず、また推奨もされていません。というのも、もし誤ってプロバイダが要件を満たさないのにもかかわらず、任意開示を行った場合、それによって原状回復不能な不利益を被った発信者に対して民事責任を負う可能性があるほか、電気通信事業者に対する通信の秘密の厳守を定めた電気通信事業法（4条・179条）に基づく刑事責任を負う可能性もあるためです。

総じて、現行の発信者情報開示請求の仕組みは開示までにかなり慎重なハードルを設けているように思えますが、最高裁も電気通信事業法の通信の秘密は、「通信が社会生活にとって必要不可欠な意思伝達手段であることから、通信の秘密を保護することによって、表現の自由の保障を実効的なものとするとともに、プライバシーを保護することにあるものと解される」（最決2021（令3）・3・18民集75巻3号822頁）と判示しているように、発信者情報の開示は、ネット上で情報発信を日々行っているあらゆる人のプライバシー・通信の秘密（憲法13条・21条、電気通信事業法4条他）を、安易にプロバイダが脅かさないようにし、私たちユーザーの表現の自由に対する萎縮効果（Chilling Effects）を極力抑制するため、慎重に行う必要があります。発信者情報はいったん開示されてしまう（＝匿名性のはく奪）と、コンテンツ削除の場合と違って根本的に二度と回復できない点にも留意する必要があるでしょう。

そもそも、匿名による表現は、表現の自由の本旨である権力批判のために大きな威力を持ちます。たとえばもともと名誉毀損が、政敵への弾圧の手段として使われた歴史（例：讒謗律）も忘れてはなりません。政府や企業、著名人といった権力者に対して、私たちが自らの名を明かして時に痛烈または過激な言葉を使って批判した場合、彼らから「反撃」を受ける可能性についても考慮しなければならないのです。昨今、わが国においても、SLAPP 訴訟が問題視されていることからも、こうした「匿名性」は今後も一定程度、確保される必要があるでしょう。総務省の発信者情報開示の在り方に関する研究会「最終とりまとめ」（令和2年12月）においても、プロ責法改正に際し、「新たな裁判手続を導入した場合には、非訟手続により、発信者情報開示の請求を行いやすくなることが期待される反面、当該手続の悪用・濫用（いわゆるスラップ訴訟）も増えるおそれがあるとの指摘もあることから、それを防止するための仕組みを検討する必要がある」（30頁）と指摘されていることは、その意味で重要です。

もちろん、ネット上の匿名性が違法な表現による誹謗中傷の「隠れ蓑」になっていることを軽視すべきではありません。先ほども言及した通り、現行の仕組みでは本番の損害賠償請求まで２回の開示請求を行う必要があり、非常に多くの時間とお金が費やされることになります。これは、被害者にとってあまりにハードルが高すぎることは確かでしょう。また実務においては、民事保全手続に基づく、発信者情報開示・消去の禁止の仮処分の申し立てが一般的に行われているといわれます。というのも、プロバイダには発信者情報の保存義務がなく、アクセスログは２週間から半年程度しか保存されないため、時間のかかる裁判での判決確定を待っている間に、発信者情報が削除され、権利行使が不可能になる場合があるためです。こうしたログの保存も課題といえそうです。

6　令和３年改正部分の概要

こうしたプロ責法の発信者情報開示の問題点を検討するため、総務省の「発信者情報開示の在り方に関する研究会」（座長：曽我部真裕）が、2020年４月30日に設置されました。その後、５月に木村花さんのテラスハウス事件が発生を受けて、一気に政治的関心が高まり、同研究会は、法改正を視野に入れたものへと変化し、９月には総務省から「インターネット上の誹謗中傷への対応に関する政策パッケージ」が示されました。それによれば、①開示情報の中に、電話番号を追加、②新しい裁判手続の創設、通信ログの早期保全、③ログイン時情報、④裁判外における任意開示の促進といったことが挙げられています。その後、2021年にプロ責法の大規模な改正が行われたことは前述したとおりです。その骨子は、先に見た通り２つの軸（❶「新たな裁判手続き」の創設、❷開示請求情報の範囲拡大）から構成されています。

まず、現在４条１項で定められている発信者情報開示請求は、改正５条へと改められます。開示請求権は、現行法と同じく「実体的権利」として定められており、そのため従来型の裁判の仕組みも残っています。発信者情報の開示のための要件も、現行法と変わりなく、「権利侵害の明白性」（改正５条１項１号）と「正当な理由」（同２号）の２つです。ただし、新設された「特定発信者情

【図表11－1　新たな裁判手続き】

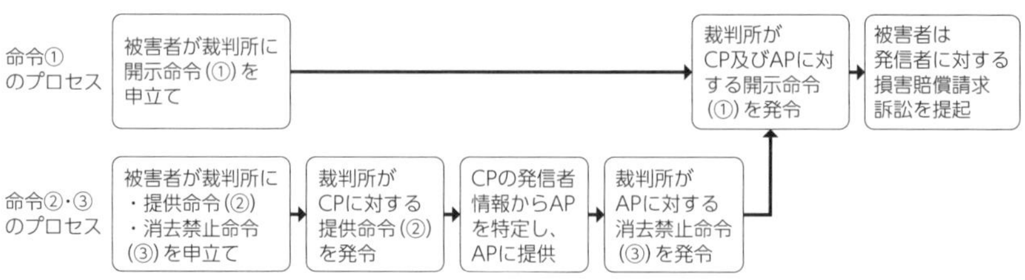

出典：総務省発信者情報開示の在り方に関する研究会「最終とりまとめ」（令和２年12月）18頁

報」の開示については、追加の条件が課せられています（同３号）。

そのうえで、これまでの手続きとは別に、「新たな裁判手続き」（非訟手続き）が設けられました。新たな手続きでは、裁判所は図表11－１にあるような３つの命令を出せるようになりました。まず第一に、裁判所は「決定で」、「当該権利の侵害に係る開示関係役務提供者」に、被害者からの請求に基づく「発信者情報の開示を命ずることができる」ようになりました（「発信者情報開示命令」、改正８条）。第二に、「本案の発信者情報開示命令事件が係属する裁判所」が、「侵害情報の発信者を特定することができなくなることを防止するため必要がある」と認めた場合に、「決定」により、「相手方である開示関係役務提供者に対し」て、APに関する氏名・名称や住所などの情報をはじめとする内容の情報の提供命令を出すことができるようになりました（「提供命令」、改正15条）。そして最後に、「本案の発信者情報開示命令事件が係属する裁判所」が、「侵害情報の発信者を特定することができなくなることを防止するため必要がある」と認めた場合に、申立人の申し立てに基づき、「決定」により、「相手方である開示関係役務提供者に対し」て、当該発信者情報開示命令事件が終了するまでの間、保有する発信者情報の消去を禁ずる命令を出すことができるようになりました（「消去禁止命令」、改正16条）。これは、現行法上で行われている先述のログ保存の仮処分に相当します。そして重要なことに、これらすべての命令を同一の裁判所から出してもらえるようになりました。なお発信者情報開示命令事件の決定に対して不服がある場合は、「当該決定の告知を受けた日から一月の不変期間内」に、異議の訴えを提起（＝訴訟へ移行）することもできます（改正14条）。

次に、開示請求の対象となる情報の拡大があります。現行法は4条1項で開示請求の対象を「当該権利の侵害に係る発信者情報」と定めています。プロ責法制定時は、ウェブ掲示板が想定されており、SNSのようなログイン型サービスを想定していませんでした。そこで、改正法では、「侵害情報の発信者が当該侵害情報の送信に係る特定電気通信役務を利用し、又はその利用を終了するために行った当該特定電気通信役務に係る識別符号」（＝ログイン時情報）の内、「当該侵害情報の発信者を特定するために必要な範囲内であるものとして総務省令で定めるもの」を侵害関連通信（改正5条3項）として定義しました。そのうえで、「発信者情報であって専ら侵害関連通信に係るものとして総務省令で定めるもの」を特定発信者情報として、これを開示請求権の対象に含めることになりました（改正5条1項）。

この特定発信者情報の開示要件には、「権利侵害の明白性」（同1号）、「正当な理由」（同2号）に加え、「当該権利の侵害に係る特定発信者情報以外の発信者情報を保有していない」と認められる場合（同3号イ）、プロバイダの保有する「当該権利の侵害に係る特定発信者情報以外の発信者情報」が、⑴「侵害情報の発信者の氏名及び住所」、⑵「他の開示関係役務提供者を特定するために用いることができる発信者情報」のみと認められる場合（同号ロ）、改正5条1項で開示された情報では、「当該開示の請求に係る侵害情報の発信者を特定することができない」と認められる場合（同号ハ）のいずれかに該当する場合が追加されています。

以上のような法改正によって、被害者側が対応できる選択肢が増え、またCPとAPに対して一度の手続きで発信者の特定ができる簡便な手続きが加わったことで、迅速な権利救済を図ることができるようになることが期待されています。もっとも炎上事案等の場合は、加害者も複数・多数にのぼります。そうなると、権利侵害の発生→被害者が権利救済のための訴訟を提起といった司法的な対応スキームにも限界が出てくるでしょう。むしろ今後は、オンライン・プラットフォーム事業者による削除やフィルタリングをはじめとするコンテンツ・モデレーションによる対応が重要さを増してくることになるかもしれません。

◀コラム：コンテンツ・モデレーションの世界：「新たな統治者」をどう統治するか？▶

第11章の中でも触れた通り、プラットフォーム事業者は私たちの情報環境において大きな力（情報環境形成力）を有しています。そうした能力のひとつが、ソーシャルメディア企業によるコンテンツ・モデレーションです。皆さんが普段利用しているソーシャルメディアは、気が付かないところで常に「掃除」がされています。そのプロセスは非常に不透明ですが、ケイト・クロニックという研究者は、そのプロセスを調査し、何が行われているかの実態を明らかにしました。彼女によれば、Facebookなどではユーザーからのポリシー違反の通報を受け、人間のモデレーターが事後的にコンテンツの審査をしています。モデレーターには、日常的にコンテンツの審査をしているティア3から、本社の弁護士などによるティア1まで階層があり、まるで三審制のような形がとられています。モデレーターは企業内部で訓練を受けており、一般に公表されているコンテンツ・ポリシーよりもさらに詳細な内部基準を用いて審査がなされます。そしてこの基準は、様々な回路から意見を吸い上げて頻繁に改訂されるといいます。こうした構造をもって彼女は、プラットフォーム事業者を「新たな統治者（the New Governors)」と評しているのです。現在ではこうした「SNS掃除人」は多くが外注され、ある報告書によれば、FacebookとInstagramのモデレーターは1万5000人にのぼると指摘されています。さらに最近ではAIによる自動化もまた顕著です。たとえばYahooニュースでは、スパコン「kukai」の機械学習を用いたコメント欄の健全化が行われており、「建設的モデル」、「関連度モデル」、「不適切投稿判定モデル」という3種類のモデルが実装されています。このうち「不適切投稿判定モデル」は、ポリシー違反のコメントをAIが点数化し、それに基づいて掲載順の変化や自動削除等を行っているとされています。こうしたモデレーターのAI化は、人的コストの削減という観点からも今後ますます普及していくと思われます。

法学の視点からみると、重要なことにこうしたモデレーションの世界は、一人ひとりの表現の自由の「権利」に根差したものというよりも、非常にシステミックで確率論的な世界となっています。ネット上に日々投稿されるコメントの数や削除数等の規模を考えると、こうしたシステマティックな対応は現実的でしょうし、民主政システムの維持・発展のため、ネット上でより理性的な議論をユーザー同士が交わす空間をつくりあげるという観点からみれば、決して頭ごなしに否定されるべきものでないでしょう。ただこうした仕組みは、既存の法学が前提としてきた政府の法規制による言論統制（とそれに対抗する「権利」）の場合と異なり、エラーが発生した場合に、その措置に異議を唱え、救済を図るシステムに乏しいという問題があります。またプラットフォーム事業者が、コストをかけてでもモデレーションを行っているのは、ユーザーに居心地の良い空間を提供し、より長く継続的に自社の空間を利用してもらうという経済的利益につながる理由もあるでしょう。

必要となるのは、こうした「新たな統治者」のデジタル言論空間ガバナンスに、どのようなコントロールを図っていくか、ということになります。この点、最近ではユーザーに対する適正手続き（デュー・プロセス）の必要性が説かれたり、透明性確保のための原則（サンタクララ原則2.0）が提唱されたりしています。さらに注目すべきものとして、Facebook は、ユーザーからの異議申立てを審査する「監督委員会」と呼ばれる仕組みをつくっています。まさに Facebook「最高裁」とでも言うべきこの仕組みが、どのように機能していくかは不透明なところがありますが、こうした様々な仕組みをトライ・アンド・エラーで実験的に繰り返し、最適な仕組みを見出していく必要があるといえます。

第12章　個人情報保護法
——憲法13条との関係から

1　はじめに

本章では、個人情報保護法（正式名称：個人情報の保護に関する法律）について学習します。1980年代に始まる個人情報の法的保護は、プライバシー権に関する学説の展開やIT・ICT技術等の発展に伴い、絶えず見直しが行われてきました。個人情報が行政、教育、医療、購買など生活のありとあらゆる場面で利用され、その方法も多様化・複雑化するなかで、プライバシー権を守り、個人情報の適切な利活用を捉進する観点から、個人情報の保護が重要視されるようになってきたのです。

2　個人情報保護の意義

1　プライバシー権の発展

憲法13条はいわゆる「新しい人権」としてプライバシー権を保障しています。同条で掲げられる「個人の尊重」原理は、個人の人格を尊重することを謳う主旨ですが、個人が自由に自己の人格を発展させるためには、公権力による介入から私生活を守る必要があると考えられます。そのため、「新しい人権」としてプライバシー権が保障されるようになったのです。プライバシー権は「放っておいてもらう権利（Right to be let alone）」として提唱され、私事を公開されない権利や私生活に侵入されない権利としての側面が強調されていました（**「古典的プライバシー権」**）。裁判所も、民事事件においてではあるものの、1964年に、プライバシー権とは「私生活をみだりに公開されないという法的保障ないし権利として理解される」と述べ、その侵害が差し止めや損害賠償請求の対象になると判断しました（東京地判1964（昭39）・9・28下民15巻9号2317頁〈「宴のあと」事件〉）。

しかし、1970年代になると、高度な情報技術を用いた個人情報の処理や分析が可能になったことにより、これまで必ずしも保護されるべき私事にはあたらないと考えられてきた情報であっても、利用の方法などによっては個人の私生活の監視や侵襲に利用されうることが強く認識されるようになりました。たとえば、大学で行われる外国主席の講演会に参加するために学生が任意で提出した氏名や学籍番号を大学が警察に渡したという事件がありました（最判2003（平15）・9・12民集57巻8号973頁〈江沢民講演会事件〉）。氏名や学籍番号という情報そのものは秘匿性が高くないため、名簿の受け渡しはプライバシー権の侵害には当たらないのでしょうか。また、区長が既に裁判で公開された情報である住民の前科情報を本人の同意を得ずに弁護士会に開示した事件はどうでしょうか（最判1981（昭56）・4・14民集35巻3号620頁〈前科照会事件〉）。大学のケースでは、最高裁は、問題となった情報は「秘匿されるべき必要性が高いものではない」ものの、「本人が、自己が欲しない他者にはみだりにこれを開示されたくないと考えることは自然なこと」であると考え、法的保護の対象としました。前科情報のケースでも、最高裁は、「前科及び犯罪経歴……は人の名誉、信用に直接かかわる事項であり、前科のある者もこれをみだりに公開されないという法律上の保護に値する利益を有する」と判断しました。秘匿性の低い情報や既知の情報であっても、また、公開ではなく特定の相手方への提供の場合であっても、プライバシー権の保護が及ぶと考えられているのです。プライバシー権の対象となる私事かどうかは、形式的な面だけではなく、個人の人格の保護の観点から情報の内容・性質や用途なども考慮して判断されなければなりません。

このように、個人の情報の取り扱いは、プライバシー権の問題が生じる主なフィールドになってきました。そのため、学説では、情報の秘匿だけではなく、取得から利用、第三者への提供にいたるまで、情報の取り扱いの適正を求める「**自己情報コントロール権**」の考え方が広く受け入れられるようになりました。さらに、自己情報コントロール権を「自己の存在に関わる情報を開示する範囲を選択できる権利」として捉え、憲法13条から、本人が自らの情報へのアクセスや削除・訂正を求める権利を見出す見方も強く主張されています。私事に関する情報を開示するか隠しておくかを決定する権利だけでなく、仮に開示する場合でも、開示の範囲を決定したり、情報の利用のされ方や正確性を自ら絶えず確認したりする権利まで認めようとする点がポイントです。

EU レベルでは、自己情報コントロール権は「情報自己決定権」とよばれ、加盟国を法的に拘束するルールである**EU 一般データ保護規則**（GDPR、2018年施行）で、具体的に保護されています。個人が自らのデータをコントロールするべきであるという理念の下、様々な具体的な権利が定められているからです。日本では、個人情報保護法に自己情報コントロール権の考え方が反映されていると考えられています。

2　情報の利活用と保護

プライバシー権を保障するために個人の情報の保護が求められてきた一方で、情報の適切な利活用を促すことによって日常生活や社会活動の利便を向上させる可能性も期待されています。たとえば行政活動では、住民の情報をデータベース化して複数の行政機関間で共有したり、分析して各人の状況に応じて必要な行政サービスを絞り込んだりすることによって、行政事務を効率化したりきめ細やかな行政サービスの提供を実現したりすることができます。民間事業者も、顧客等の情報を収集・分析して商品開発やマーケティングに役立てることにより、顧客のニーズにピンポイントにこたえることができるでしょう。また、たとえば患者等の情報を医学研究や感染症対策に利用する場合のように、公益のために情報が有用なケースもあります（→第15章コラム参照）。

行政活動の合理化と住民の利便性の向上を図る取り組みの例として、1999年の住民基本台帳法改正によって導入された「住民基本台帳ネットワークシステム」（**住基ネット**）を挙げることができます。住基ネットは、住民の氏名・生年月日等と住民票コードなどの情報を国や地方公共団体の間のネットワーク上で処理できるようにすることで、住民が地方公共団体をまたいで移住した場合などにも住民票の移動にかかる業務等を効率的に行うためのシステムです。しかし、個人情報の保護が十分でないという懸念から違憲訴訟が提起されるなど、普及はなかなかすすみませんでした。原告は、住基ネットによる個人情報の取り扱いがプライバシー権等を侵害し、憲法13条に違反すると訴えましたが、裁判所は、個人情報が適切に取り扱われるよう様々な安全装置が備えられていることを理由に、原告の主張を退けました。すなわち、個人情報を一元的に管理する機関が存在しないこと、法律の根拠に基づいて個人情報が管理されていること、漏えいなどを防止するシステムが構築されていること、不正な利用などが罰則つきで禁止されていることなどの条件が最高裁による合憲判断の決め手になりました（最判2008（平20）・3・6民集62巻3号665頁〈住基ネット訴訟〉）。情報漏えいや不正処理が実際に行われていなくても、情報の適切な管理構造がプライバシー権の問題として取り扱われたことは、プライバシー権の「構造論的転回」とよばれています。EUで個人情報の保護を図る指針が登場したことなどもあいまって、個人情報の利活用の仕組みとともに個人情報を保護する制度の整備が求められる大きな転機になりました。

2003年には、**個人情報保護法**（以下、個情法）、**行政個人情報保護法**（正式名称：行政機関の保有する個人情報の保護に関する法律〔以下、行個法〕）、**独立行政法人等個人情報保護法**（正式名称：独立行政法人等の保有する個人情報の保護に関する法律〔以下、独個法〕）などの個人情報保護関連法が成立しました（2005年全面施行）。また、国レベルの法律の成立に前後して、多くの地方公共団体も個人情報保護条例を制定しました。個情法は、個人情報保護に関する施策の基本方針、国と地方公共団体の責務、個人情報の取り扱い主体の義務を定めることにより、「個人情報の有用性に配慮しつつ、個人の権利利益を保護することを目的」としています（1条。以下、とくに指定しない限り条文は個情法）。

ところが、それぞれの法律や条例が異なる規制をおいていたため、同じ業種の事業者であっても、設置主体（たとえば、国立大学か、公立大学か、私立大学か）によって適用される規制が異なるという事態が生じ、データの利活用に不均衡が生じたり、異なる事業者間でデータをやりとりして事業を行うことが複雑になったりすることが問題となっていました（いわゆる「2000個問題」）。これに対し、2020年には、個情法が改正され、3つの法律と個人情報保護条例の規定を統合した全国共通のルールになりました。個人情報の保護のルールが浸透するとともに、個人情報の利活用がすすむことが期待されています。

スマートフォンの普及やビッグデータの収集分析技術の向上、データマッチング技術の普及、国境を越えた情報の流通など、情報をめぐる新しい動向に対応するための改正も行われてきました。個情法は、3年毎に制度の見直しを行うことによって情報流通環境の発展に即応しつつ、個人の情報の利活用と保護のバランスをとる制度を構築することが目指されています。

3　個人情報保護法制

1　全体像

世界の個人情報保護制度には、情報の取り扱い主体や情報の種別を問わず一体的な法を定めるオムニバス方式をとるものや、個別的な法を定めるセグメント方式をとるものがみられますが、日本では当初、両者の折衷型がとられていました。すなわち、個情法が基本的な方針等と民間事業者に適用される一方で、国の行政機関には行個法、独立行政法人には独個法が適用され、さらに地方公共団体はそれぞれが個人情報保護条例を定めていました。しかし、2020年の改正によって、個情法が事業主体にかかわらず全国統一的なルールとして生まれ変わりました。一方で、特に配慮が必要な分野（たとえば、金融や医療など）については、個別のガイドラインが重要なルールになっています。

2　どのような情報が保護されるのか

（1）　個人情報

個情法上、個人情報とは、生存する個人に関する情報であって、①「当該情報に含まれる記述等から特定の個人を識別できるもの」または②「個人識別符号が含まれるもの」をいいます（2条1項）。ある情報から特定個人を識別できれば、それは個人情報であるということができます（「個人識別性」の要件）。

まず、①にいう「記述等」には、名刺や学生名簿に記載された氏名や電話番号などの情報だけではなく、そこに登場する人がだれかが分かるものであれば、録音・録画ファイルや写真も含まれます。また、たとえ記述等だけでは個人を識別することができなくても、他の情報と突き合わせることが容易で、そうすることによって特定の個人を識別することができる場合にも、個人情報にあたります（「照合容易性」の条件）。たとえば、インターネット接続プロバイダが記録しているユーザーの通信ログは、それ単体では個人を識別できませんが、これとは別に保管している会員情報と容易に照合して個人を識別することができるので、個人情報にあたるといえます。

次に、②の「個人識別符号」は、政令で具体的に定められていますが、指紋データや顔認証データ、DNA 塩基配列コードなど、特定個人の身体の一部の特徴を電磁的に記録したものと（2条2項1号)、旅券番号や運転免許番号、顧客番号など、行政や民間のサービスの提供のために利用者毎に割り当てられる番号や記号があります（2条2項2号)。

以上の個人情報をデータベース化したものは、「個人データ」と呼ばれます（2条6項)。個人情報をデータベース化すると利用しやすくなりますが、漏えいなどのアクシデントや安易な利用のリスクも高まってしまうため、個人データを作成した場合には、別途のルールが適用されるのです。

（2）　要配慮個人情報

個人情報のうち、人種、信条、社会的身分、病歴、犯罪歴、犯罪被害歴に関する情報など、本人に対する不当な差別や偏見などの不利益が生じないよう取扱いに特に配慮を要する情報は、要配慮個人情報として政令で定められています（2条3項)。要配慮個人情報が不正に取り扱われるとプライバシーへの影響が大きいため、後で説明するように、要配慮個人情報を取り扱う事業者には厳しい義務が課されています。

（3）　個人関連情報

インターネット上における個人の活動の活発化やビッグデータの発展が著しいなか、個人情報にあたらない情報にも法的保護の対象を広げることが求められてきました。そこで、2020年改正で導入されたのが個人関連情報という新しい情報のカテゴリーです。個人関連情報は、生存する個人に関する情報であるものの「個人情報、仮名加工情報及び匿名加工情報のいずれにも該当しないもの」（2条7項）と定義されています。インターネット上の閲覧履歴や位置情報、cookie 情報などは、それ自体として個人識別性を有していませんが、「私生活を覗き見る」ことができる情報であり、情報の使い方や組み合わせによっては限りなく個別性が高まり、プライバシーへの影響が大きくなります。いわゆる「リクナビ問題」では、学生向け就職活動サイトを運営するリクルートキャリア社が cookie や契約企業によって割り振られた学生管理 ID 等を利用して内定辞退率を割り出し、本人の同意なく契約企業に提供していたことが問題になりました。リクルートキャリア社はこれらの情報によって学生を識別していたわけではありませんが、契約企業は、管理 ID を氏名と照合することに

【図表12－1　個情法上の個人に関する情報の関係】

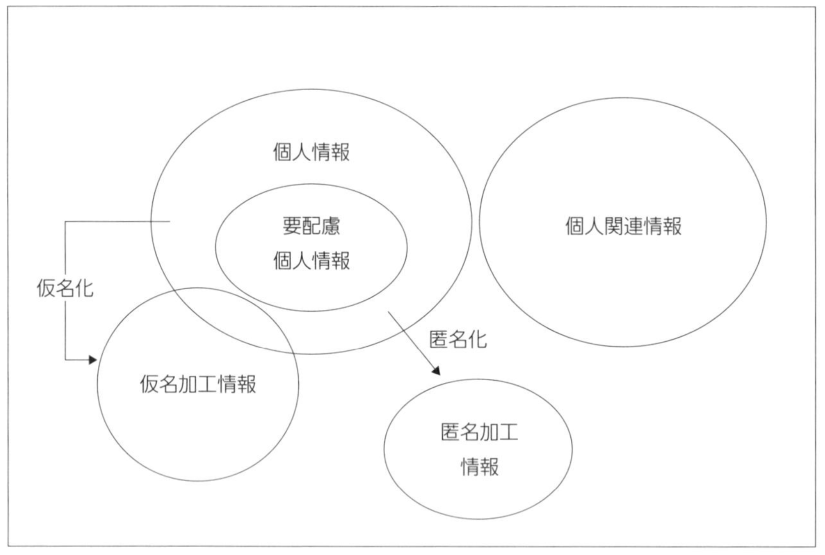

よって識別することが可能でした。このような問題を受けて個情法が改正され、先述のように cookie などの個人関連情報に一定の保護が及ぶようになったほか、個人関連情報の提供を受ける側が当該情報から個人を識別できる場合には、提供元は本人の同意なしに提供してはならないことが規定されました(**提供先基準**)。

（4）　匿名加工情報と仮名加工情報

一方、情報の過剰な保護によって行政サービスの質の向上や効率化が阻害されたり、新しい技術の研究開発や民間サービスを委縮させたりすることがないよう、利用可能な情報の範囲や処理の方法に関する柔軟な制度設計も求められます。近年の個情法改正では、新しい情報カテゴリーとして匿名加工情報と仮名加工情報が新設され、情報の利活用にも配慮されています。

匿名加工情報とは、個人情報の一部を削除したり個人識別符号をすべて削除すること等によって、特定個人を識別したり復元したりすることができないように個人情報を加工したものをいいます（2条6項)。匿名加工情報は、作成や第三者への提供の方法について一定の基準を満たせば、自由に利活用すること

【図表12-2　匿名化・仮名化の例】

氏名	田中　太郎
電話番号	090-xxxx-xxxx
年齢	24歳
性別	男
同伴者	2名（女性・子ども）
宿泊日	○年○月○日（2泊）
宿泊場所	○○ホテル名古屋駅前店

仮名化

氏名	―
電話番号	090-xxxx-xxxx
年齢	20代
性別	男
同伴者	2名（女性・子ども）
宿泊日	○年○月○日（2泊）
宿泊場所	○○ホテル名古屋駅前店

匿名化

氏名	―
電話番号	―
年齢	20代
性別	男
同伴者	あり
宿泊日	○年○月
宿泊場所	名古屋市内

ができるため、購買履歴から作成した匿名加工情報の分析によってマーケティングを行うなど、効果的な活用が期待されています。

仮名加工情報は、他の情報と照合しない限り特定の個人を識別することができないように、法令の定める基準に従って個人情報を加工したもののことをいいます（2条5項）。情報それ単体で、本人を識別することができなくなっていれば良い点で、匿名加工情報とは異なります。つまり、仮名加工情報は、匿名加工情報に比べてより簡便な工程で作成することができますが、氏名や顧客番号の対照表と突き合わせれば個人を識別することができるため、復元可能性が残る情報です。そのため、後でみるように、仮名加工情報の取扱事業者は個人情報の取り扱いに関する義務を完全に免除されるわけではありません。

3　個人情報を取り扱う者に課される義務

個人情報を適切に取り扱うべき義務を負うのは、民間部門では個人情報取扱事業者（16条2項）公的部門では行政機関や独立行政法人等（2条8〜11項）です。以下では、主に民間部門についてみていきます。

（1）　個人情報の取得に関する義務

第一に、個人情報取扱事業者が個人情報を取得する際には、予め**利用目的を特定**しなければなりません（17条）。そして、個人情報を取得する際には、特定した利用目的を予め公表するか、取得後すみやかに本人に通知または公表しなければなりません（21条1項）。利用目的の特定と通知などは、後に説明する利用目的による利用制限と相まって、個人情報が思いもよらない方法で使われることを防ぐことに意義があります。したがって、利用目的は、本人にとって、誰がどのような事業のために使うのかが分かるように特定されなければならず、「サービス向上のため」というような漠然とした記載だけでは不十分です。第二に、不正な手段によって個人情報を取得することは許されません（「適正取得」、20条1項）。違法な手段による取得はもちろん、本人に利用目的を隠したり偽ったりして取得する行為を防ごうとする規定です。第三に、要配慮個人情報については、原則として取得そのものが禁止され、取得する場合にも本人の同意が必要とされます（20条2項）。ただし、個別の法令に基づく場合のほか、人の生命等または財産の保護のために必要がある場合や、公衆衛生の向上または児童の健全な育成の推進のために特に必要がある場合で本人の同意を得ることが困難なときなど、20条2項に列挙されている場合に限っては、本人の同意なく要配慮個人情報を取得することができます（→第15章）。

（2）　個人情報の利用に関する義務

個人情報取扱事業者は、適正に取得した個人情報であればどのように利用しても良いというわけではありません。特定した目的に必要な範囲を超えて個人情報を取り扱うことはできず（**「目的外利用の禁止」**）、特定した目的とは関連しない新しい目的で個人情報を利用する場合には、改めて本人の同意を得る必要があります（21条3項）。法令に基づく場合や、生命・身体の保護の必要がある場合、公衆衛生・児童の健全育成に特に必要がある場合に限って、本人の事前同意なしに目的外利用が許されています（21条4項）。

さらに、このような具体的なルールに反しない場合であっても、第三者が違法な事業や差別を増幅させる行為を行うことを知りながら個人情報を提供するケースなど、違法・不当な行為を助長するような不適正な方法で個人情報を利用することは禁止されています（19条）。

2005年に、年金の納付記録が正しく行われておらず、持ち主不明の年金記録が5000万件以上存在することが明らかになる事件がありました（「消えた年金記録」事件）。こうした事態を防ぐために、個情法には、個人情報取扱事業者が個人データが正確で最新の情報に保たれていなければならないこと、そして利用する必要がなくなった場合には、遅滞なく消去するよう努めなければならないことが定められています（22条）。

（3）　安全配慮に関する義務

個人情報取扱事業者は、個人データを自ら保有したり利用したりする場合には、個人情報へのアクセスをコントロールするための適切な組織体制や従業員教育、物理的・技術的安全管理措置を講じなければならず（「**安全管理措置**」、23条）、個人データを取り扱う従業員や委託先の適切な監督も求められます（「**監督義務**」、24条・25条）。事業者は、漏えいなど一定の事案が起きた場合には、個人情報保護委員会に報告するとともに、本人にも通知しなければなりません（26条）。これによって、個人情報保護委員会はその業者に「目を光らせる」ことができるようになりました。また、本人にとっては、自分の情報の取り扱われ方や直面している危険を把握することは、後にみる権利を行使する前提になるといえます。

（4）　第三者提供に関する義務

個人データを第三者に提供する場合には、事前に本人の同意を得なければなりません（27条）。もし本人の知らないうちに他者によって個人情報の利用がなされていたら、自己情報のコントロールどころか、私生活の秘匿さえも危ぶまれます。インターネット上での買い物、ウェブサイトへの登録状況などの情報は、組み合わせたり集積したりすれば、その人の嗜好を分析してターゲティング広告などのマーケティング活動に役立てることができるため、そうした情報を販売するデータブローカーも存在しています。そのため、個情法は、本人から「第三者提供をしてもよい」という明示的・積極的な同意（**オプトイン同意**）を取得するよう、事業者に求めているのです。一方で、学校が急病の生徒の住所や過去の病歴などを無断で病院に連絡するケースのように、第三者提供

【図表12－3　個人情報取扱事業者の主な義務】

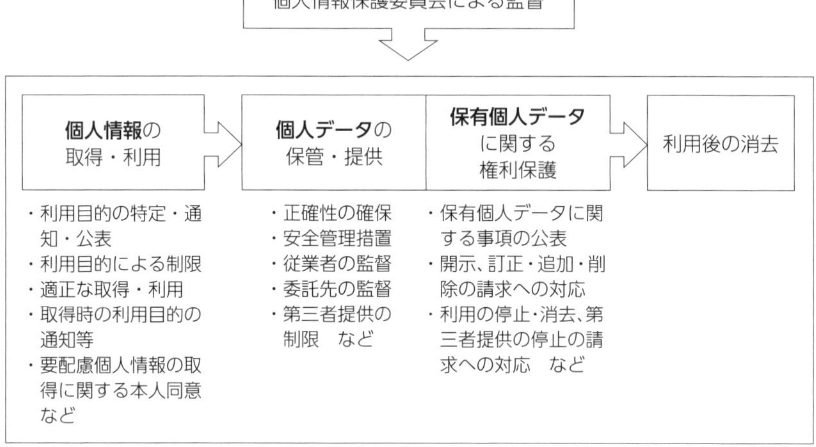

が本人のためになる場合や、第三者提供の制限によって経済活動が硬直的になってしまう場合もあります。そこで個情法は、いくつかの例外を定めています。たとえば、先にみた目的外利用と同様の例外理由がある場合や学術研究に関わる場合です（27条１項）。他に、本人に第三者提供の停止請求権を認めている場合には、第三者提供を拒否する申出ができること等を本人に通知または公表を行い、個人情報保護委員会に届け出ることによって第三者提供を行うことができます（27条２項）。

4　義務遵守を確保するための仕組み

個人情報の適正な取扱いを確保するため、2015年改正で独立の監視機関である**個人情報保護委員会**が設立されました。そして、2020年改正で個人情報保護法制が個人情報を取り扱う主体にかかわらず一元化されたことに伴って、個人情報保護委員会が行う監督の対象も、民間事業者だけでなく行政機関等や独立行政法人、地方公共団体にも広がりました。個人情報保護委員会は、個情法の具体的な解釈を示すガイドラインを作成したり監督権限を行使したりするので、監督対象が広がったことにより、個人情報を取り扱う主体にかかわらず、同じレベルの個人情報保護が全国的に行き渡ることになります。

監督権限として、具体的には、個人情報保護委員会は、事業者に対し指導および助言（41条）、報告徴収および立入検査（40条）に加え、法令違反があった場合に勧告および命令（42条）を発することができます。たとえば、LINE 社の提供する個人メッセージサービスについて、業務委託先である外国企業の従業員が本人の同意なくメッセージ内容にアクセスしていた問題では、個人情報保護委員会は、LINE 社に対し報告徴収と立入検査を行い、業務委託先に対する適正な監督を行うよう指導を行いました（2021年４月23日）。

5　個人情報に関する本人の権利

憲法上の自己情報コントロール権を現実に行使するためには、法律に具体的な手続が定められている必要があります。個情法が「プライバシー権の具体化法」といわれるのは、同法が個人情報の保護や管理に関する事業者の義務を定めているだけではなく、本人による事業者への請求を認めているからです。個情法では、権利行使の対象となる個人データは「保有個人データ」と呼ばれています。

個情法は、本人が事業者に対し、保有個人データの①開示（33条）、②内容の訂正・追加・削除（34条）、③利用停止・消去・第三者提供の停止（35条）を求めることができる権利を規定しています。②は、保有個人データの内容が事実でないときに、③は、個情法が規定しているルールや理念に反して保有個人データが扱われている場合に請求することができます。

個情法上の個人の権利は拡大されてきました。2020年改正では、保有個人データを利用する必要がなくなった場合や、漏えいなど保有個人データの安全が確保されない場合、断った電話勧誘が繰り返されるなど本人の権利利益を害するおそれのある場合にも、③の請求ができることになりました（35条５項）。こうした権利の強化によって、データポータビリティが促進し、自己情報コントロール権の保護が拡充することが期待されています。データポータビリティとは、本人が、自分の選んだサービスにデータを自由に移転させたり、データの利用に関する同意を撤回して、事業者による利用を停止させたりすることができることをいいます。EU の一般データ保護規則（GDPR）では、データは本人のものであるという考え方の下、データポータビリティが権利として保障されています。データポータビリティ権は、アメリカのカリフォルニア州消費者プライバシー法（CCPA、2020年施行）でも保障されるなど、近年の世界の潮流となりつつあります。

また、GDPRやCCPAでは、消去の請求権は、とくに事業者側に原因がなくても本人がデータ利用に関する同意を撤回した場合や異議申立てをしたときにも認められ、「忘れられる権利」と呼ばれています。日本でも、自分の名前をGoogleの検索エンジンに入力すると5年前に罪を犯したことの分かるウェブサイトが検索結果に表示されてしまうという人が、Googleに対して、検索結果からそのようなURLを削除するように求めた事件がありました（最決2017（平29）・1・31民集71巻1号63頁〈Google検索結果削除請求事件〉）。最高裁は、検索エンジンの公共性を強調して、原告の主張を認めませんでしたが、EU（司法）裁判所では、同様の請求が裁判でも認められています。個情法はシステムや組織、監督制度に関するルールをおき、近年のプライバシー権論の発展に対応している一方で、個人の権利を明示するGDPR等とは異なり、個人による請求手続は事業者の義務の章におかれています。

6　個人情報を加工して利用しやすくする仕組み

（1）　匿名加工情報に関するルール

個人に由来する情報を安全に利用できるようにするため、匿名加工情報の仕組みが設けられています。個人情報を匿名化することによって、本人の同意を得ることなく、ビッグデータを構築して分析を行ったり、事業者間で取引して新しいイノベーションを生み出したりすることが期待されるためです。一例を挙げれば、訪日外国人から取得した氏名や国籍、サービスの利用履歴、移動履歴などのデータを匿名加工化して観光関係事業者に提供することによって、新しい「おもてなし」事業の開発のために利用されています。匿名加工情報は、個人を識別することのできない情報であってもはや個人情報ではないので、個人情報取扱事業者の義務は適用されません。したがって、利用目的に関する制限や第三者提供の制限をうけずに利用することができます。ただ、匿名加工情報を他の情報と照合することの禁止（38条）、作成した匿名加工情報の公表（36

条3項)、匿名加工情報を第三者に提供する者は、提供する項目や提供方法の公表、提供先に対する匿名加工情報であることを明示しなければなりません(37条)。本人や、違反行為を監督する個人情報保護委員会に対し、透明性が確保されているのです。

(2)　仮名加工情報に関するルール

仮名加工情報は、事業者にとって、取得した個人情報を仮名化することによって、マーケティングのための分析等に利用しやすくするという利点があります。仮名加工情報の利用は、個人情報の場合と同じく利用目的による制限に服しますが、そのときどきの必要に応じてデータの分析等に利用できるよう、利用目的は無制限に変更することができます(ただし、変更の公表はしなければなりません)。一方で、仮名加工情報は他の情報と照合すれば個人を識別することができるため、個人の利益を保護するためには、事業者の義務をすべて免除するわけにはいきません。事業者自身が復元を行うことや(41条2項)、仮名加工情報を第三者に提供することが禁止されています(42条1項)。また、仮名加工情報は復元可能である以上、他の情報と照合することや、残された連絡先情報を利用すること(たとえば販売促進のために本人に連絡をとること)も禁止されています(41条7項・8項)。

なお、匿名加工情報と仮名加工情報を作成する事業者に対しては、それぞれ、法令や個人情報保護委員会の定める規則に従って適正に個人情報を加工すべき義務が課されています。個人情報を加工して利用しやすくする仕組みは、一定のルールの下で個人情報を加工・利用することを認めることによって、予期せぬプライバシー侵害を防ぎつつ情報を用いたイノベーションの創出を促す仕組みであるといえます。

4　個人情報保護法の特例——マイナンバー法

先に行政活動の合理化と住民の利便性の向上を図るために、住民の情報を利用した住基ネットが構築されたことをみましたが、このような目的は2013年に制定されたマイナンバー法(正式名称：行政手続における特定の個人を識別するための番号の利用等に関する法律〔番号法〕)によって、マイナンバー制度に引き継がれています。マイナンバーは、住民票を持っている人全員に割り振られる個別の番号であり、課税や健康保険に関する本人確認などに利用し、異なる行政機関の間で情報連携を行うために利用することができます。しかし、マイナンバーは個人にとって重要な情報に紐づけられているだけではなく、ひとたび漏えいしてしまうとデータマッチングに用いられてしまう危険もあるため、プライバシーへの影響がことのほか大きく、一般的な個人情報に比べ厚い保障が求められます。そこでマイナンバー法（番号法）は、マイナンバーを含む個人情報を「特定個人情報」とし、個情法上のルールを調整し特別な保護のルールを定めています。

特定個人情報は、社会保障、税、災害対策の領域において法令で定められた手続を行う目的でのみ、目的を特定して利用することができます（「利用目的の制限」、マイナンバー法〔番号法〕9条）。適正な課税を目的に、勤務先が従業員にマイナンバーの提供を求めることが一例です。特定個人情報は、個人情報とは異なり、たとえ本人の同意があっても利用目的の達成に必要な範囲を超えて利用することはできません。また、第三者提供についても、本人の同意の有無にかかわらず、マイナンバー法（番号法）19条に規定された場合にしか許されません。

住基ネット訴訟を受けて、マイナンバー法（番号法）は、特定個人情報の厳格な安全対策を定めています。個情法に比べ、秘密漏えいや不正な第三者提供などに対する刑事罰を厳罰化した制度面の安全対策と、行政機関間で特定個人情報をやりとりする際に、マイナンバーとは異なる符号を用いるなどのシステム上の安全対策です。特定個人情報の取扱者に対する監視は、個人情報の場合と同様に、個人情報保護委員会が担い、必要な指導・助言や報告徴収・立入検査や、法令違反があった場合の勧告・命令等を行うことができます。

行政のデジタルトランスフォーメーション（DX）を目指す政府は、マイナンバーの利用によって更なる行政の効率化・国民の利便性の向上を目指しています。たとえば、マイナンバー法（番号法）の2020年改正では、従業員の転職の際、本人が希望する場合に、事業者が転職後の事業者に特定個人情報を提供することや、マイナンバーをつかって医師や看護師などの国家資格の管理を行い、住所変更などがあっても資格者の情報を正確に把握できるようになるなど、マイナンバーの利用範囲の拡充が図られました。また、政府は、新型コロナウイルス感染症が拡大する中で、給付金の申請手続が煩雑で迅速な支給ができなかったことから、希望者はマイナンバーと銀行口座を紐づけ、緊急の給付金や児童手当などを登録した口座から受け取ることができるようにするなど、国民の利便性を向上させるような仕組みづくりを加速させています。一方、マイナンバーを用いた「監視国家」を懸念する人も多く、マイナンバーを利用することを躊躇する人も少なくありません。マイナンバーの利用機会の拡大がすすめばすすむほど、漏えいなどのリスクも高まってしまいます。マイナンバーと民間サービスを紐づけて利便性を向上させる場合にも、必要な保護の仕組みを設けるとともに、システムの透明性と説明を欠かさないことが必要です。

第13章　知的財産法と情報の自由
——著作権法を中心に

1　はじめに

1　情報法と知的財産法・著作権法

本章では、情報法の一内容として、主に著作権法に関する説明をします。著作権法は知的財産法の一種ですが、以下の通り、情報法との関係で重要性を増してきており、またプラットフォーム事業に関わる者にとっても、無視できないものとなりつつあります。

著作権法をはじめとする知的財産法は、著作物や発明等といった情報を対象とし、主にその情報の財産的価値を保護する法律です。この内著作権法は、文化の発展に寄与することを目的とし、無体物たる著作物を保護の対象とするものです（著作1条）。すなわち、情報法の検討対象である情報それ自体の財産的価値を直接に保護する制度として、情報法の一分野と位置づけることができるのです。

著作権法は著作物を保護し、著作者の経済的利益を担保することで、著作者の次の創作を促進するものです（また、著作者の人格的利益を保護する制度も有しています）。これは、表現者を経済的に支え、その表現の自由（憲21条1項）を確保する役割を果たす法律ということもできるでしょう。しかしその反面で、著作権法は他の者による（当該著作物を利用した）表現行為等を規制することをその手法とする法律でもあります。ここには、他の情報法の領域においてもみられるような、他者の表現の自由との緊張関係もみて取ることができます。

また他の知的財産法との比較において、著作権法はより多くの人に関わるものであるという点も見逃せません。後述する通り、著作物として保護を受けるための要件は比較的緩やかなものであるところ、今日においては、インターネットやデジタル技術の発達により、著作物の創作・利用が盛んに行われるようになっています。読者の皆さんも、日々、SNSへの投稿や写真の撮影等で

【図表13－1　「知的財産法」の分類】

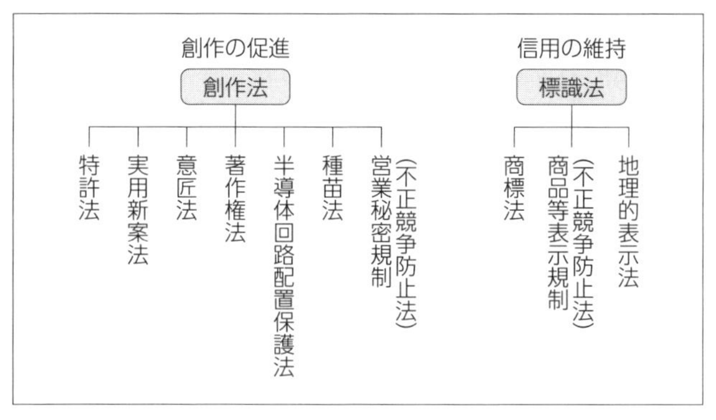

膨大な量の著作権を取得し、またSNSや動画共有サイトに掲載された膨大な量の著作物を享受しているものと思います。そのため、一般市民にとって最も身近な法律の1つとなっているといっても過言ではないでしょう。そして、そのような著作物の流通に関わるプラットフォーム事業に携わる者にとっても、著作権法の知識は不可欠のものといえます。

このような点から、本章では著作権法を中心に扱い、その他の知的財産法については、簡単に言及することとします。

2　知的財産法の概要

著作権法の位置づけを確認するために、知的財産法全体を見渡しておくことにしましょう。知的財産法というと、知的財産を保護する法律を指しますが、そのものの名前の法律はなく、上図のように、様々な法律の総称といえます(なお、わが国の知的財産をめぐる基本的な理念等を定めるものとして、知的財産基本法が制定されています)。

上記はいずれも知的財産を保護する知的財産法といえますが、各々目的が異なっています。とくに重要な区別として、知的創作の成果を保護する創作法(代表例が著作権法や特許法です）と、営業上の信用を保護する標識法（代表例が商標法です）という整理があります。また、特許法は発明、意匠法は意匠というように、規律する保護対象が異なり、それに対応した様々な制度が用意されています。著作権法は原則として著作物を保護対象とするものです。

3　所有権と知的財産権——知的財産法の保護するもの

ところで、知的財産法全体との関係で、１つ事例をみてみたいと思います。顔真卿自書告身帖事件（最判1984（昭59）・１・20民集38巻１号１頁）は、中国唐代の著名な書家の自筆である「顔真卿自書告身帖」をめぐって、その前の所有者の承諾を受けて撮影された写真の利用について、現在の所有者が所有権侵害を理由に訴えた事案です。裁判所は、有体物としての排他的支配権能をおかすことなく原作品の著作物の面を利用したとしても、所有権侵害とはならない旨判示しました。この事件からも明らかなように、現実に存在する物である有体物（所有権の対象）と、それに化体している知的財産（知的財産権の対象）とは区別して理解する必要があります。

2　著作権法の概要

ここでは簡単に、著作権法の概要について紹介したいと思います。

著作権法は、その目的について、「著作物並びに実演、レコード、放送及び有線放送に関し著作者の権利及びこれに隣接する権利を定め、これらの文化的所産の公正な利用に留意しつつ、著作者等の権利の保護を図り、もつて文化の発展に寄与する」ことを掲げています（著作１条）。冒頭に述べたように、著作権法は、著作物を保護することで、その著作者の創作を促進するインセンティブとして機能するものと整理する立場が有力です。

著作権法の保護対象は著作物です（なお、別途後述の著作隣接権に関する規定等があります）。そして、原則として、著作物を創作した者が著作者となり、著作者人格権と著作権とが付与されます。その際に特別な手続きは不要です。

このうち著作者人格権は、著作者の人格的利益を保護するものであり、公表権、氏名表示権、同一性保持権が定められています。

また著作権は、複製権や演奏権といった複数の権利の束であり、著作者の著作物に依拠した（真似をした）著作物の各種利用について及びます。もっとも、たとえば私的複製や引用など、各種権利制限規定により、著作権が制限される場合があります。

そのほか、著作権法は実演家（歌手やダンサー）等について、別途著作隣接権という、著作権に類似の権利を与えることで、著作物の伝達に関するインセンティブの付与も行っています。

次の章から、上記各項目について、具体的な説明を行います。

3　著作物性

1　著作物となる要件

著作権法は著作物を保護する法律ですので、著作物性は、著作権法を勉強するうえで基本となるものです。著作権法において、著作物とは「思想又は感情を創作的に表現したものであつて、文芸、学術、美術又は音楽の範囲に属するもの」（著作2条1項1号）と定義されています。以下具体的に、これらを4つの要件に分解してみていきましょう。

まず、著作物は、①「思想又は感情」を表現したものでなければなりません。ここでいう「思想又は感情」は人間の思想または感情を指します。裏から見ると、著作権法は、単なる事実やデータを保護せず、自由に利用できるものとしています（著作10条2項も参照）。もちろん、事実をもとにした記事等、人間の思想または感情が付加されていれば、事実等を素材としても構いません。また、近時よく話題となるAI創作物との関係では、AIによる創作は人間の思想または感情を表現したものではないということで、著作権法による保護が及ばないという説明がなされます。

次に、著作物は、②「創作的」な表現でなければなりません。もっとも、文化的に価値が高いとか、経済的価値があるとかといった趣旨ではなく、著作者の個性が発揮されていれば足るとされています。この点は、著作権法が表現の多様性を志向していると評価することができそうです。裏を返せば、他人の著作物をコピーしただけの表現は、コピーした者の創作的表現とはいえません。また、ありふれた表現も個性の発揮とはいい難いため、保護されません。たとえば、短い新聞記事の見出し等が考えられるでしょう（東京地判2004（平16）・3・24判時1857号108頁〈YOL事件〉）。

3つめに、著作物は「表現」でなければならず、アイディア自体は保護の対象とされていません。アイディア・表現二分論とも呼ばれるこの考え方は、著作権法が具体的な表現の創作を促すとともに、アイディアについては自由な利用を肯定することで、全体として文化の発展を企図していると考えられます。とくに後者の点は、著作者以外の者の表現の自由を担保する防波堤としての位置づけも指摘できるでしょう。たとえば、数学に関する研究論文に著された命題の解明過程等は、論文の表現それ自体とは異なり保護の対象とはなりません（大阪高判1994（平６）・２・25知的財産権関係民事・行政裁判例集26巻１号179頁〈脳波数理解析論文事件〉）。

４つめに、その創作的表現が「文芸、学術、美術又は音楽の範囲に属する」ことが必要です。後述するように、プログラムやデータベースについても著作物性が認められていますので、これらは広く理解されているといえますが、とくに実用品のデザイン等（応用美術）について著作物性を肯定してよいか、という点に関して、本要件等との関係で議論があります。

2　様々な著作物

著作権法は10条１項において、次頁の図表の通り著作物の種類を例示しています。これらは例示ですので、それ以外の種類の著作物を排除する趣旨ではありません。また、どの種類の著作物に該当するか厳密に検討する必要が無い場合もある一方で、著作権法には特定の種類の著作物にのみ適用される特則も存在しており、それが問題となる場合には、特定の種類の著作物に該当するか否かを検討する必要が生じます（たとえば、最判2002（平14）・４・25民集56巻４号808頁〈中古ゲーム事件〉においては、ゲームソフトが映画の著作物に該当するか否かが問題となりましたが、これは映画の著作物についてのみ与えられる頒布権の有無が問題になったためです）。

これらに加えて、著作物等を素材とした派生的な著作物として、編集著作物（12条）、データベースの著作物（12条の２）、二次的著作物（11条）の３種類が挙げられています。編集著作物・データベースの著作物については、各々の素材／情報の、選択・配列／選択・体系的な構成に創作性がある場合に、素材／情報とは別に著作物性が認められます。また、二次的著作物は、既存の著作物に創作的な表現を加えつつ、一方で既存の著作物の創作的表現も残存しているような著作物を指します（既存の著作物の表現上の本質的な特徴を直接感得できない

【図表13－2　著作物の種類と例】

著作物の種類	例
言語の著作物	小説、脚本、論文、講演
音楽の著作物	ロック、ポップス、即興曲
舞踊又は無言劇の著作物	日本舞踊、バレエ、フラダンス、パントマイム
美術の著作物	絵画、版画、彫刻、マンガのイラスト、書
建築の著作物	城郭、教会、塔
図形の著作物	地図、設計図、模型
映画の著作物	劇場用映画、アニメ、テレビCM、ゲームソフト
写真の著作物	人物写真、商品写真（フィルム写真、デジタル写真を問わない）
プログラムの著作物	ゲームソフト、OS、各種アプリ

ほど改変されると、もはや新たな独立の著作物と整理されます）。例として、小説を原作とした映画や、同人誌等が考えられます。

4　著作者・著作権者

著作権法は創作者主義を採用しており、著作物を創作した者を著作者として保護します（著作2条1項2号）。著作者には著作権と著作者人格権が与えられ（著作17条1項）、その取得には何の手続も要求されません（同2項。無方式主義といいます）。また、複数名が共同で著作物を創作し、一定の要件を満たす場合には共同著作物となり（著作2条1項12号）、全員の意思を尊重するような特別な規律を受けることになります。なお、著作権は譲渡できますので（著作61条1項）、たとえば著作者がその著作権を他人に譲渡すれば、著作者と著作権を有する者（著作権者）とが別人となることもあります。また、著作者が死亡しても、相続人がいれば、著作権は相続され、相続人が著作権者になります。

例外的なルールとして、職務著作制度（著作15条）が挙げられます。職務著作は、創作者が職務上創作した著作物について、一定の条件の下で、その使用者（「法人等」と呼びます）が著作者となる、というルールです。たとえば、企業の広報課の従業員が職務上作成した広報誌が著作物だとすると、その広報誌に係る著作者はその従業員ではなく企業となる、というものです。こうすることで、著作権や著作者人格権を法人等に集中させ、対外的に権利の帰属をはっきりさせることで著作物の利活用を促進するものといえます。実際上、仕事で創作される多くの著作物について、このルールにあてはまっているのではないかと思われますが、理論的には創作者主義の例外をなすもので、特殊な制度と評価されています。

そのほか、映画の著作物については、一定の条件の下で、監督等が著作者、映画会社等の映画製作者が著作権者となる特別なルールが存在しています（著作16条・29条参照）

5　著作権

1　支分権

先述の通り、著作者は、その著作物について著作権を取得します（著作17条１項）。ここでいう著作権とは、次頁の図表にある権利（支分権といいます）の束に相当します。著作権者は、その著作物に関する、各支分権に該当する他人の行為について規制することができます。他方、ここに掲げられていない行為、たとえば、書籍を読むこと、音楽を聞くこと等については、著作権侵害とはなりません（ただし、みなし侵害の例外があり得ます）。

このうち、最も代表的なものとして、複製権が挙げられるでしょう。媒体を問わず、著作物を有形的に再生することとされています（著作２条１項15号）。スマートフォンに音楽をダウンロードして記録媒体に保存することや、ウェブサイトのスクリーンショットを取ること、メモ替わりにテキストの写真を撮影すること等、日常的に行われている行為です。

また、公衆に向けて著作物を広めるような提示行為も規制の対象となっています。提示に関する著作権は、原則として面前の公衆に直接著作物を見せたり聞かせたりすることを目的とする（「公に」と呼びます）行為を規制する権利（上演権・演奏権、上映権、口述権、展示権）と、面前にいない公衆によって直接受信されることを目的として著作物を送信する行為等を規制する権利（公衆送信権・公衆伝達権）に大別されます。ここでいう公衆とは、人数が多い場合だけでなく（２条５項参照）、対象者が不特定の場合も含む（つまり、不特定少数を含む）というように理解されています。たとえば音楽教室事件（知財高判令和３・

【図表13－3　支分権の一覧】

支分権の分類	支分権	権利の概略
著作物のコピーに関する権利	複製権（21条）	【著作物】を複製する権利
著作物を公衆に提示する権利	上演権・演奏権（22条）	【著作物】を公に上演・演奏する権利
	上映権（22条の２）	【著作物】を公に上映する権利
	公衆送信権・公衆伝達権（23条）	【著作物】について公衆送信する権利・それを受信装置を用いて公に伝達する権利
	口述権（24条）	【言語の著作物】を公に口述する権利
	展示権（25条）	【美術の著作物・未発行の写真の著作物】を原作品により公に展示する権利
著作物を複製物等により公衆に提供する権利	頒布権（26条）	【映画の著作物】をその複製物により頒布する権利
	譲渡権（26条の２）	【映画の著作物以外の著作物】をその原作品又は複製物の譲渡により公衆に提供する権利
	貸与権（26条の３）	【映画の著作物以外の著作物】をその複製物の貸与により公衆に提供する権利
二次的著作物の作成等に関する権利	翻案権等（27条）	【著作物】を翻訳し、編曲し、若しくは変形し、又は脚色し、映画化し、その他翻案する権利
	二次的著作物の利用に関する原著作者の権利（28条）	【二次的著作物】の原著作物の著作者が有する、二次的著作物の著作者が有するものと同一の種類の権利

３・18裁判所HP参照）では、音楽教室における教師による著作物の演奏について、受講契約を締結すればだれでもレッスンを受講できること等から、その生徒は音楽教室事業者にとって不特定の者であり、（たとえ生徒が少数でも）教師の演奏は演奏権により規制されると判断されました。

具体的な権利として、まず上演権は、演劇の上演等、音楽以外の著作物を演じることを対象とし（２条１項16号参照）、演奏権は楽曲の演奏や歌唱等、音楽の著作物を演じることを対象とします。また口述権は、詩の朗読等、言語の著作物を口述することを対象とします（２条１項18号）。これらは直接演じる場合のほか、録音録画されたものを再生する場合も含みます（２条７項）。次に上映権は、映写幕その他の物に著作物を映写する行為を対象とします（２条１項17

号)。劇場用映画の上映に限らず、講義スライドのプロジェクターでの上映等も含まれます。加えて、展示権は、絵画の原作品の美術館での展示等、美術の著作物と未公表の写真の著作物の原作品を展示する権利です。

また、もう一方の類型の公衆送信権（同一構内の除外を含め、公衆送信の詳細は著作2条1項7号の2参照）の対象に関しては、テレビやラジオ等の著作物の放送や有線放送が典型ですが（著作2条1項8号・9号の2）、インターネット全盛の現在においては、サーバーにアップロード等された著作物を、公衆の求めに応じて自動的に送信する行為を対象とする自動公衆送信の役割が増しています（詳細は著作2条1項9号の4参照)。自動公衆送信に関しては、その前段階である著作物のサーバーへのアップロードなど、著作物の送信を可能にする行為（送信可能化と呼びます）も含むものとされ、著作物の拡散を阻止しようとしています（詳細は著作2条1項9号の5参照)。なお、公衆伝達権は、例えば喫茶店でラジオ放送を受信してそれをスピーカーでそのまま流す場合のように、公衆送信される著作物を、受信装置を用いて更に公に伝達する場合を対象とするものです。

続いて、頒布権、譲渡権、貸与権は、著作物の複製物等の公衆への提供に関わる権利です。たとえばレンタルCD業者は、その著作物である音楽の著作権者の貸与権に係る許諾を受けて事業を行っています。譲渡権については、たとえば本屋における書籍の公衆への譲渡がこれに該当します。もっとも、流通保護の観点等から、「消尽」と呼ばれる権利の制限が認められており、原則として譲渡権者やそのライセンシーによる最初の譲渡以降、当該複製物等について譲渡権の行使ができなくなります。書籍の中古販売について譲渡権が及ばないのはそのためです。また映画の著作物（と、映画の著作物において複製されている著作物）に限っては、概ね譲渡権・貸与権に相当する頒布権が与えられています。こちらの権利は文言上消尽しないように読めるのですが、ゲームソフトの譲渡については、ゲームソフトが映画の著作物であり、頒布権が与えられるとしながら、解釈上消尽するとした最高裁判決があり（最判2002（平14）・4・25民集56巻4号808頁〈中古ゲーム事件〉）、ゲームソフトの中古販売も認められています。

最後に、二次的著作物をめぐっては、その創作を規制する翻案権（条文では、「翻訳」や「変形」等といった言葉も見られますが、ここではまとめて「翻案」と呼んでいます）と、創作された二次的著作物について原著作物の著作者が有する権利の２種類が規定されています。小説の映画化を例に取れば、まず映画化に際して、原著作物の著作権者である小説家の許諾を得る必要があります（翻案権）。そして小説家は、完成した映画について、その映画の著作者の有する著作権と同様の権利を有することになります（28条）。そのため、当該映画の複製をしたい場合には、映画の著作権者のほか、原著作物である小説の著作権者（小説家）からも許諾を受ける必要があります。

2　著作物の保護期間

著作権は、原則として著作物の創作時から著作者の死後70年まで存続します（著作51条）。もっとも、著作物の保護期間の計算に際して、いちいち著作者の死亡日を確認するのは大変なので、まとめてその翌年から起算することとされています。保護期間を定めるのは、創作のインセンティブを付与するのに十分な期間の後は、その著作物の利用や、それを土台とした新たな利用を認める方が適切だと考えられたためです。

なお、法人その他の団体名義の著作物については、原則としてその著作物の公表から70年とされています（53条１項）。職務著作が成立し、法人が著作者となった場合に、その死亡が観念できないためです。加えて、映画の著作物についても、原則としてその公表から70年とされています（著作54条１項）。

上記の通り、著作物の長期間の保護が認められている関係などから、とくに昔の著作物の利用に際して許諾を得ようとしても、著作権者を探し出すことが非常に難しくなってきています（「孤児著作物」の問題といわれます）。このような事態に対応するため、一定の調査等を前提に、文化庁長官による裁定を受けて、利用料を供託しつつ、著作物の利用をすることができる制度が用意されています（著作67条以下）。

3　著作物の利用

著作権を保有すると、どのような経済的メリットがあるでしょうか。

まず著作権者は、著作権による保護のもと、自らその著作物を独占的に利用することで、収益を上げることができるでしょう。また、著作権はその全部または一部を譲渡することもできますので（著作61条1項）、有償で譲渡することで、その対価を受け取ることもできるでしょう。

加えて著作権者は、その著作物の利用を他人に許諾することもできます（著作63条1項）。これを有償とすれば、著作権者は他人による著作物の利用から収益を上げることができます。利用許諾は典型的には個別の契約によってなされ

◀コラム：インターネット上のリンクと著作権法▶

先程述べたように、支分権に書かれていない行為は、著作権の対象ではありません。それでは、たとえばSNSのアカウント上で動画サイトにアップロードされている動画にリンクを付する等、インターネット上にアップロードされた著作物について、リンクを付する行為はどうでしょうか。リンクを付する行為は著作権法上の問題を生じるでしょうか。

この点について、裁判所の判断は様々です。知財高判2018（平30）・4・25判時2382号24頁〈Twitterリツイート事件控訴審〉では、著作物を送信できる状態を作出したわけではない以上、公衆送信を行ったとはいえないとされています（ただし、札幌地判2017（平29）・6・14判例集未登載〈ペンギンパレード事件①〉も参照）。一方、自動公衆送信は行っていなくても、当初のアップロードが違法な公衆送信である場合に、それにリンクを付する行為はその幇助になりうるとの指摘もあります（大阪地判2013（平25）・6・20判時 2218号112頁〈ロケットニュース24事件〉、札幌地判2018（平30）・6・15判例集未登載〈ペンギンパレード事件⑤〉）。この点をめぐっては、引き続き議論がされるものと思われます。

また、近時最高裁は、いわゆるインラインリンクによる表示のトリミングの結果、著作物に表示された著作者の氏名が表示されなくなってしまったケースについて、後述の氏名表示権の侵害を肯定しました（最判2020（令2）・7・21民集74巻4号1407頁〈Twitterリツイート事件上告審〉）。同様に、インラインリンクの結果著作物の表示が改変された点を捉えて、同一性保持権侵害を肯定した事例もあります（前掲〈Twitterリツイート事件控訴審〉）。このように、リンクの仕方によっては、著作者人格権侵害の懸念も生じます

以上のように、インターネット上では、自分で著作物をアップロードしていなくても、別途リンクについても留意をする必要があると思います。

ますが、たとえばクリエイティブ・コモンズ・ライセンス（CCライセンス）のように、著作権者において事前に一定の許諾条件を示し、その範囲での著作物の利用を許諾することもできます。

ところで、様々な著作物の利用をするに際して、著作権者をいちいち探して許諾を得るのは大変です。そこで、一部の業界においては、著作権を集中的に管理する団体が作られ、そこが一括して権利処理を請け負うということが行われています。典型例が日本音楽著作権協会（JASRAC）であり、著作権等管理

◀コラム：キャラクタービジネスと著作権法▶

ゆるキャラブーム等にみられるように、キャラクタービジネスを展開する上で、商標法等と並んで、著作権法上の取扱いは非常に重要な問題となっています。

まず創作の場面をみてみましょう。具体的にキャラクターが表現されたイラストなど、いわゆるキャラクター表現物については、著作権法による保護が及ぶことになるだろうと思います。もっとも、ビジネスを展開しようとする者が自ら単独で創作したのでなければ、その著作者から著作権の譲渡を受けておくことが重要ですし（忘れがちですが、「特掲」条項と言って、翻案権や二次的著作物に係る権利については、契約上で譲渡の対象として明記されていないと、もとの著作権者のところに留まるものと推定されています。著作61条２項）、後述の著作者人格権の不行使契約も忘れないようにする必要があるでしょう。「ひこにゃん」のように、このような点が問題となった事例もあります。

さて、無事に著作権を取得したとして、キャラクターグッズの模倣品や海賊版等については、キャラクター表現物の著作権侵害を根拠に排除することができます。一方で、たとえば二本足で立つ黒白のクマといった程度の共通性では、具体的な表現が利用されているとはいえないので、著作権侵害に問うことは難しいでしょう。抽象的なキャラクター概念は、著作権法上はアイディアと整理されることも多いと思われるためです。アイディアの域に留まるキャラクターと、具体的な表現として保護されるキャラクター表現物の区別に留意してください。

利用の場面では、コンテンツとしての価値を高めるため、二次創作を奨励するなど、その活性化を模索することもよく行われています。利用許諾の条件をあらかじめ明記することで、利用者が安心してキャラクター表現物を活用できるようにすることも望ましい方法の１つかもしれません。

事業法の規律のもと、音楽の著作物に係る（一部の）著作権の信託を受けて、権利処理にあたっています。このような集中管理が進むことで、著作物の利用に係る手間やコストが低下していくことが期待されます。

なお、利用許諾に類似するものですが、出版権の設定という方法もあります。出版権の設定により、出版者に出版権という特殊な権利を発生させ、これにより出版者自身で海賊版を攻撃することができるようになります（詳細は著作79条以下参照）。

6　権利制限

すでにみたように、著作権は著作者の対価回収の機会を担保するため、第三者の著作物の利用を規制するものですが、一方で規制される第三者の利益など

◀コラム：二次創作と著作権法▶

（いわゆる「歌ってみた」等も含む広い意味での）二次創作は、後に述べるように、それが原著作物の本質的特徴を感得できる限り、原著作物の著作権者の権利が及ぶため、著作権法のルール上、著作権者から事前に許諾を得ることが原則となっています。しかし、昨今のITの発達や二次創作の隆盛により、著作物の創作・利用環境は大きく変化してきており、関連して著作権法上の取扱いをめぐっても様々な動きが出てきています。

1つには、あらかじめ著作権者の方から許諾条件を提示する運用が広がり始めていることが挙げられます。同人誌即売会や、SNS上のファンアートに代表されるように、従来も、「黙認」という形で著作物の利用を咎めない運用がされてきましたが、加えて最近は、本文で触れたCCライセンスをはじめ、ゲーム会社やアニメ会社などが、自社のコンテンツについてあらかじめ許諾条件を出しておき、利用者はその範囲で、事前に著作権者に許諾を得ることなく著作物を利用することができる場面も増えてきました。

また、二次創作を含むUser-Generated Contents（UGC）の隆盛などに鑑み、著作権の管理団体と動画共有サイト等との間で、包括的な利用許諾が行われることも見受けられるようになってきました。これにより、動画投稿者等の利用者は、その利用許諾の範囲内で、著作権を気にすることなく動画の投稿等を行うことができるようになります。

【図表13－4　権利制限規定の一覧】

権利制限規定	条文番号
私的使用のための複製	30条
付随対象著作物の利用	30条の2
検討の過程における利用	30条の3
著作物に表現された思想又は感情の享受を目的としない利用	30条の4
図書館等における複製等	31条
引用	32条
教科用図書等への掲載等	33条、33条の2、33条の3
学校教育番組の放送等	34条
学校その他の教育機関における複製等	35条
試験問題としての複製等	36条
視聴覚障害者等のための複製等	37条、37条の2
営利を目的としない上演等	38条
時事問題に関する論説の転載等	39条
政治上の演説等の利用	40条
時事の事件の報道のための利用	41条
裁判手続等における複製	42条
行政機関情報公開法等による開示のための利用	42条の2
公文書管理法等による保存等のための利用	42条の3
国立国会図書館法によるインターネット資料等の収集のための複製	43条
放送事業者等による一時的固定	44条
美術の著作物等の原作品の所有者による展示	45条
公開の美術の著作物等の利用	46条
美術の著作物等の展示に伴う複製等	47条
美術の著作物等の譲渡等の申出に伴う複製等	47条の2
プログラムの著作物の複製物の所有者による複製等	47条の3
電子計算機における著作物の利用に付随する利用等	47条の4
電子計算機による情報処理及びその結果の提供に付随する軽微利用等	47条の5

※47条の6で、引用時の翻訳等、追加で許容される利用方法が列挙されている。
※47条の7で、複製権の制限により作成された複製物の譲渡が認められる場合が列挙されている（目的外使用につき、49条も参照）。
※48条で、権利制限による利用時にその著作物の出所を明示する必要がある場合が列挙されている。

も顧慮する必要があります。そのために著作権法は、著作物の利用行為であっても著作権侵害とならない場合を、権利制限規定として列挙しています。具体的には次頁の図表の通りです。

みての通り、権利制限規定は非常に多く、また細分化されていることがわかるでしょう。従来、権利制限規定は、必要に応じて要件を細かく定めた個別的なものが追加されてきました。そのため、とくに概括的な権利制限規定である米国のフェア・ユース（特定の要件を課さずに、使用の目的や著作物の市場に与える影響等のファクターを総合考慮して著作権侵害の成否が定まるもの）と比較して、いちいち立法を待っていたのでは新しい権利制限のニーズに素早く対応できない等といった批判も向けられてきました。もっとも、32条の定める引用のほか、最近では30条の４に代表されるように、従来と比較してより概括的な権利制限規定が導入されるようにもなっています。

以下、読者の皆さんにとって身近な、あるいは情報法との関係で注目される権利制限規定をいくつか紹介しましょう。

1　私的複製

まず私的複製（著作30条１項）です。著作物の私的使用目的での複製については、その使用者が自ら複製する場合に、複製権の侵害とならないとするものです。そもそも権利行使の実効性が期待できないことに加えて、私人の活動の自由を担保することを目的としています。テレビ番組を録画したりイラストをスマートフォンにダウンロードして保存したりといったことが該当するでしょう。ただし、条文上は使用者が複製することが要求されており、たとえばいわゆる自炊代行のような場合には、代行業者の複製とみなされるため、私的複製の効果が及ばないと考えられています（知財高判2014（平26）・10・22判時2246号92頁〈自炊代行事件〉）。

また、いくつかの例外が存在しており、特に近時では、いわゆる違法ダウンロードに関する規定が脚光を浴びました。これは、違法にアップロードされた著作物であることをわかっていながらダウンロードして保存する場合については、一定の要件のもとで私的複製の権利制限が適用されないとするものです（同項３号・４号参照）。

なお、私的複製の中でも、デジタル方式の録音録画にあっては、著作権者への経済的打撃が大きいと考えられたことから、一定の機器、記録媒体に関連して、適法な私的複製の代償として、著作権者への補償金の支払いが要請されています（同条3項。ただし録画の方は機能していません）。このように、著作権侵害か無償の権利制限による非侵害か、といったオールオアナッシング的な解決ではなく、権利制限を及ぼしつつ、補償金の支払いを組み合わせることで、著作権者と利用者のバランスをとることも、今後の権利制限規定のあり方を考えるうえで一つの選択肢となるでしょう。

2　非享受利用

次に非享受利用（30条の4）です。著作物の創作的表現を利用していると整理される場合であっても、それを享受しているとはいえないのであれば、著作権侵害とするに及ばない、という趣旨のものです。たとえばAIの学習のために、写真データを複製する行為を考えると、人間が閲覧して楽しんでいるわけではないので、著作権による規制を及ぼす必要性が低く、むしろ利用を認めて文化の発展に期待するほうが望ましいと考えられました。そこで30条の4は、著作物に表現された思想または感情の享受を目的としない利用について、一定の要件のもとで、ある程度概括的な権利制限を及ぼすことにしました。今後の活用が模索される規定の1つです。

3　引　用

また、引用（32条）も身近な権利制限の1つでしょう。批評・批判等は、文化の発展に不可欠であるところ、この規定により、他人の著作物を批評するなどの際に、その著作物を複製等利用することが可能です。要件として、正当な目的の範囲内であり、かつ公正な慣行に則ったものであることが必要とされるほか、別途出典の明示も要求されます（著作48条1項1号・3号。これは以下の4、5、6でも関係してきます）。

4　教育機関における利用

教育との関係では、学校その他の教育機関における利用（著作35条）も指摘する必要があるでしょう。この規定は、従来、学校等において、教員や生徒が著作物を複製・譲渡することができるとされていましたが、教育のICT化に鑑み、新たに公衆送信等を可能とする法改正が行われました。これにより、著作物を含む授業の資料を受講生向けにオンラインで共有したり、発表動画を受講生向けにストリーミング配信したりすることが可能となりました。ただし、公衆送信をする場合には、原則として著作権者への補償金の支払いが必要です。

5　非営利上演等

情報の伝達という観点からは、営利を目的としない上演等に係る権利制限も身近な例となるでしょう。非営利目的で、聴衆・観衆から対価を受けず、また実演家等が報酬を支払われない場合には、著作物の演奏や上演をすることが認められています（著作38条1項)。研究発表や学生によるバンド演奏等、この規定によって、身近な著作物の利用が正当化される場面も多いのではないかと思います。ちなみに、公衆送信は含まれていません。そのほか、たとえば図書館による著作物の貸与等も、同条4項に規定があります。

6　報道関係

最後に、情報法において重要な位置づけを与えられる報道関係の権利制限規定を簡単に紹介しましょう。著作権法41条は時事報道にあって、当該事件を構成する等の著作物について、報道の目的上正当な範囲において、複製や報道における利用が可能となっています。報道の公益的側面に鑑みた権利制限規定といえます。また、時事問題に関する論説や政治上の演説等についても、権利制限が認められています（著作39条・40条）

7　著作権侵害

1　著作権侵害の要件

すでに述べたように、著作権侵害が生じるのは、著作権者に無断で支分権に定められた行為（複製や公衆送信等）を行ってしまった場合になりますが、法律の規定からすると、支分権で定められた行為について、①依拠性と②著作物の類似性の２つの要件が課されていると考えられます。

①依拠性とは、問題となる著作物に依拠した利用行為かという点が問われます。条文上も、支分権はいずれも著作者の創作した「その著作物」に係る行為の独占権に留まるとされています。これは要するに、侵害の対象となる著作物を知って（アクセスして）、それを利用したのかという点が問題となります。そのため、たまたま既存の著作物と同様の著作物が独自に創作され、それが利用された場合には、依拠性の要件を満たさないため、当該既存の著作物に係る著作権侵害は生じません。実際に、ワンレイニーナイトイントーキョー事件（最判1978（昭53）・９・７民集32巻６号1145頁）では、音楽の著作物に関して依拠性の有無が問題となり、最高裁判所において、依拠されたと主張された著作物があまり知られていなかったことや、類似するとされた部分が当時の流行歌でよくあるパートであったことなどから、依拠性が否定され、結論として著作権侵害の成立が認められませんでした。このように、依拠性は権利が公示されない著作権に係る侵害の範囲を限定し、第三者の自由を確保する役割を担っています。

次に②著作物の類似性は、既存の著作物と同一または類似する範囲の著作物の利用を規制するというものです。すなわち、利用において既存の著作物の創作的表現が残っていないと評価される場合には、もはや著作物を利用したとはいえないでしょう。文言上も「その著作物」の利用とは評価できないので、著作権侵害を問えないということになります。この類似性の範囲について、最高裁判所の判決によれば、原著作物の本質的特徴が直接感得されるものか否かが基準となりますが、同時に、ありふれた表現やアイディアの範囲で共通するだけの場合など、創作的表現以外のものが共通していたとしても、著作権侵害を基礎づけないことも指摘されます（最判2001（平13）・６・28民集55巻４号837頁〈江差追分事件〉参照）。

もっとも、抽象的にはともかく、具体的事例における類似性判断は難しいものがあります。１つだけ例をみてみましょう。ゲームのカードのデザインをめぐって争われたプロ野球ドリームナイン事件（知財高判2015（平27）・６・24裁判所 HP 参照）では、ゲームに登場するカードのデザインの類似性等が問題になりました（次頁。なお、カードに使用されている選手の写真そのものは日本野球機構

【図表13-5 ［プロ野球ドリームナイン事件］で問題となったカードのデザイン（一例）】

（原告のゲームの選手カード）

（被告のゲームの選手カード）

〈出典：同事件判決文〉

から提供されたものです）。

裁判所は、「本体写真のポーズ及び配置、多色刷りで本体写真を拡大した二重表示部分の存在、部位や位置関係、背景の炎及び放射線状の閃光の描き方という具体的な表現が共通であり、これによってダルビッシュ選手の力強い投球動作による躍動感や迫力が伝わってくるものであって、両選手カードは、表現上の本質的特徴を同一にしているものと認められ、また、その表現上の本質的特徴を同一にしている部分において思想又は感情の創作的表現があるものと認められる」として、著作権侵害を肯定しました。

なお、すでに述べたように、これらの要件を満たした場合であっても、権利制限の効果で著作権侵害が否定されることがあります。

2　誰が著作権侵害の責任を負うのか

ITやビジネスの発展により、著作権侵害に関して様々な主体が関与するようになってきました。そのため、誰が著作権侵害の責任を負うのか、という点で、大きな議論が生じています。その検討の参考にされた事例が、クラブキャッツアイ事件（最判1988（昭63）・3・15民集42巻3号199頁）です。ここでは、カラオケスナックでの客の歌唱行為について、カラオケスナックの経営者の行為と評価し、著作権侵害に基づく損害賠償請求が認められました。物理的に支分権該当行為をしたのは、実際に歌を歌った客ですが、その責任をカラオケスナックの経営者が負うことになったのです。以来、カラオケボックスやライブバーの経営者、ファイル交換ソフトに係る運営者、著作物を複製する機器の管理業者等、著作物を利用する場やサービスの提供者が著作権侵害の責任を問われる事例が蓄積されています。この侵害主体論の議論について、ロクラクⅡ事件（最判2011（平23）・1・20民集65巻1号399頁）は、特定の複製権侵害に係る事例判決とされていますが、「複製の主体の判断に当たっては、複製の対象、方法、複製への関与の内容、程度等の諸要素を考慮して、誰が当該著作物の複製をしているといえるかを判断する」と言及しており、参考になるでしょう。

3　著作権を侵害するとどうなるのか

著作権侵害が認められると、著作権者はその侵害者に対して、侵害の差止めや損害賠償を請求することができます（著作112条、民709条）。また、著作権侵害については刑法上の窃盗罪に匹敵する刑事罰も規定されています（著作119条1項）。加えて、特に海賊版漫画サイトに関して、いわゆるブロッキングの可否が問題となるなど（→第4章）、上記以外のエンフォースメントをめぐっても様々な議論があります。

なお近時は、インターネット上での著作権侵害事例について、著作権者がプロバイダを相手取って訴訟を提起し侵害者の情報を開示させる、発信者情報開示請求訴訟も頻発しています（→第11章）。これは上記の損害賠償を請求する前段階として、侵害者の情報を収集するためのものです。

8　著作者人格権

以上にみてきた著作権のほか、著作者は著作者人格権も取得します（著作17条）。これは著作物と著作者の繋がりに鑑み、著作者の人格的利益を守るためのものであって、著作者のみに与えられるものです。そのため、これを移転することはできませんし、著作者が死亡すれば消滅します（ただし、後述するように死後の人格的利益の保護を認める例外があります）。

著作者人格権は、権利として明文で定められているものとして、公表権（同18条）、氏名表示権（同19条）、同一性保持権（同20条）があり、そのほか、著作者の名誉声望を害する態様での利用行為について、著作者人格権侵害とみなされる旨の規定が存在しています（同113条11項）。公表権は著作者がその著作物を公表するか否か、また公表する時期等をコントロールする権利です。氏名表示権は、著作物の原作品に、あるいは著作物の公衆への提供・提示にあたり表示する氏名の有無や内容をコントロールする権利です。そして同一性保持権は、著作者の意に反する著作物やその題号の改変を禁止する権利です。とくに同一性保持権については、たとえば投稿論文の送り仮名を著作者の承諾なく改変した事例（東京高判平３・12・19知財集23巻３号823頁〈法政大学懸賞論文事件〉）や、ゲームソフトの改造セーブデータの入った記憶媒体を頒布し、プレイヤーによるそのゲーム影像の改変を惹起した事例（最判2001（平13）・２・13民集55巻１号87頁〈ときめきメモリアル事件〉）等において、同一性保持権侵害が認められており、注意する必要があります。なお加えて、著作者の名誉声望を害する態様での利用行為は、たとえ上記個々の著作者人格権を侵害するものでないとしても、その侵害とみなされます。

ところで、著作者人格権は著作者に一身専属のもので、その死後は消滅するのですが、だからといって著作者の死後は著作物を好きにして良い、というわけではありません。著作物を公衆に提供・提示する場合に限り、また著作者の意を害しないと考えられるような場合を除いて、という限定はありますが、上記著作者人格権侵害およびそのみなし侵害に相当する行為を行ってはならないとされています（著作60条）。生前の著作者の、死後の著作物の取扱いに対する懸念を払拭するためと指摘されています。

9　著作隣接権

著作権法は、以上のような著作者人格権や著作権のほか、著作隣接権という権利を規定しています。これは著作物を世に伝達するための役割を果たす者を保護するための制度です。具体的には、実演家、レコード製作者、（有線）放送事業者に対し、各々その実演、レコード、（有線）放送について、著作権に類する著作隣接権が与えられます。たとえばアイドルグループのCD音源を勝手にアップロードすると、その楽曲の作詞家、作曲家の著作権侵害が生じるほか、そのアイドルやバックバンドの行う実演（歌唱・演奏）の著作隣接権や、レコード会社のレコードに係る著作隣接権の侵害も生じる、というわけです。

もっとも、著作物の利用を過度に阻害することのないよう、著作隣接権は著作権よりも内容が限定されており、また個人での行使が認められず、その加入する団体による一括の権利行使による必要がある等の手続的な制限が設けられているものもあります。

10　そのほかの知的財産法

ここまで著作権法に係る説明をしてきましたが、第１節で述べたように、知的財産法は著作権法以外にも様々なものがあります。以下ではスマートフォンを例に、他の知的財産法を簡単に紹介します。

スマートフォンにおいては、電子部品や電池、ソフトウェアなどに、技術的な情報が駆使されていますが、これらは発明・考案として、特許法や実用新案法による保護を受けている可能性があります。また、スマートフォンのデザインは意匠法における意匠として、スマートフォンにあるロゴは商標法における商標として、各々保護されている可能性があります。これらはまとめて産業財産権法と呼ばれ、文化の発展を目的とする著作権とは異なり、産業の発達を目的としています。１つひとつみてみましょう。

1　特許法・実用新案法

まず特許法は、発明（「自然法則を利用した技術的思想の創作のうち高度のもの」。特許法２条１項）を保護する法律です。もっとも、発明をしただけでは保護を受けることができず、国家機関である特許庁に出願して審査を受けた結果、従来の公知技術と比して新たなものであるなど、所定の要件を満たすとして設定の登録がされた場合に、特許権が付与されます（なお、特許出願をすると原則その内容が公開されてしまうため、発明を秘密にしておきたい場合は、特許出願をせず、後述する不正競争防止法による営業秘密の保護を検討することも必要でしょう）。この点は、無方式主義を採用する著作権法と異なる点です。そして、付与された特許権は出願から原則20年間存続します。特許権が設定されると、著作権と異な

【図表13－6　様々な知的財産法とその対象例】

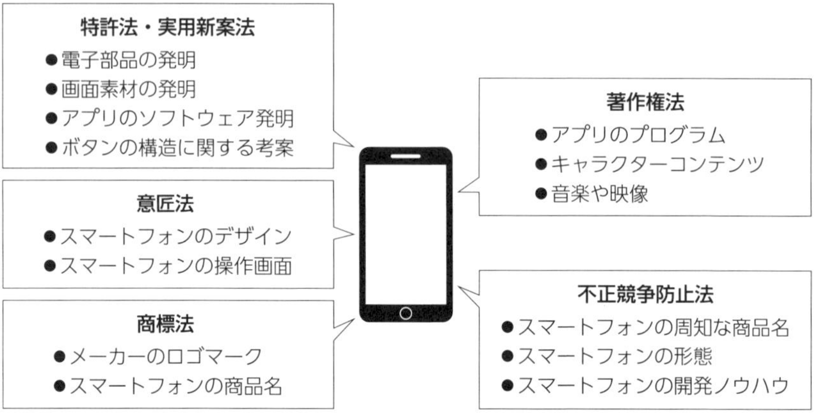

特許法・実用新案法
- 電子部品の発明
- 画面素材の発明
- アプリのソフトウェア発明
- ボタンの構造に関する考案

意匠法
- スマートフォンのデザイン
- スマートフォンの操作画面

商標法
- メーカーのロゴマーク
- スマートフォンの商品名

著作権法
- アプリのプログラム
- キャラクターコンテンツ
- 音楽や映像

不正競争防止法
- スマートフォンの周知な商品名
- スマートフォンの形態
- スマートフォンの開発ノウハウ

り、依拠性を要件とせずに、出願書類に記載した発明の内容（クレームといいます）と同じ発明が用いられる限り、その実施を規制することができます。

また、実用新案法は特許法における発明より技術的に簡易な考案を保護するもので、スピードが重視されることから、審査を経ずに登録を受けることができる代わりに、実用新案権を行使する段階で所定の要件のチェックが必要になります。

2　意匠法

意匠法は意匠（デザイン）を保護する制度です。特許法同様に、意匠登録出願後、審査を受けて、所定の要件を満たして登録が認められれば、意匠権が付与されます。こちらは出願から25年間存続します。意匠は物品や建築物、一定の画像のデザインを保護するもので、その権利は同一のものだけでなく、類似のものにも及びます。

3　商標法

商標法は商標（トレードマーク）を保護する制度です。業務上の信用を蓄積するための商標について、特許法同様に、出願後、他の商標と類似していないかといった所定の要件について審査を受けた上で、商標権が付与されます。商標権は、他人による出所混同を防止するためのものであることから、同一の商標だけでなく、混同を生じるような類似する商標についても権利が及びます。

4　そのほかの知的財産法

これらに加えて、不正競争防止法も紹介しておきましょう。これは不正競争の防止を目的とするもので、著作権法等と異なり、権利を付与する法律ではなく、以下のような不正な競争行為を規制する法律です。たとえば、一定の周知性を取得した商品等表示（商標と似たようなものです）についての使用や、一定の要件下での商品形態の模倣品流通について、意匠や商標の登録を受けなくても、不正競争として規制することができます。また、不正競争防止法特有の重要なルールとして、営業秘密の不正取得等に関する規制や、ビッグデータ等の限定提供データに関する同様の規制、コピーガード等の技術的保護手段の無効化等に関する規制、ドメイン名の不正取得等に関する規制、品質を誤認させるような行為の規制、虚偽の事実の告知等による信用毀損行為の規制等が設けられています。

さらに、先述した種苗法による品種の保護や半導体回路配置保護法による回路配置の保護、地理的表示法による原産地表示等の保護は言うまでもなく、商法・会社法等における会社名などの商号等の保護や、民法上のパブリシティ権（→第６章）の保護なども、知的財産の保護に資するものといえるでしょう。

11　著作権法（知的財産法）では保護されない情報の保護

ところで、北朝鮮映画事件（最判2011（平23）・12・８民集65巻９号3275頁）では、わが国が国家承認をしていない北朝鮮において創作された映画に関して、わが国のテレビ局がその一部をニュース番組の中で放送したことが問題となりました。最高裁判所は、著作権法６条３号との関係で、わが国が北朝鮮国民の著作物につき著作者の権利の保護を求めるベルヌ条約上の保護義務を負わないこと等から、当該映画がわが国の著作権法によっては保護されないことを前提に、別途民法の不法行為（709条）の成否について、以下のように判断しました。すなわち、著作権法６条各号「所定の著作物に該当しない著作物の利用行為は、同法が規律の対象とする著作物の利用による利益とは異なる法的に保護された利益を侵害するなどの特段の事情がない限り、不法行為を構成するものではない」と判示し、上記のニュース番組での映画の利用について、不法行為の成立を否定しました。この判決自体は著作権法の特定の条文に関するものですが、その趣旨からすると、知的財産法で保護されない情報は、知的財産法がその情報について独占的保護を与えないほうが良いと判断したものである場合には、それと同様の利益に係る不法行為による保護も排斥されるべきことが明らかにされたといえるかもしれません。

第14章　「違法・有害情報」とプラットフォーム

1　違法・有害情報への取り組み方

1　概念の整理

（1）　違法情報・有害情報

一般的な用語法として、しばしば「違法・有害情報」と一括りにされますが、厳密にいえば、違法情報と有害情報とは異なります。違法情報は、法令に違反したり、他人の権利または法律上保護される利益を侵害したりする情報であり、その情報の流布自体が違法となるものです。名誉毀損やプライバシー侵害、著作権侵害がその代表例です。この他、わいせつ表現や児童ポルノ、虚偽・誇大広告等も違法情報といえます。

違法情報は、さらに権利侵害情報とその他の違法情報とに区別できます。権利侵害情報の場合には、プロバイダ責任制限法の枠組みで対応することが可能となるなど、両者には法的な取扱いにおける違いがあります。それゆえ、この区別はとても重要です。

有害情報は、その情報の流布自体は違法ではないものの、公共の安全や秩序に危険を生じさせるおそれがあったり、特定の者にとって有害と受け止められる情報のことをいいます。ある情報が犯罪を誘発するなど公序良俗に反する場合や青少年の健全育成を阻害する場合には、これは有害情報といえます。暴力表現やわいせつに至らない性表現、差別的表現などもその一例です。

もっとも、違法情報と有害情報とを截然と区別するのは困難です。たとえば、インターネット上の誹謗中傷には、権利侵害情報（違法情報）といえるものもあれば、権利を侵害してはいない有害情報にとどまるものもあります。また、個々の書き込みでみれば権利侵害にはあたらない誹謗中傷であっても、特定の者が繰り返し大量に書き込みを行ったり、多数の者が同様の書き込みを行うことで、その一連の誹謗中傷が社会的受忍限度を超えることもあります。この場合には、これらは違法情報と評価されることになるでしょう。このように、違法情報と有害情報との区別はときに相対的といえます。

（2）　プラットフォーム

インターネット時代の言論空間は、プラットフォームの存在を抜きに語ることはできません。プラットフォームとは、情報・商品・サービスの「提供者」とそのサービスの「利用者」など二者以上の異なる参加者グループの間に介在し、両者を仲介または媒介する「場」と定義されるものです。インターネット上の言論空間との関わりでいえば、Twitter や Facebook、YouTube、Google といったものは情報の送り手と受け手とを仲介ないし媒介する「場」といえますので、これらはまさにプラットフォームです。そして、このプラットフォームを設計・提供する主体のことを、プラットフォーム事業者またはプラットフォーマーといいます。

インターネット上では、上記のプラットフォーム事業者は、情報流通の「媒介者」たる役割を担っています。SNS を通じて情報の発信や共有を行い、検索サイトを用いて情報収集することは、もはや私たちの日常です。プラットフォーム事業者は、インターネット上の情報流通を媒介することによって、利用者の表現の自由や知る権利を支える役割を果たしています。そして、この情報流通の基盤としての役割が大きくなるにつれて、プラットフォーム事業者には情報流通の「門番」としての役割も同時に期待されるようになりました。現在は、プラットフォーム事業者の協力なしでは違法・有害情報に対応することができないのが実際のところです。

2　違法・有害情報対策

（1）　自主的取組の必要性

インターネット上で行われる違法・有害情報への対応として中心的な役割を担っているのは、プラットフォーム事業者による自主的な取組です。というのも、インターネット上の表現活動は、民間企業が運営するプラットフォーム上でなされるのが通常であるため、そこでの表現ないし情報流通の有り様は、プラットフォーム事業者自らが設定したルールないしポリシーに左右されるところが大きいからです。たとえば、違法情報には至っていない有害情報であったとしても、もしプラットフォームの利用規約においてそのような表現が禁止されていたならば、その書き込みの削除やアカウントの停止といった様々な対応が可能です。これらの対応は、法律による直接的な規律がなかったとしても、利用規約等に定めることによって実施できます。それゆえ、違法・有害情報への対応の多くが、自由な言論の場を提供するプラットフォーム事業者による自主的な取組に委ねられています。これは、わが国における違法・有害情報対策の基本スタンスといってよいでしょう。

とはいえ、プラットフォーム事業者の自主性な取組に委ねておくだけでは、違法・有害情報対策は十分に機能しません。たとえば、プロバイダ等（インターネットサービスプロバイダやサーバーの管理者、インターネット掲示板やSNSの運営者・管理者など）は、通信の秘密（電気通信事業法4条）の観点から秘密保持が義務付けられています。そのため、インターネット上の権利侵害情報の被害者に対して、当該情報に関する発信者情報を提供することは、直ちには認められません。また、プロバイダ等が当該情報の削除を自主的に行うとしても、もし誤って権利侵害にはあたらない情報を過剰に削除してしまえば、発信者から損害賠償責任を追及されることにもなりかねません。それゆえ、プラットフォーム事業者（プロバイダ等もそのうちの1つ）が情報流通の「門番」としての役割を自主的に果たすためには、それを可能とする法的な環境整備が必要となります。次にみるプロバイダ責任制限法はその一方策として、特に重要なものといえるでしょう。

（2）　プロバイダ責任制限法

プロバイダ責任制限法（正式名称：特定電気通信役務提供者の損害賠償責任の制限及び発信者情報の開示に関する法律）は、プロバイダ等が発信者情報を開示した場合や情報を削除した場合の免責を定めることで、プロバイダないしプラットフォーム事業者による自主的な対応を促す役割を果たしています。ただし、情報削除の場合の免責は、権利侵害情報に限られ、その他の違法情報には及びません。以下、個別にみていきましょう。

（イ）　被害者との関係　　同法3条1項は、権利侵害情報を削除しなかった場合のプロバイダ等の不作為責任を制限し、プロバイダ等が過剰削除に陥ることを防ぐことにより、プロバイダ等による適切な対応を促しています。具体的には、《情報の削除等の送信防止措置が技術的に可能であり、かつ、①プロバイダ等が情報の流通により他人の権利を侵害していることを知っていたとき、または、②情報の流通を知っており、他人の権利を侵害していることを知ることができたと認めるに足りる相当の理由があるとき》に限って、プロバイダ等は削除の不作為について責任を負います。それ以外の場合は、削除に応じなかったとしても損害賠償責任を負うことはありません。

(ロ)　発信者との関係　　プロバイダ等による情報の削除は、発信者の表現を妨害することになるので、発信者との関係で問題となりえます。しかし、次の場合には、情報を削除してもプロバイダ等は責任を負いません。すなわち、《送信防止措置が必要な限度で行われており、かつ、①プロバイダ等が情報の流通によって他人の権利が不当に侵害されると信ずるに足りる相当の理由があったとき、または、②権利を侵害されたとする者から送信防止措置の申出があったことを発信者に通知し、７日経過しても送信防止措置に同意しない旨の応答がなかったとき》です（３条２項）。したがって、権利侵害情報と「信ずるに足りる相当の理由」があれば、それ以外の情報を削除したとしても、プロバイダ等は責任を負いません。

(ハ)　発信者情報の開示　　発信者情報の開示は、通信の秘密との関係で問題となりえますが、同法によれば、《①情報の流通によって開示請求者の権利が侵害されたことが明らかであり、かつ、②損害賠償請求を追及する場合など正当な理由があるとき》であれば、発信者情報の開示請求が認められます（４条１項）。この開示請求を受けたとき、プロバイダ等は、発信者への意見聴取を義務づけられはしますが（同２項）、上記の要件に該当する限り、発信者情報を開示しても発信者から責任を問われることはありません。

2021年にプロバイダ責任制限法が改正され、発信者情報開示について新たな裁判手続（非訟手続）が創設されました。それまでは、裁判手続を利用する場合、①発信者の通信記録を有するコンテンツプロバイダ（電子掲示板やSNS等の運営会社）への開示請求と、②発信者の氏名・住所等を有するアクセスプロバイダ（インターネット接続サービスを提供する通信事業者）への開示請求という、２回の訴訟が必要であり、非常に負担が大きいものでした。しかし、新たな手続では、裁判所が発信者情報開示請求の要件該当性を判断した上で、コンテンツプロバイダとアクセスプロバイダの双方同時に情報開示を命ずることになったため、より簡便・迅速な発信者情報の取得が可能となりました。

（3） 自主的取組の促進に向けた諸方策

（イ） 各種ガイドラインの策定　事業者にとって、上記免責規定の要件該当性判断は決して容易ではありません。そこで、インターネット関連団体や著作権関連団体等から構成されるプロバイダ責任制限法ガイドライン等検討協議会は、名誉毀損・プライバシー関係、著作権関係、商標権関係、発信者情報開示関係の各種ガイドラインを策定し、プロバイダ等に行動指針を与えることで、その自主的な対応を促しています。

権利侵害情報以外の違法情報は、プロバイダ責任制限法の射程外ですが、プロバイダ等が自主的に違法情報を削除することは可能です。しかし、違法情報でないものまでを削除した場合には、発信者との関係で民事上の責任問題が生じかねません。そこで、「インターネット上の違法な情報への対応に関するガイドライン」が策定されています。ここでは、各法規の適用に関する違法性の判断基準が示されているだけではなく、第三者機関が情報の違法性を判断してプロバイダ等に対して送信防止措置を依頼する手続の整備も目指されています。そして、現在はインターネット・ホットラインセンターやセーフラインといった民間レベルで、インターネット利用者から違法・有害情報に関する情報提供を受け付け、一定の基準に従って情報を選別した上で、警察への情報提供やプロバイダ等への送信防止措置依頼等を行っています。

（ロ） 契約約款モデル条項　有害情報の場合、特定の情報を有害と評価するか否かは情報の受け手によって異なるため、有害性を判断するための画一的な基準を設けることは困難です。それゆえ、有害情報に対する対応は、プラットフォーム事業者が自主的に設定するポリシーや利用規約等に委ねざるをえません。そこで、電気通信事業者協会など4団体は、自主的取組の一環として、2006年11月に「違法・有害情報への対応等に関する契約約款モデル条項」を策定しました。ここでは、多くの事業者の利用規約等においてこのモデル条項が採用されることにより、違法情報だけではなく有害情報に対してもより積極的な対応がなされることが目指されています。

（ハ） 共同規制　違法・有害情報対策では、共同規制という手法が採用されることもあります。この手法は、ある事項について法令や行政指導等で一定の方向性を示した上で、事業者による自主規制の枠内でその実現や具体化を図っていくものであり、公権力による規制と事業者の自主規制とが組み合わされたものです。ですので、厳密にいえば自主規制とは異なります。ただ、その多くは、事業者による自主規制を法的に義務づけるにとどまり、また、規制の具体的内容については事業者の自主性が尊重されている点にその特徴があるため、共同規制も自主規制を促進する一方策と位置づけてよいかもしれません。

2　違法・有害情報に関する各論的諸問題

フィジカル空間で違法な情報流通は、インターネット上でも違法です。フィジカル空間に妥当している表現規制は、インターネット上にも同様に及びます。それゆえ、インターネットの利用者がわいせつ表現や名誉毀損表現といった違法情報をプラットフォーム上で発信した場合には、利用規約等の内容にかかわらず、公権力は利用者に刑罰等の法効果を直接及ぼすことが可能です。ですので、情報発信者として注意すべき点は、フィジカル空間でもインターネット上でも、その大枠はそれほど異なりません。そこで、以下では、媒介者たるプラットフォーム事業者に着目し、プラットフォーム事業者の目線から問題となりそうなテーマを中心に、概観していくことにします。

1　性情報

(1)　児童ポルノとブロッキング

日本の児童ポルノ規制は、世界的にみて立ち後れていましたが、国際的な非難の高まりを受け、1999年に児童ポルノ禁止法（正式名称：児童買春、児童ポルノに係る行為等の処罰及び児童の保護等に関する法律）が制定されました。同法は、児童ポルノについて、自己の性的好奇心を満たす目的での所持・保管、インターネット上での提供、不特定もしくは多数の者への提供または公然陳列などを、刑事罰の対象としています（7条）。また、2011年以降、主要プロバイダは、国と連携しつつ、自主規制として、児童ポルノサイトのブロッキングを実施するようになっています。

ブロッキングとは、アクセスプロバイダ等がウェブサイトを閲覧しようとする利用者の閲覧先を機械的に検知し、それがブロッキング対象の閲覧先である場合には、その閲覧のための通信を遮断することをいいます。ブロッキングは、フィルタリングとは異なり利用者の同意なく行われるため、利用者の知る自由に抵触しうる面があります。また近年は、通信の秘密の観点からも、その問題点が指摘されています。

通信の秘密は憲法21条２項で保障されており、この趣旨は通信関係の各種法律にも貫かれています。たとえば電気通信事業法４条は、「電気通信事業者の取扱中に係る通信の秘密は、侵してはならない。」と規定し、違反者には刑罰が予定されています。この通信の秘密は、現在、インターネット上の匿名表現の自由を支える重要な法的基礎ともなっています。それゆえ、匿名表現に不当な萎縮が及ばないようにするためにも、通信の秘密は保持される必要があります。

電気通信事業法４条の「侵してはならない」は、知得・漏洩・窃用の禁止を含意していると一般に解されています。だとすると、上記のブロッキングは、利用者の閲覧先情報を知得（積極的に通信の秘密を知ろうという意思でなされる行為）し、アクセスを遮断する目的でその情報を窃用（本人の意思に反して自己または他人の利益のために用いること）している点で、通信の秘密侵害の罪に問われることになりそうです。しかし、わが国の刑法上、刑罰の構成要件に該当したもののすべてが処罰されるわけではありません。違法性阻却事由（刑35-37条）が認められる場合には不処罰となります。この点、児童ポルノサイトのブロッキングは、刑法37条の緊急避難（自己または他人の生命、身体、自由または財産に対する現在の危難を避けるため、やむを得ずにした行為）にあたると解する立場が有力です。児童ポルノは被害児童に対して深刻かつ回復不可能な人格的な被害を及ぼすものですので、そのブロッキングを緊急避難と解したとしても問題は少ないように思われます（他方、海賊版サイトのブロッキングには多くの批判が寄せられています。海賊版サイトの場合、法益権衡の観点から考慮されるべき法益は著作権ないし財産権ですので、児童ポルノの場合とは事情が大きく異なります。それゆえ、現時点では法制化に至っていません）。

（２） リベンジポルノ

リベンジポルノとは、元交際相手や元配偶者が交際解消や離婚を逆恨みして、相手方本人が望んでいないにもかかわらず、その性的画像をインターネット上に公開する行為をいいます。リベンジポルノは性的プライバシーの侵害をもたらし、被害者に重大で回復困難な損害を与えるものです。それゆえ、その被害防止を目指して、2014年にリベンジポルノ防止法（正式名称：私事性的画像記録の提供等による被害の防止に関する法律）が制定されました。これにより、第三者が撮影対象者を特定できる方法で、私事性的画像のデータをメール等で不特定または多数の者に送信したり、SNS等にアップすることは、刑事罰の対象となりました（3条1項・2項）。

もっとも、リベンジポルノの原義にかかわらず、同法の適用上、報復目的であることは処罰の要件ではありません。私的な性的画像ないし映像を本人の承諾なく流出させただけで、同法は適用されます。しかし、アダルトビデオなど本人が第三者に見られることを認識した上で撮影を許可した場合のように、撮影時の承諾が認められるときは、事後にその承諾が撤回されても、同法の適用はありません。

プロバイダ責任制限法では、権利侵害情報の送信防止措置を講ずる際に、プロバイダ等は発信者本人への同意照会が義務づけられており、この回答期間は7日となっていました（3条2項）。しかし、リベンジポルノ防止法4条はこれに特例を設け、私事性的画像の場合の回答期間を2日に短縮しています。これは、リベンジポルノの被害や不利益の大きさに配慮し、より早期の情報削除等を可能にしたものです。なお、多くの検索事業者やSNS運営者は、利用規約等において、撮影対象者が公開に同意していない性的画像の削除を規定しており、申出に基づく自主的削除を実施しています。

2　青少年の保護

（1）　青少年有害情報とフィルタリング

2008年、青少年の間で携帯電話によるインターネットの利用が拡大したことを背景に、青少年インターネット環境整備法（正式名称：青少年が安全に安心してインターネットを利用できる環境の整備等に関する法律）が制定されました。同法は、①青少年の情報リテラシー能力の修得、②青少年有害情報の閲覧機会の最小化、③民間の自主的取組の尊重、を基本理念とするものです。プラットフォーム事業者との関係でいえば、これは青少年有害情報の閲覧機会の最小化を民間の自主的取組で実現することを目指したものといえるでしょう。

同法によれば、青少年有害情報とは、《インターネットを利用して公衆の閲覧に供されている情報であって、青少年の健全な成長を著しく阻害するもの》をいい（2条3項）、その例としては、犯罪等の請負・仲介・誘因、自殺の誘因、性欲の興奮・刺激、残虐な内容といったものが挙げられます（同4項）。そして、この有害情報の閲覧機会を最小化する手段として、同法はフィルタリングを想定しており、携帯電話事業者は、契約の相手方または端末使用者が青少年である場合には、原則として、青少年有害情報の閲覧を制限するフィルタリングサービスの提供が義務づけられています（16条1項）。また、プロバイダに対しても、利用者からの求めがあった場合には、フィルタリングソフトウェアまたはフィルタリングサービスの提供が義務づけられています（17条）。

もっとも、フィルタリングの内容（どのサイトを閲覧制限の対象にするか）については、自主規制に委ねられています。この自主規制においては、かつて民間の第三者機関として設立されたモバイルコンテンツ審査・運用監視機構（EMA）が、ウェブサイトやアプリの認定基準の設定を行い、さらに認定サイト・アプリの継続的な運用監視を行うなど、重要な役割を果たしていました。その限りで、このフィルタリングの仕組みは、法律による公的規制と民間の第三者機関による自主規制とを組み合わせた共同規制といいうるものでした。しかし、フィーチャーフォン（いわゆるガラケー）に代わりスマートフォンが普及し、端末の多くが海外事業者から供給されるようになると、携帯電話端末へのフィルタリングの実装が困難となりました。さらに、EMAの事業に対して携帯電話事業者から十分な協力が得られないといった事情も重なり、EMAもは2019年4月末に解散しています。なお、EMA解散後は、「EMA認定のウェブサイト・アプリは閲覧・利用制限の対象外」という仕組みがなくなったため、携帯電話事業者は、現在、ネットスターやデジタルアーツといったフィルタリングサービス提供事業者の基準および設定レベルに従ってフィルタリングを実施するにとどまっています。その結果、EMAでは認定されていた一部のウェブサイトやアプリ（たとえばSNSなどのコミュニケーションサイト）が初期設定段階では制限対象になるといった事態も生じ、それがフィルタリング普及の足かせになっているとの指摘も見られるところです（ただし、多くの場合、保護者によるカスタマイズ設定で制限の解除は可能です）。

（2）　出会い系サイト

出会い系サイトに起因する児童買春や性犯罪の急増を阻止するため、2003年に出会い系サイト規制法（正式名称：インターネット異性紹介事業を利用して児童を誘引する行為の規制等に関する法律）が制定されました。2008年には、インターネット異性紹介事業者に対する規制強化を盛り込んだ改正が行われて、現在に至っています。

同法は、出会い系サイト事業者に対して、①届出（7条）、②児童（18歳未満の者）による出会い系サイトの利用を防止する努力（3条1項）、③利用者が児童でないことの確認、④禁止誘因行為を知った際の削除等の措置（12条1項）、などを義務づけています。また、携帯電話事業者や保護者に対しても、出会い系サイトへのアクセスを制限するフィルタリングソフトの提供および利用の努力義務を課しています（3条2項・4条）。

出会い系サイト規制においてもフィルタリングの手法が用いられていますが、ここではその提供が努力義務にとどまっていますので、青少年有害情報の場合とは異なります。また、④禁止誘因行為の削除等義務は、媒介者である出会い系サイト事業者を法的に規制することを通じて間接的に利用者の表現を規制するという手法を採用したものです。この手法は表現の自由の面から問題となりそうですが、この論点に関する通説はまだ形成されていないのが現状であり、議論の発展が待たれるところです。

3　人格の保護

（1）　ヘイトスピーチ

近年、特定の民族や国籍など本人の意思では変更困難な属性を理由として、その人たちを排斥する差別的言動が、各所で散見されます。これはインターネット上ではより深刻です。一般に、こうした言動をヘイトスピーチと呼びますが、これらの多くは特定の個人や団体に向けられた言動ではないため、名誉毀損等の既存の法制度では対応が困難です。そこで、この差別的言動の解消に向けた取組みを推進するため、2016年にヘイトスピーチ解消法（正式名称：本邦外出身者に対する不当な差別的言動の解消に向けた取組の推進に関する法律）が制定されました。

ヘイトスピーチ解消法は、障害者差別解消法（正式名称：障害を理由とする差別の解消の推進に関する法律）や部落差別解消法（正式名称：部落差別の解消の推進に関する法律）とともに立法化されたものです。「人権３法」とも呼ばれるこれらの法律は、いずれも理念法にとどまるものであり、禁止規定や罰則を有しておりません。とくにヘイトスピーチの禁止は、もっぱら表現内容に着目した規制であり、萎縮的効果を生じさせる懸念もあったことから、法律ではあえて禁止・罰則を設けなかったという事情があります。もっとも、理念法にとどまったとはいえ、法律が正面から差別の存在を認めた意味や、ヘイトスピーチは「許されない」（同法前文）とのメッセージを国民に発信したことの意味は大きいといえます。この理念を社会の隅々にまで波及させられるかが、今後の鍵となるでしょう。

一部の自治体の条例では、この理念をさらに具体化し、より積極的なヘイトスピーチ規制を実施しています。たとえば、大阪市ではヘイトスピーチを行った者の氏名等の公表が行われ、東京都や川崎市では公共施設の使用不許可が制度化されています。また、川崎市では2020年からヘイトスピーチに最高50万円の罰金が課されることになりました。

加えて、民間のプラットフォーム事業者らの取組も見逃せません。先にみた「違法・有害情報への対応等に関する契約約款モデル条項」の解説では、同モデル条項１条の禁止事項の中にヘイトスピーチ解消法２条に規定する「本邦外出身者に対する不当な差別的言動」が含まれる旨が明記されています。これにより、今後プロバイダ等が自主的に定めた利用規約や約款に基づき、より積極的にヘイトスピーチの削除等の対応を行うようになることが、ここでは期待されています。

（２） 忘れられる権利

「忘れられる権利」は、いまだ内容的に未確定な部分も多いですが、最大公約数的には、《（過去の犯罪事実など）自己に不利益な情報が、適切な時を経た後も残されている場合に、掲載された検索結果の削除を検索事業者に請求する権利》といえるでしょう。「忘れられる権利」は、EU 法上は明文で定められた権利ですが、日本法には明文根拠がありません。そのため、現行法の解釈によってこれを導出する必要がありますが、これまで最高裁は、「忘れられる権利」を固有の権利として正面から承認したことはありません。というのも、日本の判例上、過去の犯罪報道等からの保護は、「時の経過」論を援用することによりプライバシー権の射程に入れることが可能であるため（最判1994（平6）・2・8民集48巻2号149頁〈ノンフィクション「逆転」事件〉）、殊更に「忘れられる権利」を主張する実益がなかったからです。

では、「忘れられる権利」が問題となる場面において、プライバシー侵害の責任を、検索事業者は媒介者として負うのでしょうか。それとも、表現者として負うのでしょうか。検索結果の表示内容に含まれる表題やスニペット（抜粋）は、元々は当該ウェブサイトへの情報掲載者がつくり出した情報ないし表現です。そうだとすれば、検索事業者は情報の媒介者に過ぎない、と考える余地は十分にあります。しかし、最高裁は、検索事業者の方針に沿った検索結果が得られるようにプログラムの作成がなされていることを理由に、「検索結果の提供は検索事業者自身の表現行為という側面を有する」と評価しました（最決2017（平29）・1・31民集71巻1号63頁〈Google 検索結果削除請求事件〉）。ここでは、検索事業者は単なる媒介者ではなく表現の主体と理解されています。それゆえ、検索事業者は、検索結果の表示について、自らの表現としてプライバシー侵害の責任を負うといえるでしょう。（なお、最高裁は、「検索事業者による検索結果の提供は……現代社会においてインターネット上の情報流通の基盤として大きな役割を果たしている」とも述べ、検索結果の削除を求めることは、検索事業者の「表現行為」とその情報流通の基盤としての「役割」に対する制約である、と評価しています）。

もっとも、この判例では、検索結果の提供はプライバシー侵害に至るものとは認められなかったため、検索結果の削除は命じられませんでした。ただ、最高裁は、「当該事実を公表されない法的利益と当該 URL 等情報を検索結果として提供する理由に関する諸事情を比較衡量して判断」し、「公表されない法的利益が優越することが明らかな場合」には、検索事業者に対して検索結果の削除を請求できると判示しています。

4　偽情報対策

真偽不明で信頼性の低い情報が口コミで拡散する事例は、以前から存在していました。しかし、インターネットが登場し、とくにSNSが普及すると、その悪影響は一段と加速するようになりました。というのも、SNSには、①一般人でも容易に情報発信・拡散が可能で、真偽が確認されぬまま情報拡散がなされやすい、②利用者が多く、情報が迅速かつ広範囲に伝播されるため影響力が大きくなりやすい、③正しい情報よりもセンセーショナルな情報ほど拡散しやすい、といった傾向があるからです。プラットフォーム上で不確かな情報や悪意のある情報が蔓延すると、利用者が正確な情報に基づいて適切に判断することが困難になります。そうなると、利用者は安心・信頼してプラットフォームサービスを利用することができなくなるでしょう。そうならないためにも、やはり偽情報等に対しては何らかの対策が必要といえます。

しかし、特定の者の名誉や信用を意図的に貶める偽情報であれば格別、そうではない偽情報や単なる誤情報の多くは、違法情報とはいえません。これらを安易に削除することは、表現の自由の観点から問題を生じさせます。また、情報の真偽判定はそもそも困難ですので、偽情報等の法的規制には慎重とならざるをえません。したがって、日本では、偽情報等への対応は基本的にプラットフォーム事業者の自主的取組に委ねられています。

近年は、偽情報等に対抗するために、民間によるファクトチェック（事実に関する言説・情報の真偽検証）の取組みが進められつつあります。たとえば、認定NPO法人のファクトチェック・イニシアティブ（FIJ）によるファクトチェック支援活動も、そのうちの１つです。FIJはAI技術を活用してSNS上の情報からファクトチェックの端緒となる「疑義言説」の候補を自動的に補足収集するシステムを開発し、メディアへの提供などを行っています。

ファクトチェックに際しては、政府やプラットフォーム事業者からの独立性・第三者性の確保が不可欠です。そうでなければ、ファクトチェックが私的検閲や恣意的削除の道具になりかねないからです。その意味では、ファクトチェックには、活動コストの確保や資金提供者からの独立性の確保といった課題が残されており、その取組はまだ途上といえます。利用者が安心・信頼してプラットフォームサービスを利用できるようにするためには、客観的なファクトチェックや、適切な偽情報等の削除・訂正だけではなく、これらの取組みが適切に行われていることを利用者や社会に対して積極的に明らかにしていくことも、大切となってくるように思われます。

第15章　医療情報
——学問研究の自由とプライバシー

憲法23条は学問の自由を保障しています。学問研究では協力者のプライバシーに関わる情報を取り扱う場合もありますが、とくに医学研究では、被験者や患者の健康や生活習慣に関するセンシティブな情報を取り扱うことも少なくありません。医学研究を行う者の学問研究の自由と被験者のプライバシー権との衝突が生じてしまうのです。医師や大学等の研究者だけでなく、民間企業で製薬やヘルステックの開発を行う研究者にも、この問題が生じる可能性があります。

本章では、まず学問の自由とプライバシーとの関係について概観し（1節）、医学研究におけるプライバシー権の保護の法的枠組みを見たあと（2節）、医学研究に対する個人情報保護法制による規制（3節）を勉強します。

1　学問研究の自由

憲法23条は「学問の自由はこれを保障する」と定め、学問研究の自由、研究発表の自由、教授の自由を保障しています。頭の中で考えることや他者に伝えることについては、憲法は思想良心の自由（憲19条）や表現の自由（同21条）として保障していますが、これらとは独立に、真理を探究するという理性的な精神作用としての学問の自由を憲法23条で保障していることに特徴があります。

1　学問の自由の保障の意義

憲法で学問の自由が保障されていることによって、誰のどのような行為が保護されるのでしょうか。まず、憲法23条は、公権力が学問的活動を弾圧したり、学問活動を理由に不利益を及ぼしたりしてはならないことを定めています。わたし達は様々なことを学び真理を探究することによって人格を形成し発展させることができるので、学問の自由が保障されることには、その人自身にとって個人的な意義があります（学問の自由の個人的性格）。しかし、学問の自由が保障される意義はそれだけではありません。民主的な政治過程では、そのときどきの状況に応じて、多数決によって正しい決定を導き出そうとしますが、学問においては、短期的利益のみに捉われず、理性的な熟慮と批判を繰り返すプロセスの中で結論を導きます。憲法が学問の自由をとくに保障したのは、民主過程とは別の真理探究の回路を確保するためであると考えられます（学問の自由の公共的性格）。

政治と学問とのこうした違いは、両者の間の緊張関係を生むこともあります。学問は、政府が政策の前提とする価値や技術的基盤を批判することもあるため、政府による弾圧の対象になりやすいという性格があります。憲法で学問の自由を保障することによって、公権力による介入を受けずに――政府から邪魔されずに――学術的な批判検討を行う真理探究の場を確保することができるのです。

次に、憲法23条は、広く国民一般に学問の自由を保障するとともに、とくに大学等の高等研究機関に所属する研究者に特別な地位を与えていると理解されています（最大判1963（昭38）・5・22刑集17巻4号370頁〈東大ポポロ事件〉）。高等研究機関は、学問を専門に行う研究者らが専門職能的な立場で知的なイノベーションを行い、そして、研究者どうしで互いに研究内容をチェックし、批判し合う営みを繰り返す学問コミュニティの中心です。そのため、大学等は、学問の自由の公共的性格を支える最も重要な基盤であると考えられています。一方、判例では、学問の自由の直接の名宛人ではない学生についても、研究者の「（学問の）自由と自治の効果」として、学問の自由の保障を受けることがあるとされています（〈東大ポポロ事件〉）。大学等での学術研究に関わる研究者以外の者にも、特別な保護が及ぶ可能性があります。

ただし、大学等の研究者の行う行為や言明だからといって、すべてが学問の自由の保護の対象になるわけではありません。研究の方法によっては、憲法が学問研究の自由を保障している「意図」に反すると考えられる場合があるからです。たとえば、被験者の身体に本人の同意なくメスを入れたり、研究対象者のプライバシーを侵害したりする行為はそもそも学問の自由で保護されません。また、大学の研究者であっても、支持政党について調べ支持をよびかけることや、その専門学界で確立した議論方法や実験方法に基づかずに行うことは、研究の形を成すとはいえません。これらの行為は学問研究プロセスから外れるものとして、学問の自由の下で保護されないと考えられています（もっとも、思想良心の自由や表現の自由の行使として保護される可能性はあります）。こうしてみると、どのような行為であれば憲法で保護される研究かということ自体、微妙な問題であることが分かります。

2　学問研究の自由の限界

学問の自由は、学問研究の自由と、研究発表の自由、教授の自由を内容とします。このうち最も基幹的なものが学問研究の自由です。

学問研究は、読書や内面的な思索を重ねることによって新しい知見や認識を得るという純粋な精神活動であると同時に、資料探索や実験、フィールドワーク、臨床、試料収集などの外面的活動を伴うものです。一般に、その人の頭の中だけで完結する精神活動は思想良心の自由と同様に絶対的に保護されるとしても、他の人との関わり合いの中で行う外面的活動については、他者や社会に弊害をもたらすときには、法律で制限される場合があります。

まず、学問の自由は他者危害防止原理に基づく制約の対象になります。他者危害防止原理とは、他者の人権や利益を侵してまで、自己の人権を行使できないという考え方です。たとえば、被験者の同意があるとしても、被験者を死に至らしめたり障害を残したりする可能性が高い実験や、プライバシーを大きく損なう調査活動は、他者危害にあたるとして法律で禁止され得ます。次に、研究活動が特定の「だれか」の人権や利益を侵害しない場合でも、社会的・倫理的に好ましくない効果を生じる場合にも、制限の対象となる可能性があります。たとえば、原子力研究は、実験に使う素材の取り扱いや実験環境に注意しなければ、人の生命・健康や自然環境への影響が懸念されます。また遺伝子組換植物をつくる研究は、その植物が自然界に流出してしまうと生態系を損なってしまう可能性があります。他にも、生命倫理や人間の尊厳に反すると考えられる生命医学研究などが規制の対象になっています。ただし、学問の自由を過度に制約しないように、研究活動そのものを直接禁止したり制限したりする法律はごくわずかしかありません。医学研究を例にとれば、「ヒトに関するクローン技術等の規制に関する法律」（2000年）〔以下、クローン技術規制法〕がヒトクローン個体を産出する研究を禁止するほか、「再生医療等の安全性の確保等に関する法律」(2013年)〔以下、再生医療法〕が一部の再生医療技術を用いる研究について厚生労働大臣の許可制を設けています。倫理的な配慮のために、実験を行い被験者から試料や情報を得ること自体が禁止される場合もあるのです。

では、研究の方法を制限することは許されるのでしょうか。たとえば特定の薬品を利用する研究を行う際に施設や設備の条件を設けたり、血液や体液、DNA 等のヒト由来試料の研究利用に特別な手続を求めたりする場合のように、研究を行う時や施設、方法を制限することです。こうした規制は、行為の内容には関わらないという意味で内容中立規制と呼ばれます。内容中立規制は、研究内容に研究者の自由がある限り構わないと思うかもしれません。しかし研究の方法やプロセスそのものが当該研究の意義と密接不可分である研究では、こうした一見内容中立的な制限が研究内容の探究そのものを不可能にすることもあるため、単純に、研究内容の規制ではなく研究方法の規制であれば許されるとはいえません。

一方で、研究は未知の知見を得ることを目的とするため、その研究のために行われる実験などが人や環境に与える影響も予め正確に知ることができません。そのため、他者や環境、社会に対する危険を予防しておくために規制が必要であると考えられます。何に対するどのような危険が規制の対象となるのかが問題になりますが、現実には、一律に定めることも困難です。そこで、どのような形式のルールで研究を規制すべきかが議論されています。

3　学問研究の自由の規制態様

学問の自由の制約は、法律ではなく、学会や学術研究機関とそこに所属する研究者などが作る自律的な規範によるべきことが原則とされてます。先ほど、大学などの学術研究機関の研究者は、学問研究コミュニティに所属しているからこそ、とくに厚く学問の自由が保障されているという考え方をみましたが、そうであるならば、専門性と職分に応じた責任を果たすべく、研究者が自ら適正な研究について批判と検討を重ね自主的に研究のあり方を清浄化していくことが求められるといえます。学問の自由の保障の下では、研究者は特別な地位を認められる反面、学問研究コミュニティ内部で自らの研究活動を適正なものにしていくことが期待されるのです。実際に、研究機関や学術団体が、研究や研究を実施する際に遵守すべき手続を検討し、独自のガイドラインや倫理指針などを定めることは少なくありません。一方、国が研究者にこうした自己規律を促すために、法令や指針をつくることがあります。あとで詳しく説明しますが、「統合指針」のように、研究者らが研究機関内部に倫理委員会をつくり、研究の実施に先立って研究の内容などについて審査することを求めています。

2　医学研究におけるプライバシー保護規範の全体像

医学研究は、被験者の身体への侵襲を伴ったりセンシティブな情報を取り扱ったりすることが多いため、制限をうけることがあります。ここでは、被験者のプライバシー保護の観点から、医学研究規制を概観してみましょう。

1　健康に関する情報の性格

医学研究は、診療の過程で得られた患者情報など既存の情報を転用して行われることもあれば、研究のためだけに新たに情報を得て行われる場合もあります。いずれの場合にも、用いられる被験者の情報は、氏名や連絡先などに加え、病歴や生活習慣、家族情報、職業情報、遺伝情報など、多くの場合にプライバシー情報を含むものです。健康に関する情報からは将来の発症や病気の進行を予知することができるため、それが購買予測や保険商品の販売方針に利用される可能性もあります。そのため、健康に関する情報は「センシティブ情報」としての性格が強く、その取得や取扱いについて被験者のプライバシー権の保護が強く求められる情報の典型です。もし研究者に情報の適正な取扱いの義務が課されないとすれば、被験者が秘密にしておきたい情報が研究やその発表に利用されてしまうおそれがあります。また、被験者が研究に利用されても差し支えないと思っていた情報から本人さえも知らなかった疾病情報などが明らかになり、その情報の価値が本人に知らされずに利用されてしまうおそれもあります（たとえば、あるアメリカ人女性から採取された細胞は、本人や遺族の知らないままポリオワクチンやクローン技術などノーベル賞級の研究に広く利用され、女性の名前をとって「ヒーラ細胞」と呼ばれる有名な研究試料になっています）。このように、被験者の情報を用いる医学研究では、プライバシーへの配慮が特に求められるため、研究者の研究の自由が制限されることがあるのです。自己情報コントロール権（→第12章）の考え方に基づけば、本人には、同意なしに情報を利用されない権利だけではなく、同意後にも開示や訂正、削除の請求権が確保されていなければなりません。

ところで、健康に関する情報が取り扱われるのは医療（診療）の場合も同じなので、医学研究におけるプライバシー権の保護に特有の問題はないと思うかもしれません。しかし、医療と医学研究には大きな違いがあります。医療は医学研究とは異なり患者本人のために行われます。そのため、患者の情報を得たり転院や検査のために他の医療機関に患者情報を共有したりするときに、その都度本人の同意を得なければならいとすれば、対応が遅くなってかえって患者の健康利益に反する結果を生じてしまうかもしれません。そこで、医師には秘密保持義務が課されているものの（刑134条など）、患者の治療に必要な範囲でプライバシーに属する情報を患者に問診し記録することが義務付けられていたり（医師法24条など）、他機関と共有したりすることが認められたりしています（「医療・介護関係事業者における個人情報の適切な取扱いのためのガイダンス」33頁）。一方、医学研究は（たしかに患者が新しい治療法に一縷の望みを託して被験者として協力する場合もありますが）本来的には、将来の患者の治療に役立つように医学の発展を目指して行われるのであり、社会的・公的利益が追求されるものです。医学研究では、研究者が被験者の利益よりも研究の遂行を優先してしまわないように、被験者のプライバシー権を含む権利利益を厚く保護する必要があると考えられます。

とはいえ、医学研究で取り扱う情報のすべてを被験者本人のコントロールに完全に服さしめることには異論もあります。遺伝情報のように、被験者だけではなくその家族にも関わる情報は、被験者から提供された情報だからといって本人の意思のみで取り扱い方を決めてしまうと、家族のプライバシーを侵害し、かえって不適切な情報処理が行われてしまうことになりかねません。医学研究においては、取り扱う情報の性質や利用態様、プライバシー権への影響等を考慮して、ケースバイケースでプライバシー権の保障の程度や範囲を検討しなければならないのです。

2　様々なプライバシー保護規範

では、どのような法的仕組みの中でプライバシーの保護が図られているのでしょうか。

まず、被験者情報のうち個人情報にあたるものついては、個人情報保護法制が適用されます。すでに第12章で学習したとおり、個人情報保護法制は、民間部門と公的部門に共通の個人情報保護法（以下、個情法）第１章～第３章を基礎に（第１層)、民間部門に関する同法第４章～第７章、公的部門に関する行政機関個人情報保護法（以下、行個法)、独立行政法人等個人情報保護法（以下、独個法）および地方公共団体等の条例が別々のルールを定めていました（第2層)。私立の研究機関や医療機関のほか、国立大学法人、国や地方公共団体の研究機関や医療機関など、様々な主体が医学研究を行っており、主体に応じて適用される第２層レベルの法令が異なっていました。しかし、2021年の個人情報保護法等の改廃によって、順次ルールが一元化されました。さらに、第３層に、医学研究における情報の取扱いについて定める特別法として、次世代医療基盤法（正式名称：医療分野の研究開発に資するための匿名加工医療情報に関する法律）などの法令や指針が存在しています。一方で、医学研究には個情法の規制が及ばないケースもあり、次にみる倫理規範が重要な役割を果たしています。

次に、医学研究においては、研究者は生命倫理・職業倫理規範の遵守が求められ、その枠内でプライバシー情報の保護が図られています。インフォームドコンセントは、研究者が被験者に対して研究について十分な説明を行ったうえで、被験者が圧力のない自由な立場からそれを理解し、研究に参加するという意思表示を行うことをいいます。この過程で研究者は、プライバシー情報の取扱いに関する説明や被験者の意思の確認をすることが求められます。また、倫理規範には、本人の意思に関わりなくプライバシー情報の適正な取扱いが定められている場合もあります。こうした倫理規範の多くは、行政機関が示す指針や国際的ないし国内の医学研究者団体が自ら定めるガイドライン等の中で規定されています。

このように、医学研究におけるプライバシー情報の取扱いのルールは、一般的な個人情報保護法制で規律されるスキームと、倫理規範の枠内で規律されるスキームが並行して存在しています。個人情報保護法制とは相反するルールが

【図表15-1　医学研究の分類】

倫理規範上に定められているケースもみられましたが、個情法に合わせて倫理規範を定めた指針等を改正することによって、徐々に整合化が図られています。近年では、臨床研究を行う研究者の責務を定めた「人を対象とする医学系研究に関する倫理指針」(「医学系指針」、2014年)が、個情法の改正と足並みをそろえて改正され、インフォームドコンセントや個人情報保護のルールも改められてきました(現在は「統合指針」として、2021年6月1日から施行されています)。

3　医学研究の分類

医学研究は非常に広い範囲の研究活動を含み、それらの目的や対象、他者や社会に与える影響も一様ではありません。とりわけ、プライバシー保護に対して影響が大きい医学研究のカテゴリーとして、人や人に由来する試料や情報を用いる研究である「臨床研究」と、そのなかでもとくに被験者に対する介入を伴う「臨床試験」が注目されます。

医学研究に関する特別法や倫理規範上の規制として、たとえば次の規範が存在します。

・クローン技術規制法(2000年):クローン技術研究に関する規制

・再生医療法（2013年）：一部の再生医療の研究・臨床に対する規制
・臨床研究法（2017年）
・医薬品医療機器等法とGCP省令（1997年）：医薬品等の「治験」に関する規制
・統合指針（2020年）：上記法令の規制を受けない臨床試験に対する規制
・遺伝子治療等臨床研究に関する指針（2019年全部改正）
・ヒトES細胞に関する諸指針

3　個人情報保護法制の医学研究への適用

被験者情報のうち個人情報にあたるものは、原則として個人情報保護法制の枠内で保護されますが、個情法には研究目的の個人情報の利用について「適用除外」規定が設けられているため、医学研究には個情法の規制が及ばないケースも多くあります。

1　例外規定・適用除外規定と学問の自由

個情法上の「個人情報」には、氏名など識別可能情報のほか、DNA塩基配列や容ぼう、静脈の形状などの個人識別符号をはじめ、医学研究で利用される情報の多くが該当するので、個人情報取扱事業者には、個人情報の保護に関する様々な規律が及びます。また、病歴をはじめ、心身機能の障害、健康診断等の結果、保健指導・診療・調剤の事実などは要配慮個人情報にあたるので、取得、目的外利用および第三者提供に際し、原則として被験者本人のオプトイン同意が必要とされます（→第12章）。

しかし、こうした個人情報保護法制上のルールが医学研究を遂行する支障になり、ひいては医学の発展や学問の自由を制約するおそれはないでしょうか。診療で得られた患者情報が後になって研究に非常に有用な情報であるとわかっても、患者本人にコンタクトをとることができずに本人同意を得られないことや、他の共同研究機関と被験者の情報を共有したくても第三者提供の制限にかかってしまうこともあります。個情法が学問研究の自由を過度に制限することが懸念されるのです。そこで個情法は、学術研究目的の個人情報の取扱いについて、「適用除外規定」を設けています。

利用目的による制限、要配慮個人情報の取得のための本人同意、第三者提供の制限について例外が設けられています（個情法18条3項・20条2項・27条1項)。学術研究機関等が学術研究目的で個人データや要配慮個人情報を取り扱う場合に、個人情報取扱事業者の義務が一部適用されないわけです。たとえば、医療サービスや医薬品などに関する医学研究の発展に資する目的で民間の機関が個人情報を利用する場合がこうした例外状況にあたります（『制度改正大綱』(2019年12月13日))。

2021年の個情法改正前は、学術研究機関等はすべての義務の適用を包括的に除外されていましたが、改正によって、個別の義務毎に、適用除外が明示されるようになりました。改正前は、「大学その他の学術研究を目的とする機関若しくは団体又はそれに属する者」が「学術研究の用に供する目的」で個人情報を取り扱う場合には、同法第4章の個人情報取扱事業者の義務規定を適用しないと定められていました（旧76条1項3号)。この適用除外を受ける個人情報取扱事業者は、個人データの安全管理や個人情報等の適正な取扱いを確保するために必要な措置を自ら講じ、措置の内容を公表するように努めなければなりませんが、個別的な義務は適用されません。改正後も、個人情報の利用目的による制限や要配慮個人情報の取得制限は例外的に適用されず、個人情報を第三者に提供する際の本人同意も、場合によっては不要です。一方、個人データの安全な管理や、本人からの開示請求に応じるべき義務は、学術研究の場合にも適用されます。学問の自由を尊重して学術研究活動を阻げないことと、プライバシーの保護とを両立しようとする仕組みが精緻化してきたといえます。

2　適用除外の対象

2021年の個情法改正によって、学術研究に関するルールの「対象者」についても整理が行われました。改正前は個情法上の義務は民間事業者を対象とするものであり、適用除外の対象となるのは、民間の学術研究機関（典型的には私立大学）や学会に所属する研究者でした。独個法は第三者提供についてのみ例外規定があり、行個法ではそれさえありませんでした。したがって、個情法上の適用除外を受ける私立大学などとは異なり、国立大学や国公立の医学研究センターなどは、たとえ大学やそれに匹敵する学術研究機関であって、研究目的で個人情報を取り扱う場合でも義務を免れないということになり、私立大学との間でアンバランスが生じていたのです。とくに、国公立の研究機関と私立の研究機関が共同で行う研究を妨げてしまうおそれが指摘されていました。学問の自由を過度に制約してしまうことが懸念されていたのです。

また、個情法の適用対象になる民間機関の場合でも、問題が生じる可能性はありました。たとえば、医薬品の開発研究を行う民間企業や新しい治療法を研究する民間病院などが研究プロジェクトを実施したり参加したりすることが多くありますが、学術研究機関ではないため、適用除外が認められるかどうか強い疑問がありました。そこで個人情報保護委員会は、研究グループは「その実質や外形が１つの機関としてみなし得るものであるならば」、研究グループに参加する研究者や機関は、所属機関の性質を越えて「学術研究機関等」として適用除外を受けるという解釈を示しました（個人情報保護委員会「『個人情報の保護に関する法律についてのガイドライン』および『個人データの漏洩等の事案が発生した場合等の対応について』に関するＱ＆Ａ」（2017年２月16日）Q8-４）。大学などと民間企業が１つの研究グループを構成する場合や、民間企業のみで研究を行う場合にも、適用除外の対象となることが示されましたが、法律の素直なよみ方といえるかどうか疑問が残っていました。

2021年の個情法改正では、個情法、行個法、独個法、個人情報保護条例が統合され、国公立の病院や大学等にも原則として民間の病院や大学と同様のルールが課されることになり、適用除外についてもルールが統一されました。

3　適用除外規定と学問の自由

憲法の観点からみると、適用除外に関する「研究グループ」解釈は批判されうるものでした。先にみたように、憲法23条は大学等の研究者に特別な地位を与えています。大学等の研究者であれば、学問研究コミュニティ内の相互批判のプロセスの中でチェックがはたらいて、適正な研究活動が行われるという信頼が背景にあるからです。もし個情法がこのような憲法23条の考え方をうけて、学問研究コミュニティによる自主的な個人情報保護に期待して義務を免除しているならば、適用除外の直接の対象は大学等に所属する研究者のみであると考えるのが自然かもしれません。この考え方によれば、必ずしも学問専門的な自浄作用を期待できない民間機関の研究者にまで義務の免除を認めることは、被験者のプライバシー情報を不当に取り扱うリスクを高めるものです。2021年の個情法改正の際には、研究活動に官民の違いはほとんどないと考えられました。ルールの明確化によって、研究者にとって、官民の機関をまたいだ共同研究を行いやすくなりイノベーションの促進が期待されています。また、被験者にとっても、自分の情報がどのようなルールの下で取り扱われるのかが分かりやすくなったというメリットがあります。

なお、学術研究に関する適用除外は、学問コミュニティで通用するような「研究」を対象とするものです。学術研究機関等が行うものでも、たとえば医学研究に関する各種指針を遵守せずに行われるものは、適用除外をうけないと考えられます。

4　特別法による調整

個人情報の保護によるプライバシー権の保障を確保しつつ、研究活動の尊重やデータを用いたヘルスケア産業を促進するための仕組みもつくられてきました。それが第３層の、医学研究を対象とする特別法です。

たとえば、次世代医療基盤法（2017年）は「健康・医療に関する先端的研究開発及び新産業創出……を促進し、もって健康長寿社会の形成に資することを目的」に（１条)、「匿名加工医療情報」に関する仕組みを創設しました。個人情報から個人識別性を除去し個人情報保護法制の規制を外すことによって、情報の研究利用の可能性を広げられることに着目した法律です。この仕組みでは、医療機関等が行政によって認定された「匿名加工医療情報作成事業者」に「医療情報」を提供する場合には、オプトアウトによって本人同意を得ることができます。オプトアウトとは、情報を利用されたくない場合には申し出るという同意の表明の仕方で、医療機関等は、そのような申し出がなければ、匿名加工を行うために医療情報をつかうことができます。通常よりも第三者提供に関する本人同意の取得手続が簡易化されているのです。また、匿名加工医療情報作成事業者は、作成した匿名加工医療情報を研究機関等に提供することができるので、研究機関は自ら匿名加工を行う必要がありません。このような次世代医療基盤法上の仕組みを利用して、投薬後の有害事象情報を集積して安全な医薬品の開発に役立てたり、大量の画像を AI に学習させ診療支援システムを研究したりすることが期待されています。

4　倫理規範におけるプライバシー権の保護

3では、学問研究で個人情報を利用する場合には個人情報保護のルールが緩和されていることをみました。しかし、研究者は被験者のプライバシーに配慮しなくてよいというわけではありません。個情法上、ルールが緩和される場合でも、研究者の倫理規範上は、やはりプライバシーの尊重が求められるからです。

医学研究者の倫理規範の基本的な考え方示している「ヘルシンキ宣言」(世界医師会、2013年最終改訂) は、ナチスによる人体実験をはじめとする非人道的な医学研究が行われた過去を踏まえ、「特定できる人間由来の試料およびデータの研究を含む、人間を対象とする医学研究の倫理的原則」(1項) を表明する世界的権威のある文書です。ヘルシンキ宣言は、「被験者の生命、健康、尊厳、完全性、自己決定権、プライバシーおよび個人情報の秘密を守ることは医学研究に関与する医師の責務である」(9条) とし、被験者のプライバシーや個人情報の保護が研究者たる医師の倫理的・職業的責務であることを強調しています。そして、こうした被験者の利益は、適正な研究遂行の義務とともに、被験者の「インフォームドコンセント」を必須とする仕組みによって保護されています。

こうした考え方を反映して、日本では「人を対象とする生命科学・医学系研究に関する倫理指針」(「統合指針」、2022年3月10日一部改正) が、人間の尊厳と人権を守り、研究の適正な実施を推進するために、人を対象とする生命科学・医学研究に携わるすべての関係者が遵守すべき事項を定めています。大枠としては、研究者に対し、研究計画書の作成と倫理委員会での審査、被験者のインフォームドコンセントの取得の責務を課しており、個人情報等の適正な取扱いや被験者情報の利用に関する本人同意などもこの枠内で確保されています (統合指針第2章)。

1　情報の利用に関する被験者のインフォームドコンセント

統合指針によれば、医学研究者は、インフォームドコンセントを得るために被験者に個人情報の取扱い（匿名化の方法等を含む）や試料・情報の保管と廃棄の方法、研究結果の取扱い、試料・情報が将来の研究のために用いられる可能性と他機関に提供される可能性の有無、被験者に生じる負担や、被験者に同意を撤回する権利があること等について説明を行わなければなりません。インフォームドコンセントは、研究者が明快な説明を行った上で被験者の真摯な同意を得る手続であるため、一般的には、個人情報保護法制上の本人同意よりも丁寧な手続であるといえます。統合指針は、被験者が研究に参加することによって被るリスクや負担に応じて研究を分類した上で、リスクや負担が大きいものについてはより厳格なインフォームドコンセントをとるように求めています。研究活動の遂行と被験者の保護の繊細なバランスをとるために、複雑で細かな構造のルールを設けているのです。一例として、被験者の人体試料や情報を用いた研究（心身への侵襲や介入を伴わない、いわゆる「観察研究」）に着目すると、まず、研究のために新たに人体試料や情報を取得して行う研究と、診療の過程で患者から得られた既存の試料や情報等を当該自機関で用いて行う研究に分類し、それぞれについて、利用する試料や情報の性質に応じて、インフォームドコンセントのとり方（文書または口頭でのオプトイン、通知や公開によるオプトアウト）やその緩和の可能性について定めています。

研究結果として得られた情報が被験者の発病の可能性を示すなど、プライバシーに深く関わるセンシティブな情報を含むケースも多くあります。被験者は専門的な情報を知らされただけでその意味を十分に理解できるとは限らず、研究結果を知らされることによって健康や心理、生活に大きな影響を受ける場合もあります。そのため、研究結果の説明の方針や研究によって明らかになると予測される事柄はあらかじめ被験者に示されている必要がありますが、実際に結果の説明を行うかどうかについては、被験者の意思が尊重されなければなりません。いわば「知らない権利」が確保されているのです。では、遺伝情報の解析結果から遺伝病の可能性があることが分かった場合など、被験者や血縁者等の生命に重大な影響を与えることが判明した場合はどうでしょうか。有効な対処方法があるときには、研究責任者は、倫理審査委員会の意見を求めた上で被験者に説明を行わなければならないとされています。被験者のプライバシーや自己情報コントロール権の保護とともに、被験者が自己の健康のための選択を適切に行うことができるような支援体制の構築が必要なのです。

2　情報の適正管理

研究責任者は、保有する個人情報の安全管理措置を講じなければなりません。統合指針には、研究者や研究機関の長が個人情報保護法制を遵守し、情報の取得・管理や本人の権利の保護を図るべき責務が定められています。具体的には、研究者等には記録の正確性の確保と漏えい等の防止、研究機関の長には保管に関する手順書の作成と監督や一定期間の情報保管義務が課されています。さらに、個人情報保護法制を超える要請として、死者の情報についても、尊厳と遺族等の感情に配慮して、生存者の個人情報と同様の措置をとることが求められています。

3　どのように倫理規範の尊重をチェックするか

以上にみた倫理規範が遵守されているかどうかは、主には倫理審査委員会への付議を通じて、研究機関や研究グループの内部でチェックされます。個人情報を取り扱う研究であっても、個人情報保護委員会は監督しません（ただし、研究機関は、独自に定めた倫理規範を公表しておかなければなりません）。また、指針やガイダンスに違反したからといって刑罰や行政上の制裁が課されるわけではありません。しかし、日本では指針やガイダンスが実務に浸透しているため、倫理審査委員会の制度がプライバシーの保護を含む研究活動の適正をチェックする役割を果たしています。

統合指針上の倫理審査委員会は医学・医療等の自然科学と倫理学・法律学等の専門者、一般の者など、機関の内外の５名以上の委員から構成されます。研究責任者は研究を実施してよいかどうかについて倫理審査委員会の意見を聴かなければなりません。もし倫理審査委員会が研究の停止や研究計画書の変更の必要性を指摘した場合には、研究責任者はその意見を尊重して対応する必要があります。このように、国は研究者らの相互チェックの枠組みを指針によって示すことで、研究者が被験者のプライバシーをはじめとする利益の保護を自主的に図るよう、奨励する仕組みがつくられています。研究者の理性的な研究活動を保護する学問の自由の理念の下で、被験者のプライバシーが十分に保護されることが期待されています。

◀コラム：パーソナル情報の管理は感染症対策の要?!▶

新型コロナウイルス感染症（以下「コロナ」）対策では、感染者や濃厚接触者などの情報の利用が、蔓延防止対策の成功を左右したといっても過言ではありません。

たとえば、感染者が増えると保健所が対応に追われ、パンクしてしまうというニュースがありましたが、なぜ感染者が増えると保健所の業務も増えるのでしょうか。もちろん重症度に即して感染者をトリアージ（選別）したり、自宅療養患者の健康観察を行ったりする業務も増えますが、感染者や濃厚接触者の病歴や行動履歴などの聴き取り業務にも、多大なマンパワーを必要とします。丹念な聴き取り業務によって得られるのは、感染者の症状や既往歴などの医療情報だけではなく、職業や交友関係、感染した頃の行動履歴も含みます。

これらの情報のながれを法令等の規定に即して読み解いてみましょう。「感染症の予防及び感染症の患者に対する医療に関する法律」（「感染症法」）は、一部の感染症に感染している患者を診断した医師が、県知事に届出をしなければならないことを定めています（12条）。コロナの場合、医師は、感染の診断の都度、届出をしなければなりません。以前はFaxで届出が行われていましたが、2020年５月から、全国一律の情報共有システム「HER-SYS」が導入され、届出のデジタル化がすすめられました。

県知事を通じて情報を受け取った保健所は、感染者本人に「積極的疫学調査」（15条）とよばれる聞き取り調査を実施します。発症日から２週間前までの行動歴（いつ、どこで、誰と、接触の状況など）を聞いて、感染源の探索、濃厚接触者の特定に役立てるためです。2021年２月12日の感染症法改正では、積極的疫学調査への協力命令に対して、正当な理由なく拒否したり虚偽の回答をしたりする者に30万円以下の過料が科されることになりました。

行動履歴や交友関係などの私的な情報や診断情報は、プライバシーの中核を成す重要な情報であるため、本来、本人の同意なく医師から行政に提供されることも、本人が提供を強制されることもありません。しかし、個人情報保護法では、法令にもとづく場合、本人の同意なく個人情報を取得したり第三者に提供したりすることができるとされています。

とはいえ、たとえ法令で認められているからといって、本人の同意なくあらゆる情報を行政に知られてしまうことは、プライバシー権を過度に制限してしまい、適切ではありません。感染症対策のために本当に必要な情報だけが利用される仕組みが求められます。

そこで、コロナ対策では、できるだけプライバシー情報を利用せずに感染症対策を行う仕組みも開発されました。接触者確認アプリ「COCOA」がその一例です。「COCOA」は、スマートフォンを持っている人が任意でインストールするアプリで、Bluetoothを利用してユーザーどうしの接触を記録します。感染者が自ら「陽性」を登録すると、感染者との接触の可能性があるユーザーに、感染者と接触者がお互いを分からないかたちで通知が届きます。また、行政は接触者に検査の勧奨を行いますが、陽性者や接触者の情報をアプリから直接得ることはできません。このほかにも、接触情報がユーザー本人の端末内にのみ記録され、14日間を経過すると自動的に消去されるなど、プライバシーフレンドリーな設計が「COCOA」の特徴です。こうした仕様は、諸外国と比べてもプライバシーに相当配慮した設計でした。韓国では、アプリを通じて感染者のGPS位置情報を中央サーバーに集め、これとクレジットカードの使用履歴や監視カメラから得られた情報もあわせて分析し、感染者の行動歴を政府ウェブサイトで公開する仕組みを採用しました。ヨーロッパでも、Bluetoothから得られたユーザーの情報を中央サーバーに記録するアプリを採用したイギリスやフランスのような国もありました。

一方で、アプリをめぐっては新しい問題も指摘されています。「COCOA」は、GoogleとAppleが提供するAPIをつかっていますが、たとえばフランスでは、海外のデジタルプラットフォーマーが開発したシステムを使うことは避けられました。公衆衛生政策は国が責任をもって行うべきであり、そのシステムやアルゴリズムを決め、プライバシーを守るのも国の役割であると考えられたためです。つまり、感染情報の利用は、他国や他国のプラットフォーム事業者（プラットフォーマー）の主導ですすめられるべきではなく、国家の独立、つまり主権の問題にかかわる、というのです。コロナ対策を通じて、パーソナル情報の管理が「デジタル主権」の要でもあることが浮き彫りになったといえます。

第16章　広告と消費者保護

1　消費者保護の基本理念

1　私的自治の原則とその修正

本章の前半では、消費者を不当な契約から保護するための消費者法について、広告の規制という観点を中心に説明します。後半では、現代のデジタル取引において出現した新しい問題を紹介し、消費者法がその問題に対処する必要性について検討します。

契約についての基本的な定めは私法の基本法典である民法に置かれています。民法を貫く大原則の１つに私的自治の原則があります。これは「個人は他者からの干渉を受けることなく、みずからの意思に基づきみずからの生活関係を形成することができ、国家はこうして形成された生活関係を尊重し、保護しなければならないとの原則」〔潮見 2019：3－4頁〕です。経済的取引の場面でこの原則は「契約自由の原則」として現れます。契約は当事者の意思により締結されるものであり、当事者以外（国家を含む）から干渉されることはないという原則です。ここでは両当事者は対等な存在と想定されています。

とはいえ、当事者が契約する意思を表示し合意したというだけであらゆる契約が両当事者を拘束するわけではありません。まず、みずからの意思に基づいているといえるためにはその意思表示が真正のものである必要があります。意思表示に何らかの瑕疵（欠損があること）があれば、契約は有効に成立していないと考えられます。そこで民法は心裡留保（真意ではない意思表示をした場合、民93条）、通謀虚偽表示（真意ではない意思表示であって意思表示の相手方との間に通謀があった場合、民94条）、錯誤（表意者の主観と現実との間に食い違いがある場合、民95条）、詐欺（欺罔された〔＝騙された〕表意者の意思表示の場合、民96条）、強迫（強迫された表意者の意思表示の場合、同条）の５類型を規定し、それぞれの場合に意思表示が有効になるか否かを定め、一定の場合に表意者の取消権を認めています。また、たとえ瑕疵のない意思表示によって成立した契約であっても、その内容が公の秩序や善良の風俗（公序良俗）に違反するものであった場合（民90条）や、その公序良俗が具体化されたと考えられる民法上の諸規定（強行法規）に違反している場合（民91条）等、民法上の基本原理に違反する場合には契約が無効となります。これらの規定により、不当な契約にある程度対処することが可能でしょう（詳細は［潮見 2019］のような民法の教科書を参照）。

しかし、こうした契約を無効あるいは取消可能にする要件を満たすためには高いハードルをクリアしなければなりません。たとえば、詐欺による意思表示の取消しが可能となるためには、①詐欺者の故意、②欺罔行為、③欺罔行為の違法性、④欺罔と意思表示との間の因果関係の４要件を満たす必要があります。①・④では、相手を錯誤に陥らせることと相手が意思表示したことの双方につき故意および因果関係が存在することが必要とされています（二段の故意、二重の因果関係）。③も信義則に反するような違法性が求められており、取引通念に反しないような誇張など軽微な欺罔行為はあてはまらないとされています［潮見 2019：54頁、栗田 2019：420-421頁］。現実の裁判でこれらを立証するのは簡単ではありません。

消費者契約（消費者と事業者とが締結する契約のこと、消契２条３項）で問題なのは、取得できる情報の質・量や交渉力、判断力の面で消費者が構造的に劣っていることです。この格差を是正しないことには消費者は一方的に不利な契約を結ばされるばかりです。そこで消費者契約において民法上の私的自治の原則（とりわけ契約自由の原則）を修正し、消費者に民法が認める以上の権利を与えるとともに、事業者に一定の規制をかけることで、両者の構造的格差を是正する「消費者法」が生まれました。

「消費者法」という名称は１つの法律の名称ではなく、消費者の保護に関する諸法律の総称です。その中でも基本的な理念や大枠の目標を定める法律が消費者基本法です。同法は１条において「消費者と事業者との間の情報の質及び量並びに交渉力等の格差にかんがみ、……消費者の利益の擁護及び増進に関する総合的な施策の推進を図り、もつて国民の消費生活の安定及び向上を確保することを目的とする。」と定め、消費者の権利尊重や自立支援といった基本理念や、国、地方公共団体および事業者の責務等を定めています（基本理念を定める同法2条も参照)。消費者に与えられる具体的な権利や事業者に加えられる規制については、消費者契約の種類に応じて個別の法律が定められています。本章では広告の規制を中心に取り上げます。

2　営利的言論の自由（補論）

本論に入る前に、憲法が広告をどのように保護しているかを概観しておきます。一定のモノやサービスを取り引きするよう申し出る行為を商業広告または営利的言論と呼ぶことがあります。表現の一形態ではありますが、表現の自由（憲21条1項）によるその保護の有無や程度については憲法学説の間で争いがみられます。多くの学説は営利的言論にも表現の自由の保障が及ぶとしながらも、それが自己統治の価値に仕えないとか、その真実性・正確性を容易に把握できるため政府による規制が濫用される危険が少ないことなどを理由に、他の表現形態に比べて保障の程度が低くなるとします［芦部 2019：201頁、長谷部 2018：215頁］。

判例は営利的言論が憲法21条1項で保障されるか否かを明言せず、その判断枠組みに立ち入って判示することもなく、その規制立法を合憲としています。リーディングケースはあん摩師等法違反事件（最大判1961〔昭36〕・2・15刑集15巻2号347頁）です。旧・あん摩師はり師きゆう師及び柔道整復師法（現・あん摩マツサージ指圧師、はり師、きゆう師等に関する法律）4条は方法を問わず法定の事項以外の広告を禁じていましたが、この規定が憲法に違反しないかが争われました。最高裁は、あん摩師等の広告を「無制限に許容するときは、……虚偽誇大に流れ、一般大衆を惑わす虞があり、その結果適時適切な医療を受ける機会を失わせるような結果を招来する」可能性があり、本規制はその弊害を「未然に防止するため……国民の保健衛生上の見地から、公共の福祉を維持するためやむをえない措置」であるとして、合憲と判断しました。このような簡単な理由付けで営利的言論の規制を許容する姿勢は近時においても引き継がれています（参照、最判2016〔平28〕・12・15判時2328号24頁〈京都府風俗案内所規制条例事件〉）。

2　代表的な消費者法の概観――広告規制を中心に

1　消費者契約法

ここからは代表的な個別の消費者法を、とりわけ広告規制を中心にごく簡単に紹介していきます。

まず消費者契約法です。同法は消費者の権利を拡張することなどにより「消費者の利益の擁護を図り、もって国民生活の安定向上と国民経済の健全な発展に寄与することを目的とする」（消契１条）法律です。同法では、消費者は「個人（事業として又は事業のために契約の当事者となる場合におけるものを除く。）」（同法２条１項）、事業者は「法人その他の団体及び事業として又は事業のために契約の当事者となる場合における個人」（同条２項）と定義されています。同法は３つの柱から成り立っています。第１に、事業者の不当な勧誘行為のために消費者が誤認・困惑により消費者契約を締結する意思表示をした場合等に、消費者にその取消権を認めることです。第２に、消費者契約の契約条項中、消費者の利益を不当に害する項目を無効とするものです。第３に、一定の消費者団体に事業者の不適切な勧誘行為や不当条項の使用の差止めを請求する権利を認めるものです。

消費者取消権をもう少し詳しくみていきます。それは大別すると、(a) 事業者の誤認惹起行為と (b) 困惑惹起行為に由来する消費者契約に認められています。(a) は消費者に契約の内容やそれに関連する情報についての誤認を与えた場合であって、３つの類型があります。①不実告知（重要事項〔同法４条５項１～３号〕について事実と異なることを告げ、それが事実であるとの誤認を生んだこと、同法４条１項１号）、②断定的判断の提供（消費者契約の目的物に関して、将来における変動が不確実な事項につき断定的判断を提供し、その断定的判断の内容が確実であるとの誤認を生んだこと、同条項２号）、③不利益事実の不告知（重要事項または当該重要事項に関連する事項について当該消費者の利益となる旨を告げ、かつ、当該重要事項について当該消費者の不利益となる事実を故意または重大な過失によって告げずに、当該事実が存在しないとの誤認を生んだこと、同条２項）の３つです。

(b) は消費者に何らかの困惑を引き起こした場合であって、８つの類型があります。①不退去、②監禁、③不安を煽る告知、④恋愛感情等に乗じた関係破綻の告知、⑤加齢による判断能力の低下に乗じた不安の煽り等、⑥霊感商法、⑦契約締結前の義務内容実施による原状回復困難、⑧契約締結前の事業活動実施による損害賠償請求の告知（順に同条３項１～８号）、の８つです（詳細な説明は参照、［鹿野 2020：83-94頁、栗田 2019：421-424頁］）。

2　特定商取引法

（1）　総　論

次に特定商取引法（正式名称：特定商取引に関する法律）です。同法は、不意打ち的な訪問販売や電話勧誘販売、マルチ商法などによる被害の増加が社会問題化したことを受けて制定された「訪問販売等に関する法律」を引き継ぎ、そのときどきに社会問題化した取引・販売形態を追加しながら、現行の形となりました［大澤 2020：123-124頁］。同法の目的は、「特定商取引……を公正にし、及び購入者等が受けることのある損害の防止を図ることにより、購入者等の利益を保護し、あわせて商品等の流通及び役務の提供を適正かつ円滑にし、もつて国民経済の健全な発展に寄与すること」（特商１条）です。特定商取引とは、①訪問販売（同法２条１項）、②通信販売（同条２項）、③電話勧誘販売（同条３項）、④連鎖販売取引（同法33条）、⑤特定継続的役務提供（同法41条）、⑥業務提供誘引販売（同法51条）、⑦訪問購入（同法58条の４）、の７つの取引・販売形態を指します。②については、「郵便その他の主務省令で定める方法（以下「郵便等」という。）によ」る販売等が規制対象とされており、同法施行規則（以下「規則」）２条により、ア）郵便・信書便、イ）通信機器または情報処理に供する機器、ウ）電報、エ）預金または貯金の口座に対する払込み、の４つに具体化されています。インターネット取引もイに該当するため規制対象に含まれます。なお、同法では統一的な「事業者」概念は用いられず、特定商取引の類型ごとに規制対象となる主体が規定されています。通信販売規制の対象となるのは、上記のような方法で契約を行う販売業者又は役務提供事業者（＝役務の提供の事業を営む者）（同法２条２項）です。

以下では、通信販売における広告規制に絞って説明を行います（通信販売におけるその他の規制や、他の特定商取引類型については、［栗田 2019：434-455頁］などを参照）。

(2)「通信販売」における広告規制

特定商取引法が通信販売の広告に課している規制は、(a) 法定事項の表示義務、(b) 誇大広告等の禁止、(c) 電子メール広告規制の3つです。(a) として、次の事項を広告中に表示しなければなりません。①商品・権利の販売価格または役務の対価、②代金等の支払時期・方法、③商品引渡し（権利は移転）の時期または役務の提供時期、④売買契約の申込みの撤回・解除に関する事項、⑤その他主務省令で定める事項、の5つです（特商11条各号）。⑤としては、販売業者等の氏名・名称、住所、電話番号等が挙げられています（規則8条各号）。

(b) として、商品の性能や売買契約の解除などの一定事項につき、著しく事実に相違する表示をしたり、実際のものよりも著しく優良・有利であると人を誤認させるような表示をすることが禁止されています（特商12条の2）。

(c) として、電子メールを送信する形での広告は相手方の承諾がなければ原則として禁止されています（同法12条の3）。いわゆるオプトイン型の規制です。

これらの規制に違反した場合は、主務大臣からの指示や業務停止命令、業務禁止命令の対象となります（同法14条1項・15条1項・15条の2第1項）。また、(b) の違反には刑事罰が科される場合もあります（同法72条1項1号）。

3　景品表示法

最後に景品表示法（正式名称：不当景品類及び不当表示防止法）です。同法は「商品及び役務の取引に関連する不当な景品類及び表示による顧客の誘引を防止するため、一般消費者による自主的かつ合理的な選択を阻害するおそれのある行為の制限及び禁止について定めることにより、一般消費者の利益を保護することを目的」（景表1条）としています。同法で事業者は「商業、工業、金融業その他の事業を行う者」（同法2条1項）とされています。また、景品類は「顧客を誘引するための手段として、……事業者が自己の供給する商品又は役務の取引……に付随して相手方に提供する物品、金銭その他の経済上の利益であつて、内閣総理大臣が指定するもの」（同条3項）、表示は「顧客を誘引するための手段として、事業者が自己の供給する商品又は役務の内容又は取引条件その他これらの取引に関する事項について行う広告その他の表示であって、内閣総理大臣が指定するもの」（同条4項）と定義されています。表示についての内閣総理大臣の指定として、公正取引委員会が「不当景品類及び不当表示防止法第2条の規定により景品類及び表示を指定する件」（以下「定義告示」）を定めており、定義告示2項5号が「情報処理の用に供する機器による広告その他の表示（インターネット、パソコン通信等によるものを含む。）」としていることから、インターネット上の広告等も規制対象となります。

景品表示法上の規制は（a）不当表示規制と（b）景品規制とに大別されます。（a）は一般消費者に誤認される表示であって、不当に顧客を誘引し、一般消費者による自主的かつ合理的な選択を阻害するおそれがあると認められるものを意味し、3つの類型が定められています。①優良誤認表示（商品・役務の内容につき、事実に反して、著しく優良であると示す表示）、②有利誤認表示（商品・役務の価格等の取引条件について、事実に反して、著しく有利であると一般消費者に誤認される表示）、③その他の不当表示（商品・役務の取引に関する事項について一般消費者に誤認させるおそれがある表示であって、内閣総理大臣が指定するもの）、の3つです（順に景表5条1項1～3号）。①について、事業者が表示の裏付けとなる合理的な根拠を示す資料の提出しない場合も、優良誤認表示に該当するとされます（不実証広告、同法7条2項）。

（b）は不当な顧客の誘引を防止し、一般消費者による自主的かつ合理的な選択を確保するため必要があると認めるときには、内閣総理大臣が景品類の価額の最高額、総額、種類、提供の方法等を制限し、または景品類の提供を禁止することができるというものです（同法4条）。これを受けて、公正取引委員会が複数の告示において、懸賞や景品に関する具体的な制限を規定しています（以上につき［栗田 2019：446-448頁］）。なお、判例は本規定を合憲としています（最判2022（令4）・3・8裁判所HP）。

3　デジタル社会における新たな問題――ターゲティング広告を例に

1　ターゲティング広告とその問題性

近時登場した新しい広告手法としてターゲティング広告があります。これはユーザー情報や利用コンテンツ情報等の分析に基づいて個人の属性や好み等を割り出し、それに合わせて広告の内容やその表示方法を変化させる広告手法で、いうなれば「あなただけの広告」です。たとえば、筆者は本章執筆時点で日本に住む30歳代の独身男性ですが、筆者が利用していたSNSには日本で利用可能ないわゆるマッチングアプリサービスの広告がかなり表示されていました。「日本在住」「30歳代」「独身」「男性」という私の属性を元に、そうした人々に対して広告を出したいと考えている事業者のモノ・サービスが紹介されているのです（デモグラフィックターゲティング）。また、ECサイトで何気なく商品を検索すると、それ以外のウェブサイトでも同じような商品に関する広告が大量に表示されるといった経験はないでしょうか？　これもウェブサイトの閲覧履歴を元にあなたが現在好んでいるであろう商品が宣伝されているのです（行動ターゲティング）。他にも様々なターゲティング広告が編み出されています（参照、DDAI「ターゲティング広告とは」https://www.ddai.info/about_targeting）。

個人の興味・関心に沿って広告が表示されることには、消費者にとっても事業者にとっても大きなメリットがあります。消費者は世に数多あるモノ・サービスの中から自分の労力を割くことなく自分に合うものを見つけ出すことができますし、全く興味のない広告をみる煩わしさからも解放されます。事業者は自らのモノ・サービスに少しでも興味を持ってもらえるような消費者にアプローチすることができるため、コストパフォーマンスに優れた広告費の利用や売上増加が期待できます。ターゲティング広告は近似の情報技術の進化が生み出した優れた手法のようにみえます。

しかしその一方で、消費者保護との関係で新しい課題を引き連れてくることにもなりました。憲法学者の山本龍彦が紹介する次のような２つのシナリオを考えてみましょう。

【シナリオ１：妊娠予測とベビー用品広告】

スーパーマーケットなどを全国展開するＡ社は、大量の顧客データ（ビッグデータ）を解析して、〈特定の年齢層に含まれる女性で、無香料性のスキンローション、特定のサプリメント、大きめのバッグなどの商品を同時期に購入した者は、妊娠している可能性が高い〉という「パターン」を抽出・発見した。

> A社は、このような「パターン」を、自社の保有する巨大な顧客データベースに当てはめ、そのなかから妊娠している顧客を予測し、彼女たちに対してのみベビー用品のクーポン券を送った。
>
> **【シナリオ2：メタボ予測、不安喚起とダイエット食品広告】**
>
> メタボリック症候群を気にし始めた30代男性であるBさんは、ネット上でダイエット関連の商品をチェックしたり、実際にトレーニング・ジムを見学したりしていた。
>
> ……健康食品会社Cは、Bさんのウェブ閲覧記録や、行動履歴（GPS位置情報）などを継続的・網羅的に収集しており、ビッグデータ分析と、これらの情報を用いたプロファイリングの結果から、Bさんがメタボを気にする30代男性であると予測していた。
>
> そこでC社は、……〔インターネット広告事業者に〕一般的なニュースとともに、メタボの健康リスクを報じるニュースを、Bさんに対してのみ数日間にわたって配信するよう依頼した。
>
> その後、C社は、Bさんがこのニュースを読み、メタボへの不安をさらに増大させていることを他の行動履歴などから確認できたため、そのタイミングでBさんにダイエット食品のネット広告を配信した。［山本 2017：20-22頁。〔　〕内は筆者による補足］

シナリオ1は妊娠している可能性のある顧客を狙ってベビー用品のクーポン券を提供するという一種のターゲティング広告です。一見すると、顧客にとってもスーパーにとっても好ましい広告のように思えます。ですが、妊娠している「可能性」に基づいてクーポンが配付されているわけですから、実際には妊娠していない顧客にとっては自分にベビー用品のクーポン券が届いたことが不思議で仕方ないでしょう。また、実際に妊娠している顧客はこの広告にぞっとしてしまうかもしれません。妊娠している事実は慎重に扱う必要性の高い情報であり、特に妊娠初期の場合は家族や親しい友人以外には口外しない人が多いものです。その情報を教えてもいないスーパーからなぜベビー用品のクーポン券が届くのか、秘密にしていた妊娠の事実がどこかから漏れてしまったのではないか、と不安に感じる顧客は少なくないと思われます。シナリオ2もBさんがメタボを気にする男性であることを念頭に置いたターゲティング広告です。そして、Ｃ社はＢさんのダイエット食品購買意欲を高めるため、メタボによる健康不安が高まるようなニュース配信を仕組んでいます。確かにＢさんにとってダイエット食品は魅力的な商品の１つかもしれませんが、だからといって上記のように不安を煽り、タイミングを見計らって広告を配信するようなやり方は許されるのでしょうか？

このようにターゲティング広告においては、広告のターゲットになっている理由が明らかでないといった問題や、外部に開示していない自己の属性や好み等が推測された上で広告が表示されてしまうといった問題が生じ、さらには広告の効果を高めるために消費者の不安感等をわざと煽るような仕組みが利用されてしまう可能性が指摘されています。以下では、こうしたターゲティング広告を可能にする技術的・学術的背景に触れた後、それが孕む問題をさらに検討していくことにします。

2　背　景

（1）　ビッグデータ解析

ターゲティング広告を可能にする技術的背景として、ビッグデータ解析技術の発達を挙げることができます。ビッグデータとは従来のデータベース管理システムやソフトウェアでは記録や保管、解析が困難になるほどの巨大なデータ群を意味しています。人間は日常生活を送る中で様々なデータを生み出しています。就寝・起床時刻、通勤の経路、スーパーでの購入品、食事のメニュー、商品の探索・購入、運動時の心拍数、と挙げようと思えばキリがありません。これまでこうした情報は記録されることなく忘れられていくか、記録されていたとしても特定の限定的な観点からのみ利活用されていました。たとえば、あなたがとあるスーパーで購入した商品の履歴情報はそのスーパーでのみ記録されることが普通だったのであり、その情報も当該スーパーがオススメ商品のクーポンをあなたに送るといった程度でしか利活用されないでしょう。日常生活から生み出される膨大な情報の相互関連性について我々は知る由もなかったのです。

しかし、インターネット技術の発展を契機に、こうした膨大な情報が記録できるようになり、それらの情報を交換するコストが減少した結果、分断していた情報群を一元管理することが可能になりました。複数の店舗で利用できる共通ポイントカードがその一例です。そのカードの利用者の商品購入履歴を加盟店どうしで共有し解析することで、他の商品の購入も働きかけていくことができるようになりました。

そして、こうした様々な情報の相互関係を発見するビッグデータの解析技術が飛躍的に向上しました。大きな役割を果たしているのは AI（Artificial Intelligent、人工知能）です。AI はディープラーニング（深層学習）と呼ばれる技術を用いて、その目的達成のための手段を自律的に学習していきます。たとえば、顔認証に用いる AI は、大量の人物の顔画像を入力し同一人物か否かを判定させ、その正誤を人間が与えるという作業を継続することで、顔認証の"コツ"を自分で学び、最終的には人間が行うよりも遥かに精確な顔認証をすることが可能になりました。AI が得意とするのはある情報と別の情報との相関関係を見抜くことです。ビッグデータ解析に AI を用いることで、人間の思考では思いもよらなかった情報どうしの関係が明らかになるようになったのです。シナリオ１で描かれたような〈特定の年齢層＋女性＋特定の商品購入⇒妊娠している女性〉という相関関係の発見も、ビッグデータ解析技術の向上がもたらしたものに他なりません。

（２）　行動科学的手法

もうひとつの背景として行動科学（behavioral science）と呼ばれる学問の発達を指摘できます。行動科学は、人間の個人・集団行動の一般法則を客観的な観察や調査によって実証しようとする学問です。その中でも近時は行動経済学（behavioral economics）の目覚ましい発展が続いています。従来の経済学では、人間は経済的合理性のみに基づいて行動する存在（経済人、homo economicus）と仮定し、それをモデルに経済現象を理論化してきました。これに対し、行動経済学では人間をその合理性に限界がある存在として捉え、経済的合理性から逸脱した行動をとるものとして経済現象を理論化しようとしています。人間はバイアスや社会的・文化的影響により最も経済合理的な選択肢以外を選んでしまうことがあり、それが通常の姿なのです。つまり、人間は時々不合理になるのではなく、むしろ「予想どおりに不合理」［アリエリー 2013］というわけです

（行動経済学の入門として同書のほか［カーネマン 2014、バデリー 2018］）。

これを受けて、こうした経済合理的になれない人間の性質を利用して特定の行動をとるよう誘導しようとする、ナッジ（nudge）と呼ばれる技法が現れています。ナッジは元々「肘で軽く突っつく」という意味の英語ですが、ここでは何かを義務付けあるいは禁止するような強制的な手段によらずして人々を特定の行動へと導こうとする手法を意味しており、近時注目を集めています（最初の1冊として［セイラー＝サンスティーン 2009］）。一例を挙げると、手術の成功確率を伝える際、「この手術の成功確率は90％です」と「この手術は10％の確率で失敗します」とでは、手術の成功確率は全く同じであるにもかかわらず、後者の方が手術を受ける人の割合が減少したというものがあります。同じことでもその伝え方によって人間の選択に与える影響は変わるというわけです。ナッジはこうした選択肢の提示方法や環境を工夫したり、初期設定（デフォルト）を活用することで、あくまで選択の自由を確保しながら、しかし特定の選択肢を選ぶ人々が増加することを試みる手法です。

シナリオ2ではメタボの健康リスクに関するニュースを配信してBさんを不安にし、ダイエット食品の購入へと繋げています。これもまた、人間は目の前にあるとか最近経験したといったすぐ利用できる情報に重きを置いてしまいがちというバイアス（利用可能性バイアス）を用いて、Bさんを商品購入へと誘導したナッジの1つと理解することができます。もちろん最終的に購入を決断したのはBさんその人であることに違いはないのですが、そこへ至る過程に事業者による仕掛けがあったことを見逃してはなりません。

3　「媒介される消費者」

アメリカのサイバー法学者ライアン・カロ（Ryan Calo）は、上記の2つの背景により事業者がデジタル市場を事業者に有利なように操作できるようになっていると警告しています。現下のデジタル社会において、消費者はECサイトのような事業者が用意した「場」で商品を購入することが増えています。こうした場では取引内容が注意深く記録され、消費者一人ひとりにつき個人化されています。こうした記録を解析することにより、事業者は取引時の場のデザインを工夫し、消費者に働きかけるタイミングを選択することで、消費者を合理的決定から逸脱させ、事業者に有利になるように消費者のバイアスを強化することができるようになります。このとき両者は対等に取引できておらず、買い手は事業者に「媒介された消費者（mediated consumer）」となっているのです［Calo 2014：1002-1004頁］。

具体的にはこうです。事業者は技術的発展に支えられたビッグデータ解析により消費者の「弱み」（購買意欲が高まるような取引の場のデザインやそのタイミングなど）をみつけ出すことができるようになりました。その弱みの有無・程度には個人差があるものの、個人化された情報解析（プロファイリング）により顧客一人ひとりの弱みが発見できます。こうした弱みをビッグデータから解析するには消費者に関する情報がそれなりに必要となりますが、彼らが情報を積極的に提供したいと思うような仕組みづくりも事業者には可能です。そうしてみつけ出した弱みにつけ込むため、事業者は消費者個人の特性に応じて広告の内容や表示方法、タイミング等を工夫し、それによって実際に個々の消費者にアプローチします。このようにして事業者はどんどんカモを創り出すことができるというのです［Calo 2014：1006-1018頁］。

消費者に関する情報の収集やそのビッグデータ解析が消費者の利益になる可能性があることをカロは否定していません。しかし、事業者がシナリオ１・２に描かれたような広告を行える技術を有し、その一部は現実に行われていることを考えれば、それから消費者を保護する法的な枠組みを検討する必要があるように思われます。

4　問題と対策

（1）　何か問題でも？

消費者に関するビッグデータを解析し、彼らのバイアスを利用する広告を表示することで、商品販売を効果的・効率的なものにしようという、ここまで記述してきた事業者のやり口は確かに不審に感ぜられるかもしれません。ですが、それは本当に問題なのでしょうか？　そうではなく、これまで適正だと考えられてきた商取引の延長線上にしかないものと考えることはできないでしょうか？

ビッグデータ解析によって消費者が積極的に開示していない情報までも事業

者に知られてしまうことが問題の１つでした。けれどもこれは新規の問題とはいえないようにも思えます。百貨店の婦人服の接客担当者は常連客の女性のいつもとは違う様子に気付きました。いままで高いハイヒールを好んで履いていたその客が最近スニーカーを履くようになっていたのです。また、雑談の中で「最近はお酒を控えている」との情報も得ました。なるほど、このお客様はもしかするとご妊娠されているかもしれない。そう思った接客担当者は彼女のライフスタイルの変化を見越した商品を提案することにしました。――こういった例は現実にあることで、かつ問題のある取引だとは考えられていません。有能なビジネスパーソンというのはこういった頭の働きができる人であり、AIによるビッグデータ解析はその最新かつ最強のバージョンに過ぎないのではないでしょうか？

また、こうした商取引の態様は前半に説明した消費者法に直ちに抵触するものではありません。真実でない情報を流しているわけでもなければ、消費者を騙そうとするものでもありません。威圧も加えていませんし、知識不足につけ込んでいると評価することも難しいでしょう（２で見たような諸規制に該当しないことを確認してほしい）。つまり、消費者に幾ばくかの不安を与えるような取引方法だとしても、それに影響された消費者を法的に保護するほどのものではないように思われるのです。

（２）　問題はある！

しかし、従来の取引方法とターゲティング広告のような新しい取引方法との間には同一線上で捉えきれない大きな差異があるとする論者がいます。従来の取引方法で事業者が取得できていた情報の量に比べ、ビッグデータはその名の通り圧倒的に多くなっています。加えて、デジタル市場では取引の環境も事業者が好むようにデザインすることができ、さらに消費者一人ひとりに合わせてそれを変化させることもできます。対人取引や従来の一般的な広告とターゲティング広告のようなデジタル市場取引とを同一視することはできません［Calo 2014：1021-1022頁］。山本も同じく、解析対象となる情報の量の違いから、従来の取引が限られた情報から顧客の好みなどを予測する「内科的手法」であったのに対し、デジタル市場の取引は個人の認知・判断過程に直接侵入することのできる「外科的手法」であるとして、両者の差異を強調します［山本

2014：113-114頁］。

解析対象自体は開示されていた情報であっても、そこから高い精度で推測される情報が開示されていないものであった場合、プライバシーの問題も提起されます。カロはプライバシーを主観的なもの（監視されていることへの不安や戸惑い）と客観的なもの（個人情報が予期せずまたは強制的に用いられたことで不利益を受けたこと）とに区別し、上述のデジタル市場の取引では事業者によって主観的プライバシーが侵害されており、場合によっては客観的なそれをも侵害する可能性があるとしています［Calo 2014：1028-1030頁］。

消費者の弱みにつけ込むという側面を取り上げれば、こうした手法は消費者個々人の自律性や自己決定をも侵害しているとみることもできます［Calo 2014：1031-1034頁］。様々な情報を摂取し自分で考えた上で商品の購入を決すべきであるのに、事業者が個人のバイアスを利用し、得ることのできる情報を事実上制限し、あるいは自律的に考えることが難しいタイミングを見計らって商品を購入させているのです。こうした取引手法が消費者契約法の「目的」に反する可能性があることに山本は注意を促します［山本 2017：115-118頁］。

（3）対　策　ターゲティング広告のような取引手法に問題があるなら、どのような対策が必要でしょうか。ここでは山本が示す3つの対策を紹介します。第1に「自己防衛」です。プライバシー権の理解を拡張し、ささいな情報からセンシティブな情報をプロファイリングされることを抑止するというものです。第2に「規制要請」です。ターゲティング広告の場合はそれが個人を「ターゲット」にしたものであることを明示する義務を事業者に課すことにより、当該広告が中立であるかのような誤認を消費者に与えないことが重要です。第3に「消費者法」の改正です。ターゲティング広告のような個別化された広告についても関連する消費者法の改正によって規制を施すべきであるとされます［山本 2014：119-124頁］。また、法令改正によらずとも、既存の民法の趣旨・目的を勘案してデジタル取引に対しても適用できるような解釈を試みる動きもあります［参照、古谷 2018：140-145頁］。

引用・参考文献一覧

【1章】

奥平康弘（1988）『なぜ「表現の自由」か』東京大学出版会

海部美知（2012）「米国大統領選に見るソーシャルとビッグデータの役割」KDDI 総研 R&A 2012年12月号

片渕陽平（2018）「『好きかも？』AI で分析——東大と「Pairs」がタッグを組む理由」ITmedia 2018年12月10日 at https://www.itmedia.co.jp/news/articles/1812/10/news125.html

金子郁容（1992）『ボランティア——もうひとつの情報社会』岩波書店

佐藤和也（2017）「Pepper が採用面接官に——『SHaiN』が“AI 面接”のデモを披露」CNET Japan 2017年6月28日 at https://japan.cnet.com/article/35103469/

佐藤幸治（1995）『憲法〔第三版〕』青林書院

志田陽子（2020）「ネット中傷への法規制、議論が本格化——『木村花さん問題』を受けた対応に求められる熟慮」Yahoo! ニュース 2020年5月26日 at https://news.yahoo.co.jp/byline/shidayoko/20200526-00180390/

鈴木亮平（2017）「ソフトバンクが新卒の『ES 選考』を AI に任せた理由」ITmedia ビジネスオンライン 2017年8月29日 at https://www.itmedia.co.jp/business/articles/1708/29/news011.html

バートレット、ジェイミー（2018）『操られる民主主義——デジタル・テクノロジーはいかにして社会を破壊するか』〈秋山勝訳〉草思社

村井純（1995）『インターネット』岩波書店

山口いつ子（2010）『情報法の構造——情報の自由・規制・保護』東京大学出版会

山口真一（2020）『正義を振りかざす「極端な人」の正体』光文社

山端宏実（2014）「食欲を15分後まで予測、あきんどスシロー」日経クロステック 2014年9月8日 at https://xtech.nikkei.com/it/atcl/column/14/090300056/090300001/

山本龍彦（2017）『おそろしいビッグデータ——超類型化 AI 社会のリスク』朝日新聞出版

吉見俊哉（2011）『大学とは何か』岩波書店

「日本政府、自治体の AI 婚活サービスを支援へ」BBCNEWS Japan 2020年12月8日 at https://www.bbc.com/japanese/55226430

Duhigg, Charles (2012), “How Companies Learn Your Secrets”, *The New York Times Magazine,* Feb. 16, 2012, at https://www.nytimes.com/2012/02/19/magazine/

shopping-habits.html

【2章】

板倉陽一郎・寺田麻佑（2017）「官民データ活用推進基本法の制定と個人情報保護法制への影響」情報処理学会研究報告75巻18号

宇賀克也（2019）『情報公開・オープンデータ・公文書管理』有斐閣

庄司昌彦（2015）「オープンデータの動向とこれから」情報の科学と技術65巻12号

――（2018）「オープンデータの動向」インターネット白書編集委員会編『インターネット白書』Impress R & D

関治之（2020）「オープンソースとオープンデータで進む行政間コラボレーション」J-LIS= ジェイリス：地方自治情報誌 7 巻 3 号

関口昌幸（2014）「横浜におけるオープンデータの取組と課題 ①横浜におけるオープンデータの推進――その意義と目的」調査季報174号

曽我部真裕（2019）「情報法とその基本理念」曽我部真裕・林秀弥・栗田昌裕『情報法概説〔第 2 版〕』弘文堂

中司光紀（2017）「法令解説 官民挙げてデータ活用を推進」時の法令2024号

成原慧（2014）「データ公開時代の法と政策（4・最終回）オープンデータと表現の自由」行政＆情報システム50巻 1 号

福嶋円香（2020）「法令解説 デジタル手続法の解説」時の法令2094号

松井修視（2018）「オープンデータの活用と市民自治力の向上を考える――政府の『オープンデータ2.0』戦略と官民データ活用推進基本法などをてがかりに」草郷孝好編著『市民自治の育て方――協働型アクションリサーチの理論と実践』関西大学出版部

『データ・ジャーナリズム・ハンドブック（日本語版）』（2008）at http://datajournalismjp.github.io/handbook/.

Welle Donker, F. & van Loenen, B. (2017), "How to assess the success of the open data ecosystem?", *International Journal of Digital Earth*, 10:3.

Howard, Alexander. B. (2014) ,"The Art and Science of Date-Driven Journalism",Tom Centre for Digital Journalism,Columbia University.

Obama, Barack. (2009), Memorandum on Transparency and Open Government, January 21, at https://www.archives.gov/files/cui/documents/2009-WH-memo-on-transparency-and-open-government.pdf

OECD (2008), *OECD Recommendation of the Council for Enhanced Access and More Effective Use of Public Sector Information* [*C (2008) 36*] .

【3章】

芦部信喜（2019）『憲法〔第 7 版〕』〈高橋和之補訂〉岩波書店

宇賀克也（2018）『新・情報公開法の逐条解説〔第 8 版〕』有斐閣

―― (2015)『逐条解説 公文書等の管理に関する法律〔第3版〕』第一法規
―― (2011)「情報公開法改正の動向と課題」季報情報公開40号
右崎正博ほか (2013) 右崎正博・多賀谷一照・田島泰彦・三宅弘編『新基本法コンメンタール 情報公開法・個人情報保護法・公文書管理法』日本評論社
―― (1997) 右崎正博・田島泰彦・三宅弘編『情報公開法 立法の論点と知る権利』三省堂
行政改革委員会事務局 (1997) 行政改革委員会事務局監修『情報公開法制 行政改革委員会の意見』第一法規
佐伯彰洋 (2015)「沖縄密約情報公開訴訟最高裁判決の意義」同志社法学67巻2号
蓮生郁代 (2010)『アカウンタビリティーの意味――アカウンタビリティーの概念の基本構造』国際公共政策研究14巻2号
長谷部恭男 (1999)『憲法学のフロンティア』岩波書店
松井茂記 (2001)『情報公開法』有斐閣
水谷瑛嗣郎 (2019)「『国民の知る権利』の複線――ビッグデータ・AI時代に表面化する二つの『知る権利』」情報法制研究6巻
森巌夫 (1985)『小さな町の大きな試み――情報公開と杉の金山町』清文社
安江則子 (2002)「海外情報 2001年 EU 情報公開規則」季報情報公開5号
U.S. Department of Justice, Freedom of Information Act Guide & Privacy Act Overview, 1996.
94th Congress 2d Session, Legislative History of the Privacy Act of 1974–S.3418 (Public Law 93–579) (Source Book on Privacy) Sep.1976.

【4章】
大屋雄裕 (2007)『自由とは何か――監視社会と「個人」の消滅』筑摩書房
宍戸常寿 (2016)「〔座談会〕アーキテクチャによる規制と立憲主義の課題」宍戸常寿・曽我部真裕・山本龍彦編著『憲法学のゆくえ――諸法との対話で切り拓く新たな地平』日本評論社
成原慧 (2016)『表現の自由とアーキテクチャ――情報社会における自由と規制の再構成』勁草書房
―― (2017)「第2章 アーキテクチャの設計と自由の再構築」松尾陽編『アーキテクチャと法――法学のアーキテクチュアルな転回?』弘文堂
松尾陽 (2008)「アーキテクチャによる規制作用の性質とその意義」法哲学年報2007
松尾陽 (2016)「アーキテクチャによる規制と立憲主義の課題」宍戸常寿・曽我部夏裕・山本龍彦編著『憲法学のゆくえ――諸法との対話で切り拓く新たな地平』日本評論社
横大道聡 (2013)『現代国家における表現の自由――言論市場への国家の積極的関与と

その憲法的統制』弘文堂
Lessig, Lawrence (2006) *CODE VERSION 2.0*, Basic Books (＝ローレンス・レッシグ『CODE VERSION 2.0』〈山形浩生訳〉翔泳社、2007年)

【5章】

芦部信喜 (2000)『憲法学Ⅲ　人権各論(1)〔増補版〕』有斐閣
奥平康弘 (1998)『なぜ「表現の自由」か』東京大学出版会
駒村圭吾・鈴木秀美編著 (2011)『表現の自由Ⅰ——状況へ』尚学社
阪口正二郎・毛利透・愛敬浩二編 (2017)『なぜ表現の自由か——理論的視座と現況への問い』法律文化社
阪本昌成 (2011)『表現権理論』信山社
志田陽子 (2018)『「表現の自由」の明日へ——一人ひとりのために、共存社会のために』大月書店
曽我部真裕・林秀弥・栗田昌裕 (2019)『情報法概説〔第2版〕』弘文堂
成原慧 (2016)『表現の自由とアーキテクチャ——情報社会における自由と規制の再構成』勁草書房
松井茂記 (2020)『表現の自由に守る価値はあるか』有斐閣
毛利透 (2008)『表現の自由——その公共性ともろさについて』岩波書店
山田健太 (2021)『法とジャーナリズム〔第4版〕』勁草書房
横大道聡 (2013)『現代国家における表現の自由——言論市場への国家の積極的関与とその憲法的統制』弘文堂

【6章】

五十嵐清 (2003)『人格権法概説』有斐閣
大家重夫 (2011)『肖像権〔改訂新版〕』太田出版
竹田稔・堀部政男編 (2001)『新・裁判実務大系9　名誉・プライバシー保護関係訴訟法』青林書院
佃克彦 (2017)『名誉毀損の法律実務〔第3版〕』弘文堂
—— (2020)『プライバシー権・肖像権の法律実務〔第3版〕』弘文堂
デジタルアーカイブ学会 (2021)『肖像権ガイドライン～自主的な公開判断の指針～』http://digitalarchivejapan.org/wp-content/uploads/2021/04/Shozokenguideline-20210419.pdf
内藤篤・田代貞之 (2014)『パブリシティ権概説〔第3版〕』木鐸社
松井茂記 (2013)『表現の自由と名誉毀損』有斐閣
松尾剛行・山田悠一郎 (2019)『最新判例にみるインターネット上の名誉毀損の理論と実務〔第2版〕』勁草書房
松尾剛行 (2017)『最新判例にみるインターネット上のプライバシー・個人情報保護の

理論と実務』勁草書房
升田純（2020）『写真の撮影・利用をめぐる紛争と法理――肖像権、著作権、著作者人格権、パブリシティ、プライバシー、名誉毀損等の判例』民事法研究会
山田隆司（2008）『公人とマス・メディア――憲法的名誉毀損法を考える』信山社出版

【7章】

石橋学「『フラッシュモブ』禁止命令取り消し　横浜地裁判決」神奈川新聞2017年03月09日 https://www.kanaloco.jp/article/entry-9568.html
警察庁「小型無人機等飛行禁止法関係」
https://www.npa.go.jp/bureau/security/kogatamujinki/index.html
警察庁「道路使用許可の概要、申請手続等」
https://www.npa.go.jp/bureau/traffic/seibi2/shinsei-todokede/dourosiyoukyoka/permission.html
国土交通省「無人航空機（ドローン・ラジコン機等）の飛行ルール」http://www.mlit.go.jp/koku/koku_tk10_000003.html
国土交通省「飛行ルール（航空法第9章）の対象となる機体」
https://www.mlit.go.jp/koku/koku_fr10_000040.html
産経新聞「ドローン飛行の男逮捕　住居侵入疑い、警視庁」2019年6月4日
https://www.sankei.com/affairs/amp/190604/afr1906040015-a.html
総務省（2015）「『ドローン』による撮影映像等のインターネット上での取扱いに係るガイドライン」http://www.soumu.go.jp/main_content/000376723.pdf
寺田麻佑「ドローンと法規制」国民生活2018年1月号
中林暁生（2011）「パブリック・フォーラム」駒村・鈴木編著『表現の自由Ⅰ――状況へ』尚学社
樋口範雄（2011）『アメリカ憲法』弘文堂
弁護士ドットコム「本当に「バンクシー」作品!?　小池知事、ネズミの絵に歓喜も『器物損壊』の可能性」 https://www.bengo4.com/c_23/n_9128/
水谷瑛嗣郎（2020）「大統領のSNSアカウントはパブリック・フォーラムか？：ネットワーク請願権の可能性を探る」慶應義塾大学メディア・コミュニケーション研究所紀要70号
水谷瑛嗣郎（2021）「河野太郎大臣『堂々とブロックする』は許されるのか？ SNSブロック問題の『本質』」現代ビジネス　https://gendai.ismedia.jp/articles/-/87559
横大道聡（2013）『現代国家における表現の自由――言論市場への国家の積極的関与とその憲法的統制』弘文堂

【8章】

朝日新聞「外務省機密漏洩事件　『運命の人』を当時の紙面に見る」2012年3月20日

http://www.asahi.com/special/kotoba/archive2015/mukashino/2012031500001.html
蟻川恒正（1997）「人権と国家権力・社会的権力——人権論の名のもとに」法律時報 69巻6号
キャサリン・グラハム（1997）『わが人生』〈小野善邦訳〉ティービーエスブリタニカ
公正取引委員会「デジタル広告分野の取引実態に関する最終報告書」（令和3年2月）at https://www.jftc.go.jp/houdou/pressrelease/2021/feb/digital/210217_hontai_rev.pdf
齋藤敦子（2019）「なぜ若手記者が世紀のウォーターゲート事件を担当し、スクープをつかめたのか？　実録政治サスペンス『大統領の陰謀』」BANGER!!!　2019年7月8日 https://www.banger.jp/movie/13022/
曽我部真裕（2013）『反論権と表現の自由』有斐閣
滝鼻卓雄（2017）『記者と権力』早川書房
田中幹人（2020）「ソーシャルメディアとは何か」国立国会図書館『ソーシャルメディアの動向と課題——科学技術に関する調査プロジェクト報告書 2019』
鳥海不二夫・山本龍彦（2022）「共同提言『健全な言論プラットフォームに向けて—デジタル・ダイエット宣言 ver.1.0』」KGRI Working Papers No.2（2022年01月）at https://www.kgri.keio.ac.jp/docs/S2101202201.pdf
ハフィントンポスト「ウォーターゲート事件『ディープスロート』の真実：映画『ザ・シークレットマン』監督インタビュー—フォーサイト編集部」2018年2月26日 https://www.huffingtonpost.jp/foresight/water-gate-2018-0226_a_23369124/
長谷部恭男（1992）『テレビの憲法理論——多メディア・多チャンネル時代の放送法制』弘文堂
長谷部恭男（2018）『憲法〔第7版〕』新世社
濱田純一（1990）『メディアの法理』日本評論社
バロン、ジェローム・A（1978）『アクセス権——誰のための言論の自由か』〈清水英夫ほか訳〉日本評論社
松井茂記（2013）『マス・メディア法入門〔第5版〕』日本評論社
水谷瑛嗣郎（2019）「『国民の知る権利』の複線——ビッグデータ・AI時代に表面化する二つの『知る権利』」情報法制研究6巻
水谷瑛嗣郎（2020）「マスメディアの自由と特権」山本龍彦・横大道聡編著『憲法学の現在地——判例・学説から探究する現代的論点』日本評論社
山川洋一郎（2010）『報道の自由』信山社
横大道聡（2014）「国家秘密と自己統治の相克——ウィキリークス問題を素材として」大沢秀介編『フラット化社会における自由と安全』尚学社
山本龍彦「思想の自由市場の落日：アテンション・エコノミー×AI」Nextcom 44巻
Yahoo!Japanプレスリリース「Yahoo!ニュース、ユーザーのフィードバックにより良質

な記事を支援できる『記事リアクションボタン』を提供開始」(2021年6月17日) at https://about.yahoo.co.jp/pr/release/2021/06/17a/

【9章】

新井直之 (1973)「現代ジャーナリズムの『編集・編成権』」北川隆吉・高木教典・田口富久治・中野収編『講座 現代日本のマス・コミュニケーション4 マス・メディアの構造とマス・コミ労働者』青木書店
石村善治編 (1979)『開かれたマスコミとは何か』時事通信社
稲葉三千男編 (1981)『メディア・権力・市民』青木書店
大石泰彦 (2004)『メディアの法と倫理』嵯峨野書院
後藤和彦 (1967)『放送編成・制作論』岩崎放送出版社
佐藤英善 (1974)「経営権と編集権――マス・コミ企業と労働者」石村善治・奥平康弘編『知る権利――マスコミと法』有斐閣
塚本三夫 (1973)「『編集権・編成権』をどう考えるか――今日における問題の性格と所在」時事通信社編『講座 現代ジャーナリズムⅥ』
西土彰一郎 (2012)「プレスの内部的自由と編集権」松井修視編『レクチャー情報法』法律文化社
日本新聞協会第八次新聞法制研究会編 (1986)『新聞の編集権――欧米と日本にみる構造と実態』日本新聞協会
花田達朗編 (2013)『内部的メディアの自由――研究者・石川明の遺産とその継承』日本評論社
浜田純一 (1990)『メディアの法理』日本評論社
藤森研 (2015)「編集権問題から見た朝日新聞の70年――朝日10月革命から池上コラム問題まで」Journalism 303号
山本博史 (2011)「公共放送――NHK における編集権と経営機構を中心に」駒村圭吾・鈴木秀美編著『表現の自由Ⅱ――状況から』尚学社

【10章】

今泉至明 (2020)『電波法要説〔改訂第11版〕』情報通信振興会
片岡俊夫 (2001)『新・放送概論――デジタル時代の制度をさぐる』日本放送出版協会
川端和治 (2019)『放送の自由――その公共性を問う』岩波書店
齋藤雅弘 (2017)『電気通信・放送サービスと法』弘文堂
鈴木秀美 (2012)「放送・通信の自由と規制」松井修視編『レクチャー情報法』法律文化社
鈴木秀美・山田健太編著 (2017)『放送制度概論――新・放送法を読みとく』商事法務
荘宏 (1964)『放送制度論のために』日本放送出版協会
武智健二 (2013)『法令で読み解く新放送制度』第一法規

電気通信事業法研究会編（2019）『電気通信事業法逐条解説〔改訂第2版〕』〈多賀谷一照監修〉情報通信振興会
西土彰一郎（2018）「放送の法制度」島崎哲彦・米倉律編著『新放送論』学文社
長谷部恭男（1992）『テレビの憲法理論――多メディア・多チャンネル時代の放送法制』弘文堂
放送法制研究会編著（2020）『放送法逐条解説〔新版〕』〈金澤薫監修〉情報通信振興会
松田浩（2014）『NHK ――危機に立つ公共放送〔新版〕』岩波書店

【11章】

石川健治（1997）「国民主権、議会、地方自治 執政・市民・自治――現代統治理論にとっての『金枝篇』とは〔含 討論〕」法律時報69巻6号（討論部分における蟻川恒正による発言）。
インターネットセーファー協会（2021）「権利侵害の明白性ガイドライン（初版）」（令和3年4月）
経済産業省・公正取引委員会・総務省「プラットフォーマー型ビジネスの台頭に対応したルール整備の基本原則」（2018年12月18日）
小向太郎（2020）『情報法入門デジタル・ネットワークの法律〔第5版〕』NTT出版
小向太郎（2021）「インターネット上の誹謗中傷と媒介者責任」国際情報学研究1号
Connected Industries における共通商取引ルール検討小委員会（2018）「Connected Industries における共通商取引ルール検討小委員会 中間整理」（2018年12月28日）https://www.meti.go.jp/shingikai/sankoshin/shomu_ryutsu/smartcommerce/pdf/20181228_01.pdf
曽我部真裕（2011）「情報漏洩社会のメディアと法――プロとアマの差はなくなるのか」Journalism251号
曽我部真裕（2017）「インターネットと表現の自由」阪口正二郎・毛利透・愛敬浩二編『なぜ表現の自由か――理論的視座と現況への問い』法律文化社
曽我部真裕（2021）「『発信者情報開示の在り方に関する研究会』と今後の課題」LIBRA21巻7-8号
高橋未紗（2021）「プロバイダ責任制限法の改正概要と実務への影響」LIBRA21巻7-8号
長尾英彦（2010）「いわゆる『配信サービスの抗弁』について」憲法論叢17号
成原慧（2016）『表現の自由とアーキテクチャ――情報社会における自由と規制の再構成』勁草書房
長谷部恭男（1992）『テレビの憲法理論――多メディア・多チャンネル時代の放送法制』弘文堂
プロバイダ責任制限法ガイドライン等検討協議会「プロバイダ責任制限法 発信者情報開示関係ガイドライン〔第7版〕」

松尾剛行（2016）「ウェブ連載版『最新判例にみるインターネット上の名誉毀損の理論と実務』第10回」けいそうビブリオフィル（2016年4月28日）
https://keisobiblio.com/2016/04/28/matsuo10/3/

水谷瑛嗣郎（2021）「情報をめぐる現代の法的課題（4）オンライン・プラットフォームの統治論を目指して――デジタル表現環境における『新たな統治者』の登場」判例時報2487号

水谷瑛嗣郎（2021）「Facebook『最高裁』の可能性――オンライン言論空間の憲法的ガバナンスに向けて」情報法制研究10号

森・濱田松本法律事務所（岡田淳・中野玲也・古市啓・羽深宏樹）編著（2020）『プラットフォームビジネスの法務』商事法務

森亮二（2019）「Tカード情報を捜査当局に提出、CCCの対応を巡る問題点」BUSINESS LAWYERS（2019年3月26日）
https://www.businesslawyers.jp/articles/522

渡邊涼介・梅本大祐・今村敏編著（2021）『デジタルプラットフォームの法律問題と実務』青林書院

newsHACK「Yahoo!ニュースの「不適切コメント対策」最前線――自然言語処理研究者に聞く、スパコンによる機械学習導入後の変化とは？」2020年2月7日　at https://news.yahoo.co.jp/newshack/technology/comment_kukai.html

Yahoo!Japan「透明性レポート」at https://about.yahoo.co.jp/common/transparencyreport/

Barkin, Jack M. (2018), "*Free Speech Is a Triangle*", 118 Colum. L. Rev. 2011.

BARRETT, PAUL M. Who Moderates the Social Media Giants?; A Call to End Outsourcing, NYU STERN Center for Business and Human Rights (June. 8, 2020), at https://www.stern.nyu.edu/experience-stern/faculty-research/who-moderates-social-media-giants-call-end-outsourcing

Klonick. Kate (2018), "*The New Governors: The People, Rules, and Processes Governing Online Speech*", 131 Harv. L. Rev.

Klonick, Kate (2021) *Inside the Making of Facebook's Supreme Court*, The New Yorker, 12 Feb 2021, at https://www.newyorker.com/tech/annals-of-technology/inside-the-making-of-facebooks-supreme-court

【12章】

石井夏生利・曽我部真裕・森亮二編著（2021）『個人情報保護法コンメンタール』勁草書房

石井夏生利（2020）『EUデータ保護法』勁草書房

宇賀克也（2020）『マイナンバー法と情報セキュリティ』有斐閣

宇賀克也（2021）『新・個人情報保護法の逐条解説』有斐閣

高橋滋ほか（2021）「特集 2021年個人情報保護法改正」ジュリスト1561号
寺田麻佑（2021）「『デジタル庁』と個人情報の利活用をめぐる監督体制」法律時報1163号
山本龍彦（2017）『プライバシーの権利を考える』信山社
【13章】
愛知靖之・前田健・金子敏哉・青木大也（2018）『リーガルクエスト知的財産法』有斐閣
曽我部真裕・林秀弥・栗田昌浩（2019）『情報法概説〔第２版〕』弘文堂
田村善之（2018）「知的財産法学の課題――旅の道中」知的財産法政策学研究51巻
茶園成樹編（2020）『知的財産法入門〔第３版〕』有斐閣
前田健・金子敏哉・青木大也編（2021）『図録 知的財産法』弘文堂
【14章】
生貝直人（2011）『情報社会と共同規制――インターネット政策の国際比較制度研究』勁草書房
阪口正二郎・毛利透・愛敬浩二編（2017）『なぜ表現の自由か――理論的視座と現況への問い』法律文化社
鈴木秀美・山田健太編（2019）『よくわかるメディア法〔第２版〕』ミネルヴァ書房
曽我部真裕・林秀弥・栗田昌裕（2019）『情報法概説〔第２版〕』弘文堂
成原慧（2016）『表現の自由とアーキテクチャ――情報社会における自由と規制の再構成』勁草書房
発信者情報開示の在り方に関する研究会（2020）「最終とりまとめ」https://www.soumu.go.jp/main_content/000724725.pdf
プラットフォームサービスに関する研究会（2020）「最終報告書」https://www.soumu.go.jp/main_content/000668595.pdf
プラットフォームサービスに関する研究会（2020）「インターネット上の誹謗中傷への対応の在り方に関する緊急提言」https://www.soumu.go.jp/main_content/000701995.pdf
山田健太（2021）『法とジャーナリズム〔第４版〕』勁草書房
【15章】
青木清・町野朔（2011）『医科学研究の自由と規制――研究倫理指針のあり方』上智大学出版
曽我部真裕（2018）「個人情報保護と医療・医学研究」論究ジュリスト24号
田代志門（2011）『研究倫理とは何か――臨床医学研究と生命倫理』勁草書房
中山茂樹（2012）「臨床研究と学問の自由」大石眞先生還暦記念『憲法改革の理念と展開（下）』信山社
長谷部恭男（2017）「23条」長谷部恭男編『注釈　日本国憲法（２）』有斐閣
松田浩（2011）「23条」芹沢斉・市川正人・阪口正二郎編『新基本法コンメンタール憲

法』日本評論社
山本龍彦（2014）「医療分野におけるビッグデータの活用と法律問題」ジュリスト1464号
山本龍彦（2021）「新型コロナウイルス感染症対策とプライバシー――日本版接触確認アプリから考える」憲法問題32
湯淺墾道（2021）「個人情報保護法改正と学術研究・医療への影響」ジュリスト1561号

【16章】

芦部信喜（2019）『憲法〔第７版〕』〈高橋和之補訂〉岩波書店
アリエリー、ダン（2013）『予想どおりに不合理――行動経済学が明かす「あなたがそれを選ぶわけ」』〈熊谷淳子訳〉早川書房
大澤彩（2020）「総論・訪問販売・電話勧誘・クーリング・オフ」曽我部真裕・林秀弥・栗田昌裕『情報法概説〔第２版〕』弘文堂
カーネマン、ダニエル（2014）『ファスト＆スロー――あなたの意思はどのように決まるか？（上・下）』〈村井章子訳〉、早川書房
鹿野菜穂子（2020）「総論・契約締結過程の規律」中田邦博・鹿野菜穂子編『基本講義消費者法〔第４版〕』日本評論社
栗田昌裕（2019）「電子商取引と消費者の保護」曽我部真裕・林秀弥・栗田昌裕『情報法概説〔第２版〕』弘文堂
潮見佳男（2019）『民法（全）〔第２版〕』有斐閣
セイラー、リチャード＝キャス・サンスティーン（2009）『実践 行動経済学――健康、富、幸福への聡明な選択』〈遠藤真美訳〉日経 BP 社
バデリー、ミシェル（2018）『〔エッセンシャル版〕行動経済学』〈土方奈美訳〉早川書房
長谷部恭男（2018）『憲法〔第７版〕』新世社
古谷貴之（2018）「AI と自己決定原理」山本龍彦編著『AI と憲法』日本経済新聞出版社
山本龍彦（2017）『おそろしいビッグデータ――超類型化 AI 社会のリスク』朝日新聞出版
Calo, Ryan（2014）“Digital Market Manipulation”, 82 Geo. Wash. L. Rev. 995

事項索引

［た行］

［な行］

［は行］

［ま行］

［や行］

［ら行］

［わ行］

［A ～ Z］

判例索引

最高裁判所

高等裁判所

地方裁判所

■著者紹介（※編者、以下五十音順）

※水谷瑛嗣郎（みずたに・えいじろう）	関西大学社会学部准教授	1章、7章、8章、11章
青木　大也（あおき・ひろや）	大阪大学大学院法学研究科准教授	13章
上田　一紀（うえだ・かずき）	静岡県立大学短期大学部講師	2章
河嶋　春菜（かわしま・はるな）	慶應義塾大学グローバルリサーチインスティテュート特任准教授	12章、15章
瑞慶山広大（ずけやま・こうだい）	九州産業大学地域共創学部講師	4章、16章
波多江悟史（はたえ・さとし）	愛知学院大学法学部講師	9章、10章
松井　修視（まつい・しゅうじ）	関西大学名誉教授	3章
丸山　敦裕（まるやま・あつひろ）	関西学院大学大学院司法研究科教授	5章、6章、14章

Horitsu Bunka Sha

リーディング メディア法・情報法

2022年5月20日　初版第1刷発行

編　者　水谷瑛嗣郎

発行者　畑　　光

発行所　株式会社 法律文化社

〒603-8053
京都市北区上賀茂岩ヶ垣内町71
電話 075(791)7131　FAX 075(721)8400
https://www.hou-bun.com/

印刷：中村印刷㈱／製本：㈱藤沢製本

装幀：白沢　正

ISBN978-4-589-04220-0